이영숙 박사의
한국형 12성품교육론

이영숙 박사의
한국형 12성품교육론

지은이 이영숙

초판 1쇄 인쇄 2011년 9월 24일
초판 2쇄 인쇄 2012년 1월 20일
개정판 1쇄 발행 2014년 6월 17일
개정판 2쇄 발행 2016년 2월 17일

펴낸곳 (도)좋은나무성품학교

등록번호 제25100-2012-000057호
등록일자 2005년 7월 27일
주소 서울특별시 송파구 백제고분로 187
전화 1577-3828 **팩스** 02-558-8472
전자우편 goodtree@goodtree.or.kr
홈페이지 www.goodtree.or.kr

ⓒ 이영숙, 2011
페이스북 /characterlee

ISBN 978-89-6403-189-6 93370

한국인의 문화와 민족적 특성에 맞춘
한국 최초의 성품교육 최고의 결정판
통일교육을 준비하는 좋은 성품의 문화적 접근 제시

이영숙 박사의

한국형 12성품 교육론

도서
출판 좋은나무성품학교
GOODTREE CHARACTER SCHOOL PUBLISHING

CONTENTS
이영숙 박사의 한국형 12성품교육론

제2부 | 한국형 12성품교육의 실제

머리글

'한국형 12성품교육론' 개정판을 내면서...

'성품'이 무엇인지 아무도 분명한 언어로 설명할 수 없을 때
나를 찾아 떠나는 마음으로 운명처럼 성품교육을 시작하게 되었습니다.
2005년부터 시작한 성품교육은
이제 9년이라는 긴 시간의 굵은 나이테로 새겨졌습니다.

그동안 사단법인 한국성품협회 좋은나무성품학교를 통해
이루어진 성품의 열매들은
가정과 학교, 사회에서 빛을 발하는 아름다운 보람이 되어
기적의 열매들로 주렁주렁 맺혔습니다.

성품을 배우는 자녀들을 보면서 이혼했던 부부가 다시 화합한 이야기,
성품을 배우는 어린 자녀에게 긍정적인 태도를 배워서
절망적이던 사업을 다시 시작한 어느 아버지의 이야기,

교육 현장에 대한 회의와 좌절로 교육을 포기하려던 선생님이
성품교육을 통해 다시 용기를 갖고 교단을 지키게 된 이야기까지...

성품교육은 많은 사람들에게 희망과 용기를 전하고
새롭게 시작하면 된다는 '치유'와 '회복'을 선물해 주었습니다.

그리고 이제,
성품교육이 더 이상 현장의 열매로만 남게 되기를 거부하면서
또 다른 귀한 열매를 바라봅니다.

좋은 성품의 문화적 접근으로 바라보는 하나됨을 위한 교육,
즉 세대 간의 하나됨, 가정의 하나됨, 학교의 하나됨, 사회의 하나됨,
더 나아가 남북한의 하나됨을 위한 '한 마음 품기'교육으로
대한민국의 새로운 희망을 꿈꿉니다.

한국에서 만들어진, 한국 사람들을 위한
문화적 접근으로서의 '한국형 12성품교육'은
남북한의 통일을 준비하는 이들에게
통일교육의 소망을 품어보는 귀중한 자료가 되었습니다.

이제는 통일한국 사회에서 좋은 성품의 문화가 든든히 자리매김하도록,
그리고 가장 한국적인 것이 가장 세계적인 것이라는 진리를 바탕으로
한국의 문화적 특색과 한국 민족의 심정적 특징이 같은 세계인들이

좋은 성품으로 행복한 세상을 만들어 나가는 데 기쁘게 동참하도록
기대하는 마음으로 '한국형 12성품교육론'의 장을 열어 봅니다.

2005년부터 이루어진 한국형 12성품교육의 성공적인 임상실험을 바탕으로,
행복한 성공자가 될 수 있도록 지원하는 '한국형 12성품교육' 이론의 진수들을
이 책을 통해 진중하게 만날 수 있을 것입니다.

'한국형 12성품교육론'이
다음 세대에 시대적 역할을 감당하는
좋은 성품의 글로벌 리더를 세우고 지도하는 초석이 되어
가정과 학교, 사회가 좋은 성품으로 더욱 행복해지기를 기대해 봅니다.

여기까지 올 수 있도록 함께 동참해준 모든 분들에게
깊은 감사와 사랑을 담아 고마움을 표현합니다.
그동안 진심으로 감사했습니다.

좋은 성품으로 행복한 세상을 만드는 그 날까지,
더욱 귀한 발걸음으로 함께 동행해 주시기를 소원합니다.
감사합니다.

2014. 5. 20
사단법인 한국성품협회 좋은나무성품학교 이영숙 드림

중요한 목적은 문제행동 감소, 학교폭력의 감소, 결석률의 저하, 학업성적 향상이라고 할 수 있다. 셋째, 성품교육이 학교 안전사고(총기, 왕따, 학교폭력) 감소에 큰 영향을 미친다는 인식을 갖고 있다. 넷째, 성품교육으로 인한 학문적 성취증진과 시민의식의 고취가 주요한 목표라는 것을 강조한다(Winton, 2008). 이러한 성품 관련 프로그램의 보편적 덕목으로는 신용, 타인존중, 책임감, 공정/정의, 배려, 시민정신, 정직, 용기, 성실, 통합 등의 10가지로 집약되고 있으며(안범희, 2003), 미국 전국학교 연합회(National School Boards Association)에서 강조한 덕목은 이타주의, 충성심, 공휼, 순종, 용기, 시간엄수, 예의, 너그러움, 관용, 책임감, 정직, 자제력, 근면성, 자기-존중, 권위존중의 13가지로 정리되고 있다(Scotter, John, Richard, James, 1991). Latzke(2003)는 아동을 대상으로 성품교육을 실시한 결과, 수학을 비롯한 전반적인 학업성취가 증가되었다고 보고하고 있으며 Shriver와 Weissberg(2005)는 사회 및 정서 학습 프로그램에 참여한 아동이 그렇지 않은 아동에 비해 교육기관의 출석률이 높았고, 보다 학습적인 교실행동, 덜 파괴적인 행동, 학교에 대한 긍정적 감정, 더 좋은 점수를 얻게 되었다고 보고하였다. 또한 초등학교에서 성품교육을 체계적으로 실시한 결과 수업시간의 아동의 태결이 좋기하고, 문제행동이 감소하는 등 전반적으로 긍정적인 행동이 증가하였다(Sheppard, 2002). 성품에 대한 장기적 연구로 유치원에서부터 고등학교까지 미국 내에서 이루어진 성품교육을 평가한 결과 친사회적 능력, 의사소통 능력, 관계증진, 시민의식 등이 증가했으며, 학교기반 성과로서 학교 출석 및 규칙 준수, 학교에 대한 애착, 학교와 교사에 대한 태도가 긍정적으로 변화되었다(Berkowitz & Bier, 2006). 국내에서 진행된 성품 관련 연구를 살펴보면, 계영애, 장정원(2001)은 유아교사들이 중요시하는 인성적 덕목을 조사한 결과 기본생활습관으로서 예절을, 사회 정서적 범주로는 협동을, 윤리 도덕적 범주로는 정직을 가장 중요한 덕목으로 인식하고 있었다. 김영옥, 장명림, 유희정(2009)은 국내외의 성품 관련 문헌과 이론을 참고하여 문제해결, 의사소통, 자아개념, 사회적 관계, 타인배려, 도덕적 기초 등을 강조하는 프로그램을 개발하고 그 효과를 검증하여 사회기술, 대인관계에 있어 긍정적인 변화가 있었음을 보고하였다. 특히 사회기술에서는 숙달, 자기주장, 자기 조절과 순응에서 유의미한 변화를 나타냈으며 대인관계에서는 독립책임, 사교우호, 경쟁공격 등이 증진되었다. 또한 상담심리 분야에서 장미경, 김은영, 금명자(2003)는 초등학교 아동들을 대상으로 멋진 우리 라는 품성교육 프로그램을 실시하여 정직, 배려, 자기조절이라는 덕목을 인지, 정서, 행동영역에서 학습하였으며 그 결과 정직과 학교 응집성에서 긍정적인 증진이 있었다. 김민경(2007)도 멋진 우리 라는 품성교육 프로그램을 초등 아동에게 실시한 결과 자기 통제력과 이타행동이 증진되었다고 보고하였다. 이미숙(2008) 역시 초등아동을 대상으로 품성교육 프로그램을 실시한 결과 정서지능 중 정서인식과 정서표현, 학급응집력 향상에 효과가 있었다고 보고하였다. 가정과 연계된 프로그램으로는 박선희(2009)가 통합적 품성교육론을 실제 학교현장에서 적용하고자 하였다. 아동들을 대상으로 리코나의 스토리텔링, 봉사활동 구성 및 가정과 학교를 연계한 교육을 구상하고 실천하였으나 프로그램 효과 연구는 하지 않았다. 이 외에도 박갑숙(2009)은 '좋은나무성품학교'에서 개발한 성품교육 프로그램을 유아들을 대상으로 실시하였고 유아의 긍정적인 태도, 기쁨, 배려, 감사, 책임감 등의 성품이 증진되었다고 보고하였다. 이러한 연구에 대하여 강선보 등(2008)은 국내의 성품 관련 교육에 대하여 장기적 계획보다는 단기간의 가시적 효과를 보기 위한 것이 많고, 문제아와 관련된 아동의 문제행동 유발 방지교육으로 잘못 인식되어 있음을 지적하였다. 또한 특정 덕목만을 주입식으로 강조하는 경향과 인성교육을 교육전체의 문제가 아닌 도덕과 교육에 한정된 문제로 취급하는 경향이 있다는 점도 지적하였다. 우리나라 인성교육은 그 필요성이 강조되고 있으나, 인성의 정의부터 시작해서 강조하는 덕목의 수와 선정의 문제, 아동의 흥미와 동기부여, 가정 및 지역사회와의 연계, 프로그램의 효과성 검증 등 여러 가지 문제가 있어 보다 체계적인 연구와 개발이 필요한 상황이다(한국교육개발원, 2009). 이에 이영숙(2005)은 성품교육을 '교육을 통해 사고의 영역과 감정의 영역, 행동의 영역에 각각 의미 있는 영향을 주어 바람직한 변화를 도모하는 과정'으로 정의하고, 국내 최초로 '성품'이라는 단어를 교육에 접목하여 한국의 문화와 한국인의 특성을 고려한 한국형 12성품교육을 개발하였다. 한국형 12성품교육은 '이영숙(2005)이 한국의 문화와 한국인의 정신적, 심리적, 행동적인 요소들을 고려하여 한국인에 맞게 태아부터 성인에 이르기까지 평생을 지원하도록 고안한 성품교육과정'이다. 이 이론은 두 가지의 기본적인 덕목과 12가지의 가치들을 주제성품으로 개발하여 만든 성품교육을 의미한다. 공감인지능력이란 '다른 사람의 기본적인 정서, 즉 고통과 기쁨, 아픔과 슬픔에 공감하는 능력으로 동정이 아닌 타인에 대

1부
한국형 12성품교육의 이론

/
성품이란 "한 사람의 생각, 감정, 행동의 표현"이다. _ 이영숙, 2005(저작권 제C-2014-008454호)

chapter **1**

성품교육의 정의

1. 성품의 정의

1) 인성, 도덕성이란

오늘날 교육 영역에서 가치, 옳음, 덕과 같은 주제와 함께 거론되는 개념은 인성, 도덕성이라는 말들로 통용되고 있다. 흔히 인성(人性)을 교육한다는 말은 "지식을 많이 소유한 인간을 기르는 것이 아니라 오히려 인성을 갖춘 '인간다운' 인간을 기르는 일에 관심을 집중해야 한다"는 의미로 통용된다(장성모, 1996).

도덕성의 개념도 관점과 접근법에 따라 세 가지 의미로 다르게 이해되는데(서강식, 1996) 첫째, 사회학적 관점에서의 도덕성은 "사회문화적으로 결정된 행위 규범의 내면화와 이를 준수하는 행위"인 계약관계로서의 의미로 규정한다. 둘째, 심리학적 관점에서의 도덕성은 "개인과 환경의 상호작용을 통해 습득된 규범체계, 양심에 따른 행위나 양식" 혹은 "인지발달에 따른 도덕 판단구조"와 같이 규범과 양심을 따르는 행위의 의미로 규정하며 셋째, 인격교육론자들은 아리스토텔레스가 강조한 덕론·습관·행위에 대해 동일한 관점에서, 도덕성을 "욕구나 충동을 제어하는 힘"이자 "도덕적 요소를 저해하는 행동 및 동기의 결여를 보완하는 덕(탁월성)"과 같은 욕구 조절능력의 의미로 규정한다(최신일, 2008). 관점에 따른 도덕성 개념의 차이를 정리하면 〈표 1〉과 같다.

표 1. 관점에 따른 도덕성 개념의 차이

관점		도덕성의 개념
사회학적 관점	계약관계로서의 의미로 규정	· 사회문화적으로 결정된 행위 규범의 내면화와 이를 준수하는 행위
심리학적 관점	규범과 양심을 따르는 행위의 의미로 규정	· 개인과 환경의 상호작용을 통해 습득된 규범체계, 양심에 따른 행위나 양식 · 인지발달에 따른 도덕 판단구조
인격론자들의 관점	욕구조절능력의 의미로 규정	· 욕구나 충동을 제어하는 힘 · 도덕적 요소를 저해하는 행동 및 동기의 결여를 보완하는 덕(탁월성)

그러나 이러한 인성, 도덕성과 같은 개념은 실제를 배제한 추상적 개념으로 그치거나, 단순히 심리적 요소의 결합으로만 그친다는 점에서 실제 교육의 적용에는 한계가 있었다. 또한 오늘날의 인성교육이 지식을 강조하는 교과목의 형태로 진행됨에 따라 학교폭력·왕따·중독·성폭행·우울증·자살과 같은 현실적인 위기와 문제 상황에서는 정작 배운 대로 실천하

도록 동기 유발과 실제적인 지침을 제공하지 못했다는 점이 심각한 한계로 지적되고 있다.

이와 더불어 필자가 우려하는 현대 인성교육의 가장 큰 모순점은 한국 학교에서 가르치는 도덕교육, 윤리교육, 혹은 인성교육이라는 이름의 모든 실체가 서양에서 전달된 이론과 철학에 편중되어 있어, 한국 문화와 한국인의 정신적·심리적·행동적 특징을 배제한 채 인성교육을 진행하고 있다는 점이다.

인성 혹은 성품은 그 나라의 문화 속에서 형성된다. 각 나라의 국민성과 그 나라 사람들이 추구하는 가치가 문화 속에서 체험적으로 양성된 것임에도 불구하고, 그동안 우리는 한국 문화와 한국인의 정서에 맞는 인성교육을 실천하지 못했다. 도리어 미국을 비롯한 서구 문화에 따른 인성교육을 가르쳐 왔기에 효과적이지 못했고 산적한 문제들에 직면하게 되었다. 이제 한국 사람의 인성교육은 한국 문화에 맞는 인성교육으로 맞춤교육을 실천해야 한다.

2) 성품이란

필자는 기존의 추상적 의미로 이해되었던 '성품'을 "한 사람의 생각, 감정, 행동의 표현"(이영숙, 2005)이라는 구체적인 개념으로 정의했다. 즉 성품이란 한 사람의 생각, 감정, 행동의 총체적 표현이라고 보고, 실제적인 교육내용과 실천방안들을 만듦으로써 인간의 내면과 외면에 성숙한 인격으로의 표현이 가능하도록 했다. 성품은 생각(thinking), 감정(feeling), 행동

(action)의 세 가지 요소로 구분되며, 이러한 성품의 발달은 일률적이거나 획일적 또는 개별적으로 분리되지 않고 〈그림 1〉과 같이 경험 안에서 상호작용을 통해 성장한다(이영숙, 2007).

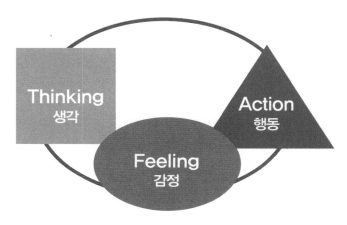

그림 1. 한 사람의 생각, 감정, 행동의 표현으로서의 성품(저작권 제C-2014-008454호)

성품(character)의 어원은, 고대 그리스 원어로 "to mark"(새겨진 것)를 뜻한다. 즉 성품은 어떤 사람의 일관되고 예측 가능하며 변하지 않는 성향으로서, 성격의 깊이에 작용하고 행동과 태도, 가치를 통합하는 원리를 제공한다(Lapsley & Narvaez, 2006).

3) 기질과 성격, 성품의 차이

흔히 성품의 개념을 성격(personality)과 혼용하지만, 기질과 성격, 성품은 다음과 같은 분명한 차이가 있다.

제1부 | 한국형 12성품교육의 이론

기질은 부모로부터 물려받은 유전적 요소이다. 다시 말해 부모의 DNA가 자녀에게 유전적으로 전달되어 내성적, 외향적, 다혈질, 담즙질, 우울질, 점액질과 같이 형성된 성향을 의미한다.

성격은 유전적 요소인 기질이 겉으로 드러나 타인에게 보여지는 양식을 의미한다. 성격에는 누구나 장점과 단점이 있는데, 이와 같이 특징적이고 지속적이며 안정적인 방식으로 생각하고 느끼고 믿게 되는 개인의 고유한 특질이 바로 성격이다.

성품은 "자신의 타고난 기질과 성격 위에 경험과 교육의 요소들을 포함한 환경적 영향에 의해 내면의 덕을 형성함으로써 균형 잡힌 상태"(이영숙, 2005)를 의미한다. 기질은 삶을 살아가는 전반적인 전략으로, 우리의 생각·감정·행동 속에 표현되고 드러난다. 사람들마다 타고난 성격은 IQ처럼 아예 고정되어 있는 것으로 보이지만, 타고난 기질과 성격 위에 더 좋은 가치와 경험들을 교육시키면 성격도 품위 있게 바뀔 수 있다. 이것이 바로 성품이다.

이러한 성품은 도덕적이고 윤리적인 성격을 띠며, 윤리적 결정과 관련 행위에 영향을 주는 일련의 신념과 도덕적 가치들로 구성된다. 또한 성품은 일종의 성격이라는 자기표현 방식의 바탕을 제공한다는 점에서 성격보다 더 근본적이고 총체적인 의미를 내포하는 덕의 개념이라고 할 수 있다.

4) 좋은 성품이란

개인의 생각, 감정, 행동이 총체적으로 표현되는 성품은, 일반적으로 '좋은' 성품이라는 긍정적인 개념으로 인식된다. 좋은 성품이란 "갈등과 위기 상황에서 더 좋은 생각·더 좋은 감정·더 좋은 행동으로 문제를 해결하는 능력"(이영숙, 2005)으로, "어떠한 환경에서도 항상 옳은 일을 선택할 수 있는 결단력"(이영숙, 2005)이다. 좋은 성품은 규범적이고 가치지향적인 개념이며 더 좋은 가치와 옳은 일을 지향하는 인격의 총체적인 표현을 뜻한다.

좋은 성품은 우연히 갖거나 타고나는 것이 아니다. 좋은 성품은 삶의 구체적인 상황에서 배우고 훈련해야 얻을 수 있는 인격적 결단이므로, 배우고 훈련하는 과정을 통해 완성된다.

2 성품의 특색

좋은 성품은 실제 우리의 삶에서 다음의 다섯 가지 구체적인 모습으로 나타난다.

<u>첫째,</u> 좋은 성품은 눈에 보인다. 좋은 성품은 삶의 위기와 갈등에 직면했을 때 드러난다. 어려운 상황이나 삶의 압박에 대해 반응하는 모습이 바로 그 사람의 성품이다. 성품은 아무도 모를 것 같은 상황에서 보이는 행동으로, 좋은 성품은 평상시의 말과 생각, 표현하는 방법과 태도를 통해 숨겨지지 않고 그대로 드러난다. 성품은 비밀이 아니다.

둘째, 좋은 성품은 다양한 인간관계로 나타난다. 모든 인간관계는 성품 때문에 잘 되기도 하고 깨지기도 한다. 특별히 우리가 살고 있는 이 시대는 좋은 성품을 갖춘 '성품 지도자'를 갈망하고 있다. 사람들은 좋은 성품을 가진 사람이 지도자가 되면 기뻐한다.

미국 경영자협회의 후원으로 제임스 카우지스(James Kouzes)와 배리 포스너(Berry Posner)가 경영자 약 1,500명에게 "당신의 지도자에게서 보고 싶은 모습은 무엇입니까?"라고 질문한 결과 놀랍게도 가장 많은 응답은 '덕, 진실성, 좋은 성품' 등과 같이 성품과 관련된 항목이었다.

좋은 성품을 갖춘 지도자는 사람들을 옳은 길로 인도하며 많은 사람의 유익을 위해 자신의 역할을 감당한다. 좋은 성품은 이러한 인간관계에서의 성공을 바탕으로 삶의 여러 영역에서 아름다운 결실을 맺는다.

셋째, 성품은 습관을 통해 드러난다. 좋은 성품을 지니고 있다는 것은 좋은 습관을 가지고 있다는 뜻이다. 습관은 오랫동안 무의식적으로 행해온 기억들이 모여 형성된 '기억 더미'이다. 매일 무의식적으로 또한 반복적으로 행한 버릇들은 습관이 되어 우리의 삶을 지배하고, 이 습관에 이성의 작용이 더해져 결국 성품이라는 안정적이고 지속적인 상태로 자리잡는다.

그렇다면 몸에 밴 나쁜 습관은 어떻게 바꿀 수 있을까? 사실 습관은 바꿀 수 없다. 다만 새로운 습관으로 대체할 수 있을 뿐이다. '나쁜 습관'을 대체할 수 있는 '좋은 습관'을 날마다 연습하는 과정이 필요하다. 이것이 바로 성품교육의 시작이다. 좋은 생각이 무엇인지 알고 선택하는 것이 좋은 성품을 만드는 밑거름이 된다.

넷째, 좋은 성품은 예절과 매너를 통해 나타난다. 현대 사회에서는 예의 바른 사람이 성공할 수 있다. 예의가 곧 경쟁력이기 때문이다.

예의는 갑자기 생겨나지 않는다. 아리스토텔레스(Aristoteles, BC 384~BC 322)는 "사람의 우수성은 일회적으로 나오지 않는다. 그것은 오랜 세월 동안 계속된 반복적인 습관에서 나온다."라고 주장했다. 좋은 생각이 좋은 행동으로 표현되고, 그 행동을 반복할 때 좋은 습관이 되며, 그 습관이 바로 예의 바른 사람을 만드는 것이다. 예의는 다른 사람을 존중하는 표현이자 타인을 배려하는 마음이며, 마음속에 있는 친절을 나타내는 성품이다.

다섯째, 좋은 성품은 말을 통해 나타난다. 19세기 영국의 낭만파 시인 바이런(Baron Byron, 1788~1824)은 "말은 사상이다. 작은 잉크 방울이 안개처럼 생각을 적시면 거기에서 수백, 수천의 생각이 가지를 치고 나온다."라고 말했다. 사람의 말, 언어에는 성품이 들어 있다. 그 사람의 생각이 말에 고스란히 담겨져 있다.

미국의 교육자인 부커 T. 워싱턴(Booker T. Washington, 1856~1915)은 "사람을 만들어 내는 것은 상황이 아니라 성품이다."라고 말했다. 인생을 결정하는 것은 좋은 성품이다. 그리고 삶 속에 드러나는 좋은 성품은 가르침과 꾸준한 훈련을 통해 계발할 수 있다.

3. 성품교육의 정의와 기본방침

1) 성품교육의 정의

성품교육이란 "교육을 통해 생각, 감정, 행동에 각각 의미 있는 영향을 주어 바람직한 변화를 도모하는 과정"(이영숙, 2005)이다. 필자는 추상적인 차원의 성품 개념이 교육에 실제적으로 적용하기에 용이하지 않다는 한계점에 문제의식을 갖고, 구체적인 성품의 개념을 정립하여 성품교육을 개발하였다.

성품교육의 핵심인 '성품'은 세 가지 요소로 구성되고 성품의 세 가지 요소인 생각, 감정, 행동은 일률적 또는 획일적으로 따로따로 분리되어 발달하지 않는다. 성품은 생각, 감정, 행동의 세 가지 요소가 다양한 경험 안에서 서로 연관되어 상호작용을 하는 가운데 함께 성장한다(이영숙, 2007).

한국형 12성품교육에서 상정하는 성품의 개념은 한 개인이 자기 자신을 포함한 주위 것들에 대해 어떻게 생각하고 느끼는지, 또 어떻게 말하고 행동하는지를 보여 주는 총체적 표현이므로 생각, 감정, 행동의 모든 영역을 포괄하는 실제적인 교육을 지향점으로 제시한다. 즉 성품이란 "한 사람의 생각, 감정, 행동의 표현"으로, 성품교육의 목표는 마땅히 '올바르게 표현'하는 데 두어야 한다는 점을 시사한다. 다시 말해 한 개인이 생각하고 느끼고 행동하는 일련의 유기적이고 총체적인 표현이 성품이라면, '바람직한 성품'은 개인의 생각, 감정, 행동의 근본적인 변화를 바탕으로 '올바른 표현'을 할 때 가능한 것이다.

2) 성품교육의 기본방침

성품교육의 목적은 사람의 생각, 감정, 행동을 변화시켜 그를 행복하게 하는 데 있다. 그러므로 성품교육은 개인의 생각, 감정, 행동을 포괄하여 총체적으로 접근해야 한다. 특히 한국형 12성품교육은 성품을 가르치는 기본방침으로 〈그림 2〉와 같이 인지적 접근, 정의적 접근, 행동적 접근을 모두 포괄하도록 내용을 구성했다.

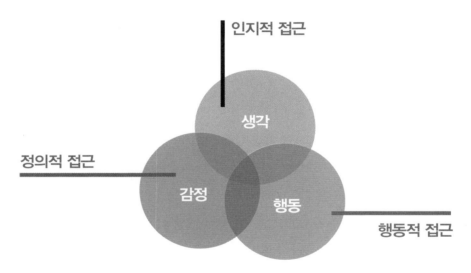

그림 2. 한국형 12성품교육의 인지적 · 정의적 · 행동적 접근(저작권 제C-2014-008461호)

성품을 가르치는 첫 번째 방법은, 학생들에게 인지적 접근을 통해 영향을 주는 것이다. 한국형 12성품교육은 성품의 변화는 개인의 '생각의 변화'로부터 출발한다고 간주하여(이영숙, 2007), 성품 개념에 대한 명확한 이해를 성품교육의 출발점으로 삼는다. 가르치고자 하는 성품에 대해 명확한 개념을 정립시켜 주는 것은, 효과적인 가르침을 위해 또는 학생들이 성품을 얼마나 효과적으로 습득했는지를 평가하는 기준이 된다.

예를 들어 학생들에게 '배려의 성품'을 가르치고자 한다면, "배려란 나와 다른 사람 그리고 환경에 대하여 사랑과 관심을 갖고 잘 관찰하여 보살펴 주는 것"(좋은나무성품학교 정의)이라는 명확한 배려의 정의를 제시해야 한다. 인간의 행동을 변화시키기 위해서는 새로운 지식에 대한 정확한 개념을 바탕으로 행동을 훈련하는 것이 가장 효과적이다.

이때 교사는 학생들로 하여금 단어로만 그 의미를 익히게 하는 것보다 생활의 주변에서 쉽게 접할 수 있는 경험을 통해 해당 주제성품의 의미를 이해하도록 유도할 필요가 있다. 또한 이 성품을 어떻게 구체적인 행동으로 표현할 수 있는지에 대해서도 생각해 보게 한다.

성품은 학생들이 그 내용에 대해 이해하고 있을 때 더 잘 계발되기 때문에, 더 좋은 생각을 하도록 유도하는 것이 중요하다. "네가 한 이 행동 말고 더 좋은 방법은 없었니?", "이것 말고 또 다른 방법은 없을까?" 등의 질문으로 학생들이 이성적이고 논리적인 생각을 하도록 기회를 줘야 한다.

또한 다른 사람의 입장에서 생각해 보도록 도덕적 인식을 일깨워 주는 훈련도 필요하다. 대부분의 사람들은 자신의 행동이 다른 사람에게 미치는 영향을 알면, 더 좋은 행동을 하려고 노력하게 된다. 그러므로 학생들에게 다른 사람의 관점에서 생각하고 다른 사람의 감정을 이해하도록 공감인지 능력을 가르치는 것이 중요하다.

성품을 가르치는 두 번째 방법은, 학생들에게 정의적 접근을 통해 영향을 주는 것이다. 사람의 감정은 어떤 일을 결정하는 데 있어 가장 강력한 동기유발요소가 된다. 성품을 가르칠 때 감정 영역을 계발하는 것은, 좋은 성품을 기르는 결정적인 자극제가 된다. 또한 동시에 가르치려는 주제성품에 대해 감정적으로 좋은 경험을 심어주면, 학생들은 이 성품을 습득하고 훈련받고자 하는 강한 열망을 갖는다. 한국형 12성품교육은 성품의 변화의 동기가 긍정적 성품에 대한 정서적 경험을 바탕으로 해야 한다고 전제하기 때문에, 긍정적인 변화를 통한 개인의 동기화는 매우 중요한 영역이 된다. 좋은 성품에 대한 긍정적 정서경험을 가진 개인은 좋은 성품의 중요성을 인식하고 교육에 참여할 수 있다. 그러므로 부모와 교사는 강압적인 방법으로 성품을 가르치는 것이 아니라 자율적인 방법 즉 격려와 칭찬을 통해 성품교육을 실천해야 한다.

성품을 배우면서 긍정적인 느낌과 좋은 감정을 경험한 학생들은, 배운 성품을 자신의 몸에 배게 하고 습관으로 간직하려는 동기유발이 자연스럽게 일어난다. 정의적 접근으로 성품을 가르치는 구체적인 방법에는 감정을 잘 조절하게 하기, 양심 혹은 도덕성을 증진시키기, 인간성을 발달시키기, 위인을 모방하고 싶은 동기를 유발시키기, 사회성 능력을 발달시키기, 자존감을 세워주고 강화시키기 등이 있다.

성품을 가르치는 세 번째 방법은, 행동적 접근을 통해 영향을 주는 것이다. "사람은 습관을 만들고 습관은 사람을 만든다"는 말에서도 짐작할 수 있듯이, 개인의 탁월성 곧 개인의 훌륭한 성품은 기회가 오면 언제든지 발휘할 수 있는 습관화된 상태를 의미한다(강상진, 2007). 그러므로 학생들로 하여금 좋은 성품으로 합당한 행동을 선택하도록 기회를 제공하고, 이것을 행동적인 기술로 발달시켜 좋은 습관으로 발현시키도록 영향을 주어야 한다.

성품교육을 할 때 기억할 것은, 좋은 생각이 좋은 행동을 낳고 좋은 행동이 반복되면 좋은 습관이 되며 좋은 습관은 곧 좋은 성품이 된다는 것이다. 그리고 그 성품이 바로 한 사람의 운명을 결정한다는 사실이다.

이때 목표가 되는 좋은 성품을 선정하고 그 성품의 태도를 60일 이상 집중적으로 반복하며 연습하는 것이 중요하다. 60일은 좋은 성품의 기적을 만드는 최소한의 시간이다. 60일 이상 우리 몸에 반복된 행동들은 우리에게 버릇이 되고 습관이 되어, 좋은 성품을 형성하게 한다.

성품을 교육할 때는 위의 세 가지 접근방법을 기본으로 하되, 연령에 따라 그 비중을 달리하는 것이 필요하다. 예를 들면 청소년기 학생들은 한창 민감하고 혼란스러운 시기이므로 더 섬세한 정의적 접근을 통해 영향을 주어야 한다. 특별히 자신에 대해 예민하게 성찰하는 청소년기에는 열등감이 강하게 나타난다. 열등감을 극복하지 못한 학생들은 심각한 갈등과 혼란을 겪고, 정상적인 또래 모임에 들어가지 못한다. 결과적으로는 비슷한 처지에 있는 친구들끼리 소속감을 형성하고 탈선을 일삼으며 그릇된 길로 향하는 안타까운 상황에 처할 가능성이 높다.

그러므로 학생들의 태도에 대해 책망으로 다스리기보다는 칭찬과 격려로 내면세계를 이해해 주는 것이 중요하다. 그래야 열등감을 감추기 위해 건방진 태도로 기성세대를 공격하는 방어기제를 소멸시킬 수 있다.

　또한 분노를 자주 폭발하는 학생에게는, 분노 자체는 나쁜 것이 아니지만 잘못 분노하는 것이 문제라고 알려줘야 한다. 분노의 감정을 잘 다스리지 못해 파괴적이고 공격적으로 폭발할 때 문제가 된다. 학생들이 분노를 드러낼 때 교사와 부모가 예민해지지 않고 여유있게 행동하면 학생들도 자신의 감정을 잘 다스릴 수 있게 된다.

좋은 성품으로 여는 '국민행복시대'

정부가 제시한 '정신건강증진 종합대책'에 따르면 2013년부터는 정신질
환자의 적극적 치료와 장려를 목적으로 건강검진 항목에 정신과 문진검사
가 의무적으로 추가될 전망이다. 또 정신과 치료에 대한 환자들의 거부감
과 부담감을 덜어주기 위해 정신과 상담 후 보험적용을 받더라도 일반 병
명코드로 인식되도록 해주는 제도도 시행된다.

실제로 우울증 같은 질병은 개인의 차원을 넘어 국민적 질병이 되었다.
우울증 환자 및 자살률의 급증으로 국내 병원에서의 우울증 처방건수가 연
간 30%이상 증가하고 있다. 지난 하반기 LG경제연구원이 발표한 '대한민
국 인적자본이 흔들리고 있다'는 제목의 보고서에서는, 우울증과 자살로
인한 경제적 손실이 연간 11조 7200억 원에 달하는 것으로 나타났다. 특히
2000년대 들어 출산율 저하, 청년실업의 고착, 학교폭력과 왕따 문화에 따
른 교실 붕괴, 우울증과 자살 확대 등으로 인적자본 축적률이 빠르게 감소
하고 있다고 밝혔다.

왜 이렇게 국민적으로 우울한 시대가 되었을까?

우리나라는 수치상으로 선진화, 첨단화 등을 이루었음에도 불구하고 8
년째 OECD 국가 중 자살률 1위라는 타이틀을 차지하고 있다. 이는 삶의

양적 증가와는 별개로 생존경쟁과 사회적 충격에 맞서 우리 마음을 지키고 스트레스를 극복하는 힘을 기르지 못했기 때문이다.

행복이란 심신의 욕구가 충족되어 부족함이 없는 상태를 말한다. 행복한 사람은 자신의 삶을 긍정적인 태도로 바라보며 감사하는 마음으로 인생을 기뻐할 줄 안다.

러시아 학자들의 연구에 의하면 분노, 공포와 같은 부정적인 정서도 인류 생존을 위해 어느 정도 긍정적인 기여를 하는 것으로 밝혀졌다. 분노는 적과 싸울 준비를 하게 하고 공포는 위험으로부터 피하도록 방어하는 역할을 하기 때문이다. 실제로 온실 같은 환경에서 스트레스 없이 사는 동물보다 맹수의 공격을 가끔 받는 동물들이 더 오래 산다. 스트레스도 마음의 힘을 기르고 긍정적으로 받아들인다면 우리를 성장시키는 동력으로 환원할 수 있다.

긍정적인 태도란 "어떠한 상황에서도 가장 희망적인 생각, 말, 행동을 선택하는 마음가짐"(좋은나무성품학교 정의)이다. 파도가 없는 바다는 없듯이 우리 인생에서 스트레스가 없을 수는 없다. 그러나 스트레스에 집중하는 것이 아니라, 어려운 상황에서도 가장 희망적인 생각을 선택하고 말하고 행동하는 긍정적인 태도의 성품이야말로 행복의 지름길이다.

영국의 비평가 존 러스킨은 세상에 나쁜 날씨란 없다고 했다. 햇빛은 달콤하고 비는 상쾌하고 바람은 시원하며 눈은 기분을 들뜨게 만든다. 세상에는 나쁜 날씨가 있는 것이 아니라 서로 다른 종류의 좋은 날씨만 있을 뿐이라는 것이다. 인생에서 맞닥뜨리는 어려운 상황도 마치 날씨처럼 모든 사람들에게 공평하게 주어진다. 그런데 똑같은 환경을 어떤 사람은 감사와 성공의 재료로 만드는가 하면 또 다른 누군가는 불만과 실패의 재료로 사용한다.

고난과 실패를 또 다른 성공의 기회로 받아들이는 적극적인 감사의 성품이야말로 진정한 행복이 무엇인지 아는 사람의 태도이다. 감사란 "다른 사람이 나에게 어떤 도움이 되었는지 인정하고 말과 행동으로 고마움을 표현하는 것"(좋은나무성품학교 정의)이다. 감사의 성품을 소유한 사람은 고난과 아픔도 재앙이 아닌 더 큰 감사를 만드는 축복의 기회로 바꾼다. 감사의 성품으로 받기 시작하면 아무것도 버릴 것이 없는 새로운 행복의 문이 열린다.

기쁨이란 "어려운 상황이나 형편 속에서도 불평하지 않고 즐거운 마음을 유지하는 태도"(좋은나무성품학교 정의)이다. 상황이 좋을 때를 기다리는 것이 아니라, 어려운 상황이나 형편 속에서도 즐거운 마음을 유지하는 기쁨의 성품이 행복을 만든다. 행복은 누군가가 가져다주는 것이 아니라 선택하는 것이다. 불평 대신 기쁨을 선택하는 것이 바로 행복이다.

이제 전 국민이 좋은 성품으로 '국민행복시대'를 열어 보자. 범국민 행복 찾기 운동으로 다음 세대에 행복의 모델링이 되는 어른의 모습을 보여주자. 긍정의 국민, 감사의 국민, 기쁨의 국민으로 좋은 성품의 국민시대를 열어가기를 소망한다.

칼럼 발췌 : 조선일보 학부모 전문가 칼럼 2013.10.31.
         경기신문 오피니언 칼럼 2013.01.23.
         월간 좋은성품 신문 성품칼럼 제50호(2013년 2월)

/
성품교육이란 "교육을 통해 생각, 감정, 행동에 각각 의미 있는 영향을 주어 바람직한 변화를 도모하는 과정"이다. _ 이영숙, 2005

한국형 12성품교육의
정의와 배경

1. 한국형 12성품교육의 정의

1) 한국형 12성품교육이란

'한국형 12성품교육'은 필자가 2005년에 고안한 인성교육으로, '성품'이라는 단어를 최초로 교육에 접목시키고, 한국 문화와 한국인의 정신적·심리적·행동적 특성을 고려하여 한국인에 맞게 태아부터 노인에 이르기까지 평생교육과정으로 고안한 인성교육 프로그램이다.

성품은 곧 문화이다. 한 나라의 역사적 배경, 의식주, 좋아하는 기호, 가치관들이 모여 그 나라의 국민성을 만들고 각 나라 국민들의 성품이 되어 자리잡는다. 즉 성품은 그 나라의 문화적 요소, 환경적 요소, 민족적 경험 요소에 의해 형성되는 특징이 있다.

유교문화를 바탕으로 인의예지(仁義禮智)를 강조한 한국 사회는 수년 간 교실붕괴·교권하락·학교폭력·따돌림·우울증·자살 등의 사회문제에 당면하면서, 인성·성품·가치에 대한 교육의 필요성을 절감하고 학교에서 도덕교육을 비롯한 다양한 인성교육을 시행해 왔다. 그러나 그동안 우리나라 교육의 현장에서는 한국 학교와 가정의 실정에 맞춰 한국인의 특징이나 문화적, 심리적 요소에 맞는 내용을 교육하기보다는, 외국에서 실시한 교육을 상당 부분 무비판적으로 수용했기 때문에 인성교육의 별다른 실효성을 거두지 못했다. 결과적으로 오랫동안 도덕, 윤리 등 인성교육을 실시해 왔지만 정작 실제적인 한국인의 삶에는 영향을 끼치지 못하고 추상적인 수준으로 머물 수 밖에 없었다. 학교에서 배우는 도덕교육이나 인성교육은, 지식적인 면은 충족시켰지만 삶을 변화시키는 교육으로 발현되지는 못했다. 특히 그동안의 인성교육은 어떤 사상에 근거하여 논리화되거나 학문적으로 정의되어 있지 않았기 때문에 많은 한계점을 드러냈고(현용수, 2008), 깊이 있는 연구와 체계적인 교육과정이 미흡한 상태로 추상적 수준의 교육으로만 논의됨에 따라 실제 교육현장에서의 구체적인 적용과 실천면에서 많은 모순점들이 나타났다.

'한국형 12성품교육'은 그동안의 실시되어 온 인성교육의 문제점과 한계를 극복하고 교육의 실제현장에 구체적인 적용이 가능하도록, 공감인지능력(empathy)과 분별력(conscience)이라는 2가지 기본 덕목과 이를 구체화한 12가지 주제성품을 대상과 연령에 맞게 체계적인 교육내용과 방법론으로 펼쳤다.

필자는 2005년 1월부터, 한국형 12성품교육으로 행복한 가정·행복한 학교·행복한 사회를 세우는 것을 목표로 하여 사단법인 한국성품협회 산하 좋은나무성품학교(Goodtree Character School)를 설립하고 한국형 12성품교육으로 인성교육을 실천하는 전국의 620여 개 좋은나무성품학교 실천학교와 초중고 및 대학교에서 전 연령별로 구체적인 인성교육을 실천해 왔다.

유아 성품교육과정으로 시작된 '한국형 12성품교육'은 현재 태아 성품교육과정, 영유아 성품놀이교육과정, 영유아 홈스쿨성품놀이교육과정, 유아 성품교육과정, 초등 성품교육과정, 청소년 성품교육과정, 청년 성품교육과정, 성인들을 위한 부모 성품교육과정, 초중고 교사들을 위한 교원 성품직무연수, 직장인들을 위한 직장인 성품교육과정, 노인들을 위한 실버성품교육과정으로 확대되었다. 이로써 한국형 12성품교육은 대상과 연령에 따른 평생교육과정으로 성품교육 대상의 범위를 넓히고, 국내외의 임상 사례연구를 통해 효과 검증을 마쳤다.

2) 한국형 12성품교육의 대상

'한국형 12성품교육'은 교육이 필요한 대상을 명확히 구분한다.

한국형 12성품교육이 교육의 대상으로 하는 한국인이란 첫째, 한국의 국적을 소유하고 한국의 영토 내에 살고 있는 사람들을 말한다.

둘째, 한국 사람으로 태어나 한국 내에서 자라다가 외국으로 나가 살고 있는 모든 재외 한국인들을 말한다.

셋째, 북한에서 살고 있는 북한 동포들을 포함한다. 한국형 12성품교육은 그동안 분단된 현실로 인해 문화적 통일감이 없었던 한민족의 문제들을 포괄하여, 근본적으로 한 인간으로서의 행복한 성품을 나눌 수 있게 한다.

넷째, 제3국에서 한국으로 이주하여 한국 문화 속에서 한국 사람들과 함께 거주하는 다문화권의 모든 사람들을 의미한다.

다섯째, 한국인의 정신적·심리적·행동적 특징을 내면화하고 있는 모든 나라의 사람들을 포함한다. 한국인으로 구분하는 법적 기준에는 해당하지 않지만 한국인의 정신적·심리적·행동적 특징을 갖고 있는 사람들이 있다. 이를테면 거절 받았던 경험으로 인해 자신의 생각·감정·행동을 잘 표현하지 못하는 사람들, 성품의 문제로 인간관계의 어려움을 겪는 사람들, 자신의 내면을 말로 어떻게 표현해야 하는지 잘 모르는 사람들과 같은 대상에게 한국형 12성품교육은 좋은 인성교육의 효과를 가져올 수 있다.

그렇다면 한국 문화와 한국인의 정신적·심리적·행동적 특징에는 어떤 것들이 있을까? 다음 장에서는 한국 문화의 특징과 이에 따른 한국인의 성품에 대해 조명해 볼 것이다.

2 한국 문화의 특징에 따른 한국인의 성품

1) 한국 문화와 한국인의 성품

(1) 동양의 관계주의 문화권의 영향을 받은 한국인의 성품

가. 서구의 개인주의 문화권과 동양의 관계주의 문화권

한국인의 성품은 동양의 관계주의 문화와 깊은 연관이 있다. 특히 한국 문화는 관계주의 문화권의 영향으로, 개인주의 문화권인 서양문화와는 상당한 차이가 있다.

Hofstede(1991)와 Triandis(1989, 1996) 등의 학자들이 제안한 집단주의와 개인주의 문화 분류체계(Miller, 2002; Oyserman, Coon, & Kemmelmeier, 2002. 재인용)에 의해 서구문화는 개인주의 문화권으로, 한국문화는 관계주의 문화권으로 구분된다.

개인주의 문화권에서 개인은 자기만족을 목표로 하고, 개인의 노력에 의한 목표성취를 지향한다. 이때의 개인은 전체보다 앞서 존재하는 개체로, 전체인 사회는 개체의 목적을 실현하기 위해 계약의 형태로 구성 또는 해체된다.

서구의 이러한 개인주의 문화에서는 개체 중심적 관점에서 개체를 개별자(個別子)로, 전체를 합체(合體)로 규정하기 때문에, 서구의 관점을 '개별자-합체의 구조'라고도 명명한다(최봉영, 1998). 다시 말해 합체로서의 사회는 개별자인 개인의 합(合) 그 이상의 의미를 가지지 않고, 서구의 개인주의 문화 속에서는 개인이 전체보다 중요하므로 전체를 위해 개인이 희생하는 것을 꺼리는 경향이 나타난다. 또한 서양문화에서의 개인은 자유의지에 따라 합리적 사고를 통해 선택하고 행동하는 주체로 인식되므로, 개인의 자유로운 정서 표출을 중시한다.

반면 관계주의 문화권에서는 전체 중심의 관점에서 개인을 사회에 소속된 개체로 인식한다. 즉 개체를 소속자(所屬子)로, 전체를 통체(統體)로 규정하여 '통체-소속자의 구조'를 가진다고 본다. 이러한 구조에서 개체는 통체의 분신이기 때문에, 통체는 개체와 동등한 지위를 갖는다(최봉영, 1998). 관계주의 문화권에서는 개인을 사회적인 존재이자 다양한 관계맺음 안에서 존재하는 구체적인 관계자(오승환, 1999. 재인용)로 봄으로써, 개인보다 사회를 우선시하는 경향이 강하다.

나. 문화에 따른 인지, 정서의 차이

① 문화에 따른 인지의 차이

문화는 개인의 행동을 이루는 기본적인 구성단위인 인지, 정서에 영향을 미친다. 문화에 따라 '생각하는 방식'이 다를 수 있다는 사실은 인지과정 자체가 문화적 산물이라는 가설을 검증한 연구(Peng & Nisbett, 1999. 재인용)를 통해 알 수 있다.

서양문화에서는 사물에 접근할 때 요소별로 분석하는 관점을 취하는 반면, 동양문화에서는 총체적인 모양과 관계에 더 초점을 맞춘다. 형식논리를 따르는 사고를 하는 서양문화와는 달리, 동양문화에서는 구체적인 사례를 중심으로 사고한다. 문제해결 방식에 있어서도 서양문화에서는 두 가지 중 하나를 선택하는 선형적 해결을 선호하고, 동양문화에서는 두 가지를 모두 포함하는 변증법적 사고를 통해 문제를 해결한다(장성숙, 2004). 문화에 따른 인지의 차이를 정리하면 〈표 2〉와 같다.

표 2. 문화에 따른 인지의 차이

	서양문화	동양문화
사물 접근 방식	요소론적 인식(요소 분석)	속성론적 인식 (총체적 모양과 관계)
사고방식	형식논리	사례중심
문제해결 방식	선형적 해결	변증법적 사고를 통한 해결

② 문화에 따른 정서의 차이

문화는 개인의 정서에도 영향을 미친다. 장성숙(2004)은 "문화에 따른 자기의 해석체계에 따라 정서의 체험조건, 체험되는 정서의 종류, 빈도 및 강도 등이 달라진다"(Markus & Kitayama, 1991. 재인용)고 설명하고 정서를 '사회적 구성물'이라 정의했다.

결과적으로 서구문화에서는 낭만주의 사조의 영향으로 정서를 '진실한 내면의 발현'이라고 간주하며 자유로운 정서표출을 중시하지만, 동양문화에서는 관계를 도모하는 정서가 발달되어 있어 개인의 성취감이나 만족감보다는 인간관계에서 얻는 만족을 통해 긍정적인 정서를 경험한다(Markus & Kitayama, 1991. 재인용).

다. 동양의 문화와 한국인의 성품

동양문화의 대표적 국가인 한국은 관계주의 문화권에 속하기 때문에, 개인의 자유보다는 공동체의 이익과 사회적 관계에서 얻는 정서적 만족에 가치를 두고 문제를 인식한다. 그래서 한국인은 감정의 표출에서도 사회적 관계와 타인의 평가를 염두에 두고 부정적 정서표출을 억제하는 경향이 있다.

일반적으로 서양 사람들은 정서표현에 있어 자유롭다. 개인의 생각과 감정, 행동을 거리낌 없이 표현하는 것을 중요하게 여긴다. 그러나 한국 문화 속에서의 개인의 정서는 감정 표현을 억제하는 것을 미덕으로 여기며, 익숙하게 훈련되지 않아 다르게 표현하거나 부적절하게 표현함으로써 오히려 부정적인 결과를 가져오기도 한다. 문화권에 따른 서양 문화와 한국 문화의 차이를 정리하면 〈표 3〉과 같다.

표 3. 문화권에 따른 서양 문화와 한국 문화의 차이

구분	서양의 문화	한국의 문화
문화권	개인주의 문화권	관계주의 문화권
사고방식	전체보다 개인을 중요하게 생각함	개인보다 전체를 중요하게 생각함
개인의 정서표출	자유로움	억제함

(2) 유교문화의 영향으로 본 한국인의 성품

한국인의 문화는 상당 부분 유교문화의 영향을 받았다.

유교문화 속에서 한국인의 성품은 첫째, 개인보다 사회를 중요시하는 특징이 있다. 개인은 희생하더라도 가족과 사회를 살리는 희생정신이 강한 것이 한국 문화 속에 면면히 나타난다. 유교문화는 기본적으로 조화와 질서를 추구하기 때문에 다른 사람에 대한 관심이나 배려를 중시하고, 개인적인 이익보다는 사회와 공동체에 헌신함으로써 전체의 유익을 추구한다.

둘째, 도덕성의 근거를 인간관계에서 찾는다. 유교 문화에서는 개인이 아무리 뛰어나고 선량해도 인간관계가 좋지 않으면 '나쁜' 사람으로 인식된다. 한국인들은 그만큼 인간관계를 매우 중시 여기는 문화 속에 살고 있다.

이러한 관계 중심의 문화에서 학문과 종교는, 관계의 본질을 밝혀 선으로 실천하는 것을 가장 중요하게 여긴다. 따라서 관계의 완전한 실현을 지극히 자연적인 상태로 간주하고(최봉영, 1998) 이를 이루기 위한 덕의 실현은 "배워서 익혀야 하는 것"이라는 신념을 바탕으로(홍경완, 2009) 개인의 활동을 강조한다.

셋째, 위계적 구조에 따른 예의를 중시한다. 유교의식은 오랫동안 한국의 언어문화 발달에 영향을 끼쳤다. 유교의 기본 지침이 되는 삼강오륜(三綱五倫)은 한국 문화 속에서 매우 중요한 미덕으로 여겨져 왔다.

삼강오륜은 신하는 임금을, 아들은 아버지를, 아내는 남편을 섬겨야 한다는 삼강(三綱), 곧 군위신강(君爲臣綱), 부위자강(父爲子綱), 부위부강(夫爲婦綱)과 어버이와 자식, 임금과 신하, 부부, 어른과 아이, 친구 간의 덕목인 오륜(五倫)으로 구성된다. 특히 오륜은 어버이와 자식 사이에는 친함이 있어야 한다는 부자유친(父子有親), 임금과 신하 사이에는 의로움이 있어야 한다는 군신유의(君臣有義), 부부 사이에는 구별이 있어야 한다는 부부유별(夫婦有別), 어른과 아이 사이에는 차례와 질서가 있어야 한다는 장유유서(長幼有序), 친구 사이에는 믿음이 있어야 한다는 붕우유신(朋友有信)의 덕목을 강조하며, 이러한 삼강오륜의 예의범절을 바탕으로 한국인의 성품이 발달해 왔다.

유교문화는 관계에서 신분과 지위에 따른 위계적 구조를 전제하고, 관계의 완전한 실현을 추구하기 위해 덕목들을 실천할 것을 강조한다. 특히 유교의 덕목은 아랫사람이 윗사람을 대할 때 갖춰야 하는 마음가짐과 예의에 초점이 맞춰져 있기 때문에, 유교문화의 영향을 받은 한국인들은 어른이나 상전을 대할 때의 언어가 훨씬 더 강화된 성품의 특징이 있다. 신하가 임금에게 문안드리고 간언하고 자녀가 부모에게 인사하는 등의 언어는 발달했지만, 평상시 만나는 사람에 대한 언어적 표현이나, 윗사람이 아랫사람을 대할 때 사용하는 언어는 자연스럽지 않다. 일례로 일상의 대화에서 수평적 언어의 요소들이 결핍돼 있어, 현대에는 엘리베이터를 타도 이웃 사람들과 인사하지 못하는 경우가 많다.

또한 본래 유교에서 추구하는 덕은 부모-자식 간의 사랑과 같은 인간관계에서의 구체적인 '감정'이었으나, 제도화의 과정을 거쳐 효(孝)와 같은 '도덕적 의무'로 발전함으로써(홍경완, 2009) 일상적인 언어보다는 위계적인 관계에서 의무적으로 행해야 할 덕으로서의 언행이 강조돼 왔다. 이러한 유교문화의 영향으로 대다수의 한국인들은 자신의 생각과 감정을 전달하고 표현하는 '일상적 언어'가 익숙하지 않은 성품의 특징을 갖게 되었다(이영숙, 2010).

(3) 정(情)의 심리적 특징으로 본 한국인의 성품

가. 한국인의 정서 : 정(情)

한국의 특별한 문화 중의 한 요소가 바로 정(情)의 문화이다. 나쁜 줄 알면서도 정 때문에 떼어내지 못하는 현상은 한국 사회 곳곳에서 발생한다. 심지어 방송 CF에서도 '정'의 개념을 이용한 상품 광고가 크게 주목을 받을 정도로 '정'은 한국인만의 특별한 문화이다.

한국인을 대상으로 한 성품교육은 특히 이 정(情)이라는 요소를 무시하고서는 효과를 거두기 어렵다. 아무리 좋은 내용이라도 한국인들은 심정적으로 정이 들어야 받아들이는 경향이 있기 때문이다. 따라서 학교에서 교사들이 학생들에게 좋은 성품을 가르치기 위해서는, 지식을 강요하기보다 정을 주고 '우리'라는 공동체 의식을 심어주는 활동이 중요하다.

한국인의 인간관계에서 가장 핵심적인 정서인 정(情)은 상대를 가족처럼 아껴주는 마음으로, 한국인들은 정이라는 감정을 통해 마음을 주고받으며 관계를 맺는다. 이때의 마음은 가시적인 행동이나 물질이 아니기 때문에 한국인들은 마음을 해석하는 과정에서 심정(心情)을 단서로 사용한다.

물건을 주고받는 게 아니라 마음을 주고받는다는 것이 얼마나 어려운 일인가? 그래서 한국인들은 대인관계에서 마음을 해석하는 데 언제나 불확실성(precariousness)의 위험성을 가지고 있다. 한국인들의 성품은 이와 같은 어려운 상호작용을 기반으로 형성되었고 그 안에서 관계 문화가 발달했다. 한국인의 정서인 '정(情)'의 특징을 자세히 살펴보면 다음과 같다.

나. '사리논리'를 기반으로 하는 서구 문화와 '심정논리'를 기반으로 하는 한국 문화

한국인은 이성보다는 감정에 더 섬세한 자극을 받는 민족이다. 한국어의 '마음'은 영어의 '마음'(mind)보다 좁은 의미로 사용된다. 영어의 '마음'은 이성(reason)과 감정(passion)을 모두 포괄하는 개념인 반면, 한국어의 '마음'은 주로 감정(passion)에 더 비중을 둔다. 서양인은 '개별자 상호작용의 논리, 공적 논리, 이해관계의 교환 논리, 객관성 논리, 이성 논리'의 사리논리(事理論理)를 기반으로 하지만, 감정적 측면의 마음을 더 중시하는 한국인은 '우리성의 논리, 사적 논리, 마음 교류의 논리, 상호주관성의 논리, 정의 논리'의

심정논리(心情論理)를 기반으로 사고한다(최상진·김기범, 1999).

이처럼 사리논리를 기반으로 사고하는 서구 문화에서 개인은 독립적으로 기능하는 독특한 완성체(solid entity)로 인식되기 때문에 전체 속에서 자기(self)를 그대로 유지한다(최인재, 최상진. 2002). 그러나 심정논리를 기반으로 사고하는 한국 문화에서 개인은 사회적 관계 안에서 기능하는 부분자(partial individual)로 인식되므로, '우리'라는 관계 안에서의 역할과 기능에 따라 자기(self)를 규정한다(최봉영, 1994. 재인용).

그래서 한국인들은 이성적으로 아무리 옳다는 생각이 들어도 심정적으로 풀어지지 않으면 문제가 해결되지 않는다. 이런 특징을 갖고 있는 한국 문화 속에서의 한국인을 위한 성품교육은 이성적으로 접근하는 사리논리보다는 감정에 호소하는 심정논리를 효과적으로 사용하는 지혜가 필요하다.

다. 정(情)의 부정적 기능

심정논리를 기반으로 사고하는 한국인에게 정(情)은 '서구적 합리성·박애주의·정의감에 근거한 자선적 행동'과 같은 합리적이고 당위적인 개념이 아니라 소위 인간적이라 표현하는 비합리적 성격의 심리현상으로 작용한다(최상진 외, 2000). 더욱이 '느끼는 것'에 기초한 한국인의 정(情)은 '든든하고 의지가 됨, 무거리감, 이성적 판단 방해'로 특징되는 정(情)의 세 가지 기능 중 '이성적 판단 방해'라는 대표적인 부정적 기능을 야기한다(최상진·김지영·김기범, 2000).

이성적 판단을 방해하는 정(情)의 부정적 기능은 다음의 네 가지로 설명된다.

첫째, 공사(公私) 구분의 불명확성을 가져온다. 정으로 인해 사람들과의 감정과 인지가 오랜 시간 공유되면, 더 이상 감정의 좋고 나쁨을 떠나 그저 우리 것, '우리성'이 되어 버린다.

'우리성'의 원형은 기존의 가족관계에서 그 특징을 찾을 수 있다. 불가분의 관계인 가족의 '우리성'은 항시 기대하는 규범적 유대가 전제되어 있다(최상진 외, 2000). 이러한 규범적 유대를 형성하고 유지하는 과정에서 개인은 '우리성'에 기반한 규범적 유대를 항상 우위에 두는 경향을 보인다.

"우리 것이니까 지켜야 돼"라는 인식으로 이성적 판단을 방해하기 때문에 상대방이 아무리 나쁜 행동을 해도 정든 사람이 한 행동을 모두 옳다고 판단하며 지지한다. 한국인의 정(情)은 이성(reason)보다 감정(passion)을 중시하기 때문에 비합리적인 태도를 취하게 하고, 사회적 관계에서 얻은 긍정적인 감정은 공사(公私)구분의 불명확성과 같은 문제로 이어진다.

둘째, 정든 사람들끼리 '우리 근성'으로 뭉쳐 다른 사람들에 대해 배타적인 태도를 취하기 때문에 상호적으로 좋은 관계를 맺기가 어려워진다.

한국인은 '우리'라는 인식을 바탕으로 사회적 관계를 맺는 경향이 있어 '우리'라는 단서를 가진 사람들을 선택하고 선택되는 식으로 관계를 맺는다. 이는 단순한 무리짓기와 구분되며 '우리'로 규정되는 내집단을 강조하기 때문에 외집단에 대해 상당히 배타적인 성격을 띤다(최상진·김지영·김기범, 2000).

한국 사회 안에 혈연, 지연, 학연, 파벌의 뿌리가 깊은 것도 이 때문이다. 이미 상호적으로 관계가 형성돼 있는 사람들을 뚫고 새롭게 관계를 형성하는 것이 어렵기 때문에 정(情)에서 비롯된 '우리성'은 깊은 분쟁의 원인으로 고착화되어 있다.

셋째, '미운정'도 정(情)이라는 인식으로 부정적인 감정을 왜곡되게 받아들인다.

정(情)은 감정의 좋고 나쁨이 아니라 '우리성'을 얼마나 공유했느냐 하는 '시간'에 바탕을 둔다. 그래서 한국인들은 표면적으로 드러나는 행동과 언어가 호의적이 아님에도 불구하고 '우리성'을 오랜 기간 공유했다는 이유로 '미운정'을 인정한다(최상진·김지영·김기범, 2000).

흔히 한국인이 관계를 형성하고 유지하는 과정을 일컬어 '정이 쌓인다'라고 표현하는데, 이때의 정(情)은 "오랜 세월동안 자신도 모르게 쌓였다가 뒤늦게 깨닫게 되는 것"이다. 오랜 세월동안 자신도 모르는 상태에서 정이 쌓이기 때문에 정(情)의 표현은 매우 모호한 형태로 나타난다. 즉 관계를 형성하고 유지하는 과정에서 상대에 대한 애정을 구체적인 언행으로 표현하기보다는 '마음 써주기' 형태의 은근하거나 정반대의 감정으로 표현한다(최상진 외, 2000). 그래서 한국인들은 구체적이고 명확한 행동과 언어로 마음을 표현하지 않아도 '마음 써주는 행동' 이면에 있는 '마음'을 파악하여 이해해야 하는 불확실성(precariousness)의 위험을 감내한다.

이처럼 모호한 형태로 표현되는 '마음 써주기'는 정(情)으로 규정할 수 있는 행동 중 미운 행동과 고운 행동의 구분을 불분명하게 하고, "정 관계의 당사자들이 사소한 언행에 섭섭해 하면서도 그것이 상대의 본심이 아님을 미루어 짐작하는 형식"으로 관계를 유지하게 한다(최상진·김지영·김기범, 2000). 상대방의 부정적인 감정표현을 '미운정'이라는 정(情)의 한 부분으로 미화시켜 왜곡되게 받아들임으로써 갈등의 원인을 제공한다.

넷째, 정(情)에 기반한 관계를 유지하는 과정에서, 자신의 감정을 명확하게 표현하지 못한다.

한국인의 보편적 심리현상인 정(情)은 한국인이 중시하는 '관계'를 유지하게 하는 기능을 한다. 정(情)에 기반한 관계를 유지하기 위해 개인은 불확실성 속에 타인의 마음을 추론하고 이해하도록 사회화된다. 한국인의 끈끈한 유대의 바탕이 되는 정(情)은, 사회적 관계 속에서 심리적 부담을 감내하고 자신의 감정을 '명확하고 올바르게' 표현하지 못하게 하는 문제를 야기한다.

현재 한국의 학교들이 왕따와 폭력 문화로 고질적인 문제를 갖고 있는 원인에 대해, 필자는 이러한 관점에서 문제를 바라보고 해결점을 찾아야 한다고 생각한다. 나쁘다는 것을 알면서도 관계를 중시하는 한국인의 특성상, 부정적인 '우리성'을 놓지 못함으로써 더 큰 문제를 발생시키는 경향이 있다. 한국형 12성품교육의 2가지 기본 덕목인 공감인지능력과 분별력을 가르침으로써 가정과 학교, 사회의 문제들을 해결할 때 한국인의 진정한 좋은 성품을 문화적으로 확산시킬 수 있다고 확신한다.

(4) 한(恨)의 심리적 특징으로 본 한국인의 성품

가. 한국인의 정서 : 한(恨)

지난 9년 동안 좋은 성품 세미나를 개최하면서 필자가 가장 많이 받은 질문은 바로 "참아야 할까요, 말아야 할까요?"였다. 일반적으로 많은 사람들이 참아야 좋은 성품이라고 생각한다.

모든 갈등과 위기를 긍정적으로 생각하고 참으며 해결하는 사람은, 도를 닦은 수준 이상으로 좋은 성품의 소유자임에 틀림없다. 그러나 참음으로 분노를 키우고 병이 된다면 이는 분명 좋은 방법이 아니다.

한국인의 정서에는 한(恨)이라는 특별한 병리현상이 있다. 한은 심장, 마음을 뜻하는 '심(心)'과 가만히 머물러 있다는 의미의 '간(艮)'이 합쳐진 단어로, 마음에서 커져 마치 거기에서 난 것처럼 그 자리에 머물러 있는 상태를 의미한다. 한국인의 가치관 속에 복잡하게 스며들어 뚜렷이 그 형체가 나타나지는 않지만 본질적으로는 그 무엇이라고 설명할 수 있는 것이 바로 한이다(홍경완, 2009). 그러므로 한국 문화 속에서 빚어진 한의 심리적 특징을 살펴보는 것은 매우 중요하다.

나. 집단주의 문화와 한국인의 한(恨)

한국은 개인주의적인 서구 문화와는 다르게 집단주의 문화의 특성을 가진다. 타인에 대한 배려가 자신의 표현보다 우위인 집단주의 문화에서, 개인은 자신의 부정적 감정을 표출하기보다는 '삭히도록' 사회화된다. Markus와 Kitayama(1991)는 집단주의 문화에서 '부정적 감정의 삭힘'이 나타나는 이유를 개인주의 문화와 집단주의 문화에서의 개인에 대한 인식과 여기서 비롯된 감정경험의 차이 때문이라고 설명한다.

즉 서구의 개인주의 문화에서 개인은 스스로를 '독립적인 개인'(independent self)으로 인식하고 자아에 초점을 둔 감정들(the ego-focused emotions)을 느끼고 표현하는 반면, 집단주의 문화에서 개인은 '상호의존적인 자기'(interdependent self)로서 자신을 인식하고 타인에 초점을 둔 감정들(the other-focused emotions)을 경험한다고 설명한다.

다. 한(恨)의 병리적 특징

전통사회에서는 딸을 결혼시켜 보낼 때, "장님 3년, 귀머거리 3년, 벙어리 3년이면 집안이 조용하다. 그러니까 참고 살아라."라고 이르며 시집을 보냈다. 그런데 이렇게 3년-3년-3년, 총 9년 동안 자신의 생각이나 감정, 행동을 표현하지 못한 채 살아야 한다고 가정해 보자. 행복한 관계를 맺는 것이 과연 가능하겠는가? 관계 속에서 쌓인 한이 내면에 얼마나 깊이 자리해 있겠는가?

이러한 부정적인 감정들은 부적절한 감정 표현을 만들고 분노로 내재돼 있다가 한풀이의 방식으로 폭발해 버린다. 평상시에는 조용했던 사람이 화가 나면 무섭고 폭력적으로 돌변하는 병리적인 특징이 바로 이러한 내면의 한이 원인이 되어 나타난다.

라. 한(恨)의 긍정적인 기능

한(恨)은 한국인의 심리구조에서 핵심적인 개념으로, 관점에 따라서는 한을 긍정적인 의미로 해석하기도 한다.

한(恨)이라는 개념은 체념, 원한, 공포, 외로움, 슬픔과 기대, 좌절 등의 복합적인 감정을 포함하는 "다양한 감정들의 총체"로 규정된다. 인간의 행동과 사고에 동원이 된다는 점에서 긍정적이고 창조적인 감정이기도 하지만, 다른 한편으로는 감정의 억압이라는 부정적이고 파괴적인 의미를 갖는다는 점에서 한의 개념 안에는 모순된 두 가지 의미가 상존한다(홍경완, 2009). 또한 한을 단순히 부정적인 감정이 아니라 긍정적인 특성까지 포함하는 개념으로 정의하는 시각에서는, 정서와 지혜의 측면을 모두 포함하는 '정서적 지혜'로 한을 규정하기도 한다(고건영·김진영, 2005).

그러나 '부정적 감정의 삭힘'으로서의 한(恨)이 한국인에게 정서적 지혜로 발휘되기 위해서는, 한(恨)이 전제하는 부정적인 감정을 올바른 방법과 형태로 승화하고 표출하는 과정이 필요하다. 부정적 감정을 올바르게 표출하기 위해서는 한국인의 한(恨)이라는 보편적 정서를 이해하고 '심리 사회적 성숙'을 기르는 것이 선행되어야 한다.

(5) 한국적 샤머니즘 문화로 본 한국인의 성품

한국인의 성품 특징 중 하나는, 갈등과 고통을 자신의 문제로 인식하여 스스로를 성찰하고 내부적 요소를 바탕으로 풀어나가기보다는, 외부적 요소로 누군가의 개입이나 도움이 있어야 갈등이 풀린다고 믿음으로써 외부의 힘과 통제에 의존하는 경향이 있다는 것이다. 이러한 한국인들의 성격이 만들어진 원인으로, 한국적 샤머니즘의 영향을 들 수 있다.

한국적 샤머니즘은 한국인의 보편적 정서인 한(恨)을 풀어주기 위한 시도로 굿이라는 샤머니즘적 예식(ritual)을 통해 나타난다. 굿은 전통적인 '공동체적 종교행사'로 이 예식을 통해 개인의 정서인 한(恨)이 공동체적 사건으로 전환된다(홍경완, 2009).

특히 한국의 샤머니즘은 "인간의 운명을 통제하고 재난을 막으며 복을 가져다 줄 수 있다"고 믿는 민간신앙을 근간으로 하기 때문에, 모든 문제의 근원을 외부에서 찾고 외부적인 요소들이 잘 풀려야 내부도 원활해진다고 믿는다. 내부적 요소를 고찰하고 내면을 성찰하기보다는 굿을 통해 누군가 외부에서 개입하고 통제하도록 의존적 성향을 띤다. 그래서 굿을 통해 개인의 부정적 삭힘을 누군가 개입하여 잘 풀어주지 않으면 그저 참고만 있어야 한다는 인식으로 한국 내 한풀이 문화가 정착되었다.

그러나 한국 문화에서의 '한(恨)'은 개인에게서 나타나는 '부정적 감정의 삭힘'이므로(고건영 외. 2005) 관계 형성에 치중한 나머지 자기 내면의 욕구를 표현하는 능력이 부족한 데서 비롯된 것이다. 한국적 샤머니즘은 이러한 개인의 부정적 감정을 표출하는 통로의 역할을 했지만, 근본적인 문제 해결은 부정적 감정을 올바르게 표출하고 풀어내는 데 있다는 점에서 한국적 샤머니즘의 한풀이는 본질적인 한계를 지닌다.

이에 필자가 고안한 '한국형 12성품교육'에서는 한국인의 성품교육을 위해 부정적 감정을 바르게 표현하고 올바른 관계맺기를 통해 행복한 감정을 소유하게 하기 위해 '관계맺기의 비밀－TAPE 요법'(이영숙, 2005)을 개발하여 교육 현장에 보급했다. 그 결과 이혼한 부부 및 부모와 자녀 관계, 교사와 학생의 관계 회복 등 깨지고 막힌 관계 속에서 부정적 감정을 해결하고 긍정적인 관계맺기에 성공할 수 있도록 많은 임상 효과들을 거뒀다.

2) 바람직한 한국인의 성품을 위한 해결책

한국인의 성품은 한국 문화에 대한 근본적인 통찰과 한국인의 정신적·심리적·행동적 특징에 대한 배경을 알고 있어야 비로소 이해할 수 있다. 나와 내 옆 사람이 좋은 성품으로 관계를 잘 맺지 못하는 이유는, 우리가 한국 사람으로서 겪어야 했던 민족적인 특징들, 정치적인 국가의 영향력, 주변 국가와의 지리학적 관계, 한국인의 의식주와 종교적인 영향, 한국인으로 지탱하게 해 온 다양한 가치관들, 즉 한 마디로 한국 문화의 특성에 의해 한국인의 성품이 만들어졌기 때문이다.

이제 우리는 그 특성을 바르게 알고 긍정적인 영향력을 끼치는 성품교육을 실천하여 한국 문화 속에 있는 갈등의 요소들을 해결하고 더 행복하고 성품 좋은 글로벌 리더를 키우도록 풍성한 인간관계를 맺을 수 있는 비결을 찾아 교육해야 한다.

한국형 12성품교육에서는 성품을 "한 사람의 생각, 감정, 행동의 표현"(이영숙, 2005)으로 정의하고 한국인의 성품 특성, 곧 동양의 관계주의 문화권과 유교문화를 바탕으로 발달한 심정논리(心情論理), 정(情)과 한(恨)의 심리적 문제, 한국적 샤머니즘의 문화에서 기인한 정서적 측면들을 포괄하여 바람직한 한국인의 성품을 위한 해결책을 제시한다. 한국의 문화적 배경을 고려하여 한국인에게 적합한 내용과 방법으로 구성한 한국형 12성품교육의 해결책은 다음과 같이 요약할 수 있다.

한국인들은 첫째, 동양의 관계주의 문화권의 영향으로 개인보다 사회와 공동체를 중시하고, 관계 안에서 정서적 만족감을 얻기 때문에 개인의 감정 표출을 억제하는 경향이 있다. 한국사회에서 개인은, 개별자로서 자유의지를 가지고 합리적 판단과 선택을 하는 사리논리(事理論理)가 아닌, 타인과의 관계를 우선시 하는 심정논리(心情論理)를 바탕으로 사고한다. 따라서 개인의 자유로운 감정 표출보다는 관계와 집단의 안정적 유지를 위해 감정 혹은 정서를 최대한 억제하도록 사회화된다.

한국인들이 사회에서 수많은 관계를 경험하면서도 정작 가정과 개인의 삶 속에서 친밀한 관계를 맺지 못하는 것은, 그동안 개인의 감정 표출에 익숙하지 않았고 또한 자유로운 표현이 억제되어 있었기 때문이다. 그러므로 좋은 성품 훈련으로 개인의 감정을 잘 표현하도록 돕고 개인적으로 친밀한 관계를 형성하는 경험을 해보는 것이 매우 중요하다.

둘째, 유교문화의 영향으로 어른이나 상전을 대할 때의 예의범절은 발달했지만 평상시 만나는 사람들이나 아랫사람을 대할 때 사용하는 언어는 발달하지 못했다. 그래서 일상에서 자신의 생각과 감정을 전달하고 표현하는 언어가 익숙하지 않다. 자신의 감정을 말로 표현하는 언어 인성교육을 실천하여 상하좌우의 인간관계 속에 매너 있는 모습으로 예의 있게 말하고 행동하는 좋은 성품의 교육을 실시해야 한다.

셋째, 정(情)을 중시하는 문화의 영향으로, 한국인들은 지나친 '우리성'에 얽매여 이성적인 판단을 방해하고 '마음 써주기' 형태의 모호한 표현으로 관계 속에서 상대방의 본심을 미루어 짐작해야 하는 불확실성의 심리적 부담을 감내한다. '우리끼리'라는 '우리성' 때문에 나쁜 줄 알면서도 다른 사람을 왕따시키고 학교폭력을 자행했던 악순환을 끊어 버리고, 분별력을 갖고 옳고 그름을 스스로 인식하면서 이성적으로 행동하도록 좋은 성품을 길러 주어야 한다.

넷째, 한국인들은 개인의 감정을 표현하는 것보다 '참고 삭히는' 것이 더 가치 있다고 여김으로써, 억눌린 감정에서 비롯된 한(恨)의 문화를 지니고 있다. 이러한 부정적 감정은 참고 삭히며 관계를 끊어버리거나 체념하고, 혹은 '화(火)'로 폭발하는 등의 극단적인 선택을 하는 경향으로 나타난다.

이제는 '감사하기'라는 정서의 표현으로 시작되는 '관계맺기의 비밀-TAPE 요법'을 통해 한으로 응어리진 과거의 경험들을 감사로 승화시키고, 한 차원 높은 정신적·심리적 해결책을 제시하여 관계의 문을 열게 하는 교육을 시작해야 한다. 지나온 고통은 또 다른 성숙의 기회이고, 이러한 고난을 통해 성장한다는 것을 감안하면 감사의 성품으로 자신을 성찰하고 성숙시킬 수 있다.

다섯째, 한국인들은 한국적 샤머니즘의 영향으로, 자기 내면의 욕구를 잘 표현하여 부정적 감정을 해결하기보다는 한풀이를 통해 서과지피(西瓜舐皮)식의 한시적 만족을 얻는 경향이 있다. 즉 개인이 느끼는 부정적 감정을 외부의 개입에만 의존하여 해소하려는 경향이 나타난다. 그러므로 자신을 성찰할 수 있는 기회와 체험 활동을 통해 자신의 생각, 감정, 행동을 주관

표 4. 한국 문화와 한국인의 특징에 따른 한국형 12성품교육의 방향

한국 문화의 특징	순기능	역기능	한국형 12성품교육의 방향
동양의 관계주의 문화권의 영향	개인의 자유보다는 공동체의 이익과 사회적 관계에서 얻는 정서적 만족에 가치를 두고 문제를 인식함	개인의 감정 표출을 억제하는 경향이 있음	좋은 성품 훈련으로 개인의 감정을 잘 표현할 수 있도록 돕고 개인적으로 친밀한 관계를 형성하는 경험을 하게 함
유교문화의 영향	윗사람을 대할 때 사용하는 언어가 강화되어 있음	어른이나 상전을 대할 때의 예의범절은 발달했지만, 평상시 만나는 사람들이나 아랫사람을 대할 때 사용하는 언어는 발달하지 못함	자신의 감정을 말로 표현하는 언어 인성교육으로 일상생활 속에서 매너 있고 예절 바르게 말하며 행동하도록 좋은 성품의 교육을 실시함
정(情)을 중시하는 문화의 영향	상대를 가족처럼 아껴주는 마음이 바탕이 된 관계문화가 발달함	공·사구분의 불명확성을 초래함. 지나친 '우리성'에 얽매여 이성적 판단을 방해하고 '마음써주기' 형태의 모호한 표현으로 관계 속에서 상대방의 본심을 미루어 짐작해야 하는 불확실성의 심리적 부담을 감내함	나쁜 줄 알면서도 '우리끼리'라는 '우리성' 때문에 다른 사람을 왕따 시키고 학교 폭력으로 이어지는 관습을 끊어 버리고 옳고 그름을 스스로 인식하여 행동하는 분별력을 갖고 이성적으로 행동하도록 좋은 성품을 함양함
한(恨) 문화의 영향	심리·사회적 성숙을 통한 정서적 지혜를 얻음	개인의 감정을 '참고 삭히는' 경향이 나타남. 억눌린 감정을 부정적이고 파괴적으로 표출하여 관계의 단절을 가져오기도 함	한으로 응어리진 과거의 경험들을 '감사'의 성품으로 승화시키는 한 차원 높은 정신적, 심리적 해결책을 제시하여 관계의 문을 열게 하는 교육을 실천함
한국적 샤머니즘 문화의 영향	샤머니즘은 개인의 부정적 감정을 표출하는 통로를 제공함	개인이 느끼는 부정적 감정을 외부의 개입에만 의존하여 해소하려는 경향이 나타남	자신을 성찰할 수 있는 기회와 체험 활동을 통해 자신의 생각, 감정, 행동을 주관적이고 책임감 있게 선택하며 주변을 정돈하고 살필 수 있는 기회를 훈련함

적이고 책임감 있게 선택하며 자신의 주변을 정돈하고 살필 수 있는 기회를 제공해야 한다.

위의 다섯 가지 특징은 오랜 시간과 역사 속에서 만들어진 한국인의 성품이다. 그러므로 한국 문화에 따른 한국인의 성품 특성을 이해하고, 나아가 어떻게 성품을 가르칠 수 있는지 고려하는 것은 매우 중요하다. 이제 바람직한 관계맺기를 위한 해결책으로 필자가 고안한, 좋은 성품으로 친밀하고 풍성한 인간관계를 맺게 하는 비밀인 '관계맺기의 비밀 — TAPE 요법'을 자세히 살펴보자.

3) 한국형 12성품교육의 '관계맺기의 비밀 — TAPE 요법'

관계를 잘 맺는 것은 좋은 성품을 가진 사람들의 특징이다. 즉 원만한 인간관계는 성공하는 사람들의 공통적인 특징으로(Vaillant, 1977) 개인의 '좋은' 성품이 구체적으로 적용된 결과이다.

한국인들은 그동안 동양의 관계주의 문화권과 유교문화가 갖는 특징들로 인해 감정을 억압하는 데는 익숙했지만 오해나 편견 없이 감정을 잘 표현하는 데는 부족한 부분이 많았다. 세미나와 강연을 통해 만난 현대인들은 대부분 가정과 학교, 직장에서 수직적 — 수평적 인간관계를 잘 풀어내지 못해 극심한 정신적·감정적 어려움을 호소하고 있었다.

한국형 12성품교육에서는 좋은 성품으로 친밀한 관계를 맺을 수 있도록 방법을 고안하여, 관계의 막힌 담을 좋은 생각, 좋은 감정, 좋은 행동으로 풀어내도록 가르친다. 필자는 한국인들이 관계의 어려움을 없애고 내면의 감정을 올바르게 표현하도록 '관계맺기의 비밀—TAPE 요법'을 고안했다. 성품은 혼자 있을 때 드러나는 것이 아니라 인간관계 속에서 나타나는 것이기 때문에 원만한 인간관계를 위해 구체적인 방법이 필요할 때 TAPE 요법을 사용하도록 제안한다.

'관계맺기의 비밀—TAPE 요법'은 자신의 감정과 욕구를 바르게 전달하여 건강하고 행복한 관계를 형성하고 유지하게 하는 데 목적이 있다. 수직적 관계맺기와 수평적 관계맺기를 위한 감사하기(Thank you), 용서 구하기(Apologize), 요청하기(Please), 내 마음 표현하기(Express)의 네 단계로 구성한다. 각 단계의 앞 글자를 따서 만들어진 TAPE 요법은 단계별로 다음과 같은 특징이 있다.

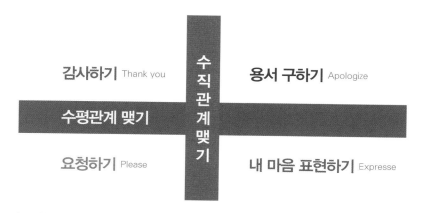

그림 3. 한국형 12성품교육의 '관계맺기의 비밀—TAPE 요법' 모형(저작권 제C-2014-008459호)

첫째, TAPE 요법의 시작 단계인 감사하기(Thank you)는 상대를 존중하는 마음을 바탕으로 한다. 존중이란 "나와 상대방을 공손하고 소중하게 대함으로 그 가치를 인정하며 높여주는 태도"(이영숙, 2005)이다. 감사하기는 생명 자체에 대한 존중을 바탕으로 상대방의 구체적인 태도, 마음, 행동 등에 대한 감사를 표현하는 단계이다.

둘째, 용서 구하기(Apologize)는 내재된 감정을 긍정적으로 표현하여 관계의 '회복'을 꾀하도록 돕는다. 상대에 대한 부정적 인식을 인정하고 반성적으로 자신을 돌아보는 과정을 거침으로써 잘못에 대해 정직하게 용서를 구하고, 이를 통해 관계맺기의 장애요인을 제거하며 관계를 회복하는 단계이다.

셋째, 요청하기(Please)는 필요에 대한 일방적인 강요나 주장이 아니라, 자신의 필요와 욕구(need)를 상대방에게 솔직하고 명확하게 전달하여 긍정적인 방법으로 요청하게 하는 단계이다. 서로의 필요와 욕구를 진솔하게 표현하는 과정을 통해 불필요한 오해의 소지를 차단할 수 있다.

넷째, 내 마음 표현하기(Express)는 자신의 감정을 명확한 용어로 전하는 단계이다. 긍정적인 감정뿐만 아니라 부정적인 감정까지도 올바른 방법과 적절한 용어를 사용해 표현함으로써 더욱 친밀하고 원만한 관계를 형성할 수 있다.

'관계맺기의 비밀-TAPE 요법'은 한국인들이 내재된 감정을 부적절한 방식으로 표현하는 습관과, 억압하여 표출하지 않는 습관, 왜곡된 방법으로 감정을 표출하여 오해를 받게 되는 경향 등을 올바른 방법으로 표현하게 하여 좋은 성품을 기르게 하는 효과적인 교육방법이 된다. 감정의 폭발로 관계의 단절을 경험했거나 깨진 관계를 회복하고자 하는 부모, 교사, 학생들에게 막힌 담을 헐고 좋은 성품으로 관계를 풀어내게 하는 해결의 중요한 실마리를 제공한다.

4) 한국 인성교육의 역사와 한국형 12성품교육의 태동 및 발자취

(1) 한국 인성교육의 역사

그동안 한국에서 개인의 성품에 대한 교육은 '인성교육'과 '도덕교육'으로 이루어졌다.

삼국시대부터 조선시대에 이르기까지 주요 교육기관과 교육내용은, 5경과 3사를 강조한 고구려의 태학, 도의연마·정서함양·심신수련·직관도야·군사훈련·유교교육을 행한 신라의 화랑도, 논어·효경·주역 등을 교육한 통일신라의 국학 및 고려의 국자감, 강독·제술·서법을 교육내용으로 한 조선의 성균관으로 대표된다. 이러한 교육기관과 교육내용의 역사적 고찰을 통해 한국교육은 예로부터 "개인의 지(知), 정(情), 의(意), 체(體)를 긍정적으로 변화시켜 올바른 인간관계를 형성하고 바람직한 품성을 함양시키기 위한 인성교육 및 인간교육"에 초점을 두었음을 알 수 있다(김영진, 2010).

전통사회에서 '인성'은 "한 개인이 통합적으로 보여주는 품성, 덕성, 인품, 인격 등과 같은 계열언어를 함축하는 개념"(박균섭, 2008)으로 통용되었다. 오늘날 인성이라는 개념의 추상성과 포괄성이 관점과 이해, 맥락에 따라 의미적 차이가 있다는 점을 감안할 때, 예로부터 추구한 지·덕·체의 조화로운 발달로서의 인성교육은 시대가 변할수록 점점 변질되고 있음을 알 수 있다.

일제 강점기와 해방, 그리고 한국 전쟁의 역사를 겪으면서 한국은 전통적으로 계승해 온 인성교육의 제도와 정신을 이어나갈 여력을 상실했다. 특히 식민지 시대의 '조선교육령'(1911)은 식민지 학교교육의 근간이 되었고, 교육 중에서도 인성교육과 관련된 내용과 교과는 식민화의 수단과 도구로 전락해 버렸다.

1970년대 후반에 와서야 비로소 사회혼란에 대한 해결책으로 그동안 도외시했던 인성교육의 강조가 시작되었다. 이 시기에 이루어진 인성교육의 제고를 위한 노력은, '도덕과'를 설정하고 내용을 구성하는 등의 실제적인 교육과정상의 개정으로 이어졌다. 그러나 1970년대의 도덕교육은 순수 도덕과 윤리학에 관한 내용보다는 국가의 정책이념 강조와 같은 사회적·정치적 성격을 띤다는 점에서 한계가 있다.

1980년대 중반에는 피아제의 인지발달론을 바탕으로 한 콜버그의 도덕교육이 유입되어 도덕교과는 잡다한 '도덕적' 지식들을 암기하는 주지주의(主知主義) 교과로 변모했다(박균섭, 2008; 문용린, 1997. 재인용).

이후 주지주의적 교과로서의 도덕교육에 대한 문제인식에서 시행된 제7차 교육과정 개정은, 행동실천을 위한 인성교육의 강화를 목표로 하였다. 개정 7차 교육과정에서는 절제·경애·효도·예절·협동·애교(애향)·준법·국가애·민족애·인류애 등이 강조되었고, 한국의 분단 상황과 관련한 안보의식과 평화추진 내용이 추가되었다.

그러나 한국의 도덕교육은 여전히 도덕적 지식을 열거하는 수준에 그치거나, 교과서의 당위적인 진술로 도덕적 실천에 대한 구체적인 의미와 동기부여를 제공하지 못한다는 점에서 한계를 드러냈다.

(2) 미국 인성교육의 역사

필 빈센트(Pill Vincent, 1991)는 미국은 청교도 정신에 기초한 나라로, 17세기와 18세기까지 교육에서 기독교적 교리와 신앙을 강조하여 기독교적 세계관과 가치관의 계승을 교육의 주요 목적으로 삼았다고 설명한다. 그러나 19세기 이후 "신은 죽었다"고 선언한 니체(Friedrich Nietzsche)와 진화론을 주장한 다윈(Charles Darwin)에 의해 등장한 상대주의와 과학만능주의가 새로운 세계관을 주도함으로써, 도덕교육과 그의 기반이었던 종교교육이 쇠퇴하게 되었다. 더욱이 20세기에 이르러 등장한 존 듀이(John Dewy)의 실용주의(pragmatism)는 과학과 이성을 원칙이나 감성의 우위에 두는 사고방식을 확고히 하는 결과를 가져왔다(McClellan, 1992).

가. 미국 인성교육의 덕목

이성의 힘을 철저히 믿는 과학만능주의의 영향으로 도덕교육은 도외시되고, 올바른 가치에 대한 인식이 모호해지는 상황에서 교육가와 부모들은 가치교육의 필요성을 인식하게 되었다. 필 빈센트(Pill Vincent, 1991)는 가치교육을 주장하는 교육가와 부모들의 움직임을 가치명료화(values clarification)와 인지적 도덕발달 이론(cognitive/moral development)의 두 가지 접근으로 구별한다. 이후에 사회 성원으로서 또 시민으로서의 덕목과 가치를 제시하고 교육하고자 하는 움직임이 인성교육으로 나타나게 되었다.

미국 인성교육의 기초적 이론을 정립한 토머스 리코나(Thomas Lickona, 1991)는, 책임 있는 윤리적 시민을 만들기 위해서는 공립학교에서 존중(respect)과 책임(responsibility)을 도덕적 행동지침(moral agenda)으로 제시하고 가르쳐야 한다고 주장했다. 이 외에도 10가지 중요 덕목(virtue)으로 공정(fairness), 인내(tolerance), 사려(prudence), 자제심(self-discipline), 도움을 줌(helpfulness), 연민(compassion), 협동(cooperation), 용기(courage), 정직(honesty), 여러 가지 민주적 가치들(host of democratic values)의 훈련을 강조했다.

조셉슨(Josephson, 2002)은 건강한 성격을 구성하기 위한 여섯 가지 중요 가치를 '인성의 여섯 기둥'(6 pillars model)이라고 명명하고 신뢰(trustworthiness), 존중(respect), 책임감(responsibility), 배려(caring), 공정(fairness), 시민의식(citizenship) 등의 가치를 선별했다.

필 빈센트(Pill Vincent, 1999)는 학교에서의 인성교육을 강조하면서, 학생들이 좋은 습관을 갖게 하기 위해서는 먼저 규칙과 질서의 준수(establishment of rules and procedures)를 가르쳐야 한다고 주장했다. 필 빈센트는 규칙과 질서 준수는 일상생활뿐만 아니라 학업과 대인관계에도 영향을 미친다는 점을 역설하면서, 협동학습(cooperative learning), 사고력 교육(teaching for thinking), 독서교육(reading for character), 봉사학습(learning service)의 교육방법을 제시했다. 또한 올바른 인성교육을 위해 중요한 핵심가치를 명확히 정하고, 교사와 지역사회에 구체적인 실행전략을 제시해야 하며, 기존의 교과과정에 핵심가치를 포함한 구체적인 행동강령들을 제시해야 한다고 주장했다.

빌 가써드(Bill Gothard, 1961)는 Character First와 IBLP(Institute in Basic Life Principles)의 창시자로, 1961년 Campus Teams라는 기관을 만들어 젊은이들을 위한 기독교적 삶을 기본으로 하는 품성교육을 시작했다. 1989년에 기관의 이름을 IBLP로 바꾸고 49가지의 품성교육을 실천했다(Fahrenbruck & Alspaugh, 1999-2003).

이러한 움직임은 인성교육을 통해 다음 세대에 더욱 안정된 삶과 미래를 주기 위한 부모 세대의 노력이라고 볼 수 있으며, 각각의 인성교육 프로그램들은 기관의 설립 목표와 철학에 따라 전개되었다.

나. 미국 인성교육의 효과

미국의 노스캐롤라이나대학의 연구진은 2000년에서 2004년까지 실시한 4년 종단연구의 결과를 통해 훈련으로 좋은 성품을 계발할 수 있음을 검증하였다. 연구진은 4년에 걸친 연구기간 동안 학생들이 체계적이고 올바른 인성교육 프로그램을 지속적으로 접한 결과, 90%의 학생들이 생활 태도 면에서 획기적인 개선을 보였고 61%에 해당하는 학생들의 학습능력이 신장되었다고 보고했다.

미국 세인트루이스 미주리대학교의 심리학자인 마빈 버코위츠(Marvin W. Berkowitz)와 멜린다 비어(Melinda C. Bier)는 2005년 발표한 보고서 「성품교육을 통해 이루어지는 것들」(What Works in Character Education)에서 성품교육을 받은 학생들과 그렇지 않은 학생들을 비교분석한 결과, 성품교육을 받은 학생들의 지적 능력이 훨씬 뛰어났다고 보고했다. 또한 캘리포니아발달연구센터에서는 12개의 공립학교를 대상으로 3년 동안 전국적인 조사 연구를 실시했다. 이 연구는 학교와 가정을 연계하여 학생들에게 성품교육을 실시한 후 성품교육을 실시하지 않은 12개 학교와 비교한 결과, 성품교육을 실시한 학교의 학생들이 학업성취도가 더 향상되었다고 결론지었다.

결국 개인이 갖춰야 할 성품의 덕목이 신장될 때, 자아 인식과 자존감이 높아지고 그 결과 학업 성취도는 물론 예술과 지식 등 삶의 다양한 분야에서 긍정적인 변화와 발전이 일어난다는 것이 공통적으로 증명되었다(이영숙, 2005).

그 외에도 많은 연구들이 성품교육의 탁월성을 증명하고 있다(이영숙, 2009). 미국의 대표적 인성교육 프로그램인 CEP(Character Education Partnership)와 CCC(Character Counts Coalition) 등의 인성교육 프로그램에 대해서도 효과를 검증한 연구들이 발표되었다.

CEP는 토머스 리코나(Thomas Lickona, 2002) 등의 이론을 기초로 하여 11가지 원리를 강조하며 학생들에게 보다 윤리적이고 책임감 있고 배려하는 사람이 될 것을 강조한다. CCC는 조셉슨(Josephson, 2002)의 '인성의 여섯 기둥'(6 pillars model)을 강조하며 학교생활에서의 시험부정, 거짓, 도벽, 음주 등을 미국 학교의 주요한 문제로 지적했다. 캐나다의 경우 온타리오 요크(ontario york)지역청의 인성교육정책과 프로그램인 Character Matters가 대표적인데 151개 초등학교와 29개 중학교에서 108,000명에게 인성교육을 적용하고 있다.

CEP, CCC와 같은 인성교육 프로그램의 효과에 대한 연구결과는 다음의 세 가지로 요약할 수 있다.

첫째, 학업성취의 효과가 있었다.

Benningas, Berkowitz, Kuehn과 Smith(2003)는 CEP를 충실히 실시한 초등학교 학생의 경우 실시하지 않은 학교에 비해 학업성적이 증진되었다고 보고했다. Latzke(2003)는 체계적으로 초등학교에서 성품교육을 실시한 결과, 수학을 비롯한 전반적인 학업성취가 증가되었다고 발표했다. Shriver와 Weissberg(2005)는 사회 및 정서 학습 프로그램에 참여하는 학생들은 통제군에 비해 출석률이 높고, 보다 학습적인 교실행동, 덜 파괴적인 행동, 학교에 대한 긍정적인 감정, 더 좋은 점수를 얻게 되었다고 보고했다.

둘째, 문제행동이 감소했다.

토머스 리코나(Thomas Lickona, 1991b)는 성품교육을 LA의 고등학교에서 체계적으로 실시한 결과, 교우 간 싸움·무기·약물 사용이 감소되었고 샌프란시스코의 고등학교에서도 혼전 임신율이 감소되었다고 보고했다. Benson, Roehlkepartain과 Sesma(2004)는 성품교육을 통해 청소년의 성품적 장점이 증가하면 할수록 ATOD(Alcohol, Tobacco, and Other Drug)의 시작기간이 지연되고, 그 사용이 감소한다고 발표했다. 또한 Sheppard(2002)는 초등학교에서 인성교육을 체계적으로 실시한 결과 수업시간에 학생의 예절이 증가하고, 문제행동이 감소하는 등 전반적으로 긍정적인 행동이 증가했다는 교사들의 평가를 보고했다.

셋째, 학교관련 행동이 긍정적으로 변했다.

마빈 버코위츠와 멜린다 비어(Marvin W. Berkowitz & Melinda C. Bier, 2006)가 24년간 유치원부터 고등학교까지 미국 내에서 이루어진 성품교육을 평가

한 결과, 친사회적 능력(prosocial competence) 즉 친사회적 행동과 태도, 의사
소통 능력, 관계증진, 시민의식 등이 증가한 것으로 밝혀졌다. 학교기반 성
과(school-based outcomes)인 학교 출석 및 규칙 준수와 학교에 대한 애착, 학
교와 교사에 대한 태도도 긍정적으로 변화되었다고 보고했다.

CEP의 4번째 원리인 '배려하는 공동체로의 원리'를 미국에서 전국적으로
254개 고등학교 학생들을 대상으로 실시한 결과, 학교와 교사에 대한 애착
이 증가하고 규칙에 대한 준수와 학교에 대한 높은 가치를 두게 되었음이
밝혀졌다. 그 결과 각종 비행이나 폭행 등의 문제행동까지 감소한 것으로
나타났다(Payne, Gottfredson, & Gottfredson, 2003).

다. 미국 인성교육의 한계

미국의 인성교육은 학업성취 향상이나 문제행동의 감소와 같은 효과에
도 불구하고 인간의 근본적인 '선'을 추구하는 노력으로서의 인성교육이 아
니라는 점에 한계가 있다.

기독교 교육을 떠난 현대교육의 사상들은 인본주의 철학을 더욱 견고히
하면서 가치명료화(values clarification)와 인지적 도덕발달 이론(cognitive/moral
development)이라는 한계에 맞닥뜨리게 되었고, 결과적으로 더 많은 학교교
육의 혼란과, 사회와 가정 속에 '선'이라는 기준점이 무너지는 방황을 경험
하게 되었다. 또한 미국 전역에 극도의 이기적 개인주의, 규칙과 질서가 사
라진 학교, 약물과 총기사건의 급증 등 많은 사회문제들이 증가하고, 이런
사회문제들이 사회적 쟁점으로 부각되면서 '올바른 가치'를 정립하고 교육

해야 할 필요를 절감하게 되었다. 이 시기에 의식 있는 부모들의 주도 하에 일어난 '최소한의 약속과 규칙이 있는 학교 만들기' 운동의 시작이 사실상 미국 인성교육의 태동이라 할 수 있다.

그러나 다양한 배경을 가진 이민자들을 구성원으로 하는 미국사회는, 다문화·다민족·다종교에서 기인하는 상이한 관점과 가치를 하나로 녹여낸 사회, 소위 용광로 사회(melting pot)를 만드는 문제가 시급했다.

미국의 사회적 배경의 영향으로 인성교육 역시 개개인을 미국의 시민으로 길러내는 시민교육(citizenship education)의 형태를 띠게 되었다. 미국의 인성교육은 미국 사회의 기반인 개인주의적이고 상대주의적인 관점을 바탕으로 하는 가치들을 정립하고 교육하여, 가치를 '옳고 그름'이 아닌 '다름'의 문제로 규정하고 타인의 가치를 침해하지 않는 것을 '존중'이라 정의한다.

그러나 테일러(Taylor, 1992)는 "상대주의란 단순한 인식론적 입장이 아니라, 타인의 가치에 대한 도전을 반대하는 도덕적 입장"이라는 블룸(Bloom, 1987. 재인용)의 주장을 바탕으로 상대주의의 한계를 지적했다. 궁극적으로 미국 인성교육의 목적은 나를 포함한 모든 인간 존재에 대한 존중과 배려보다는 '타인에게 피해를 주지 않는 선'에서의 가치를 추구한다는 데 한계가 있다.

결과적으로 미국의 인성교육은 19세기에 "신은 죽었다"고 선언한 니체(Friedrich Nietzsche)의 주장 이후 생긴 '선'의 공백을 '미국사회의 시민으로서 잘 기능하는 개인'을 목표로 하는 '자아실현'과 같은 가치들로 채우게 되면서, 진정한 의미의 인간 존중, 곧 인간 본연의 존재가치에 대한 인식과 추구를 간과했다는 데에 근본적인 한계가 있다.

(3) 한국형 12성품교육의 태동

한국형 12성품교육은 이러한 한국과 미국의 인성교육 및 도덕교육의 역사에서 나타난 한계를 극복하고자, 2005년에 필자가 고안하여 전국의 실천하기 원하는 학교들을 대상으로 교육 현장에 적용하고 있는 인성교육이다.

2005년 초창기에 전국의 13개 유치원과 어린이집에서 시작한 한국형 12성품교육은, 2014년 4월을 기준으로 570여 개의 유아교육기관과 50여개 초중고 및 대학교에서 실천하고 있다. 또한 한국에서 시작된 한국형 12성품교육은 미국, 아프리카, 호주, 중국, 인도네시아에까지 확산되어 빠르게 퍼져나가고 있다.

한국형 12성품교육은 추상적 지식으로 논의되어 온 인성교육의 한계를 극복하기 위해 성품을 "한 사람의 생각, 감정, 행동의 표현"(이영숙, 2005)으로 정의하고 주지주의적 접근과 교육이 실제 행동변화에 영향을 미치지 못하는 현실을 극복하기 위해 인지적 접근·정의적 접근·행동적 접근으로 2가지 기본 덕목과 12가지 주제성품을 가르치도록 연령과 대상에 맞게 교육내용을 체계화했다. 또한 태아 성품교육과정, 영유아 성품놀이교육과정, 영유아 홈스쿨성품놀이교육과정, 유아 성품교육과정, 초등 성품교육과정, 청소년 성품교육과정, 청년 성품교육과정, 성인들을 위한 부모 성품교육과정, 초중고 교사들을 위한 교원 성품직무연수, 직장인들을 위한 직장인 성품교육과정, 노인들을 위한 실버 성품교육과정으로 전개되어 전 연령을 대상으로 하는 인성교육을 가능하게 했다.

(4) 한국형 12성품교육의 발자취

가. 한국형 12성품교육의 확산

2005년부터 필자는 한국형 12성품교육을 통해 행복한 가정, 행복한 학교, 행복한 사회를 세우는 것을 목표로 하여, 한국형 12성품교육으로 인성교육을 실천하는 전국의 620여 개 좋은나무성품학교 실천학교와 초·중·고·대학교에서 전 연령별로 구체적인 인성교육을 실천해 왔다. 한국형 12성품교육은 교육 현장에서 실제적으로 적용할 수 있는 분명한 교육의 목표와 활동들을 제시하여 대상별·연령별·영역별로 우수한 교육적 평가들을 받았다.

한국형 12성품교육의 성품교육은, 2013 교육부가 인증하는 '우수 인성교육 프로그램'으로 선정되어(2013. 5. 31) 교육부 장관상을 받았으며, 특히 어린이 언어 인성교육 프로그램으로 유아부터 초등 저학년에 이르기까지 바른말 고운말 지도를 통해 언어폭력 예방교육을 실천하고 있다.

또한 초등 및 청소년 인성 교과서를 만들어 서울시교육청 인정도서로 승인받고(교육과정과-1505호) 각 학교에 성품 전문지도사를 배출하여 창의적체험활동 시간과 방과후교실에서 성품교육을 실천함으로써 학교폭력, 왕따, 청소년 가출, 자살률 증가 등에 대한 근본 대책을 예방하는데 힘써왔다. 더불어 인실련(인성교육범국민실천연합)과 함께 좋은 성품으로 대한민국의 행복한 미래를 세우는 일에 교두보 역할을 하고 있다.

필자가 좋은 성품으로 평생교육을 실현하기 위해 2005년 설립한 사단법인 한국성품협회 좋은나무성품학교는, 2013년 2월에 서울특별시교육청과

MOU를 맺고 서울시에 있는 각 초·중·고등학교에서 학부모 인성교육 및 학생과 교사들을 위한 인성교육 프로그램을 실천하고 있으며, 2013년 11월 인천광역시교육청과 MOU를 체결하여 부모성품대화학교 등을 통해 학부모인성교육을 확산하고 있다. 그 외에도 서울특별시남부교육지원청·인천광역시남부교육지원청 등과 MOU를 체결하여 '실천적 인성교육 생활화'를 위해 최선을 다하고 있다.

2011년부터 현재까지 서울특별시교육청과 경기도교육청에서 지정하는 '교원 특수분야 직무연수기관'으로 선정되어, 초중고 국공립·사립학교에서 우수 인성교육 프로그램을 실천할 수 있도록 교원 직무연수를 실시하고 있는 것도 필자가 심혈을 기울이고 있는 주요 인성교육의 한 부분이다.

성품을 가르치기 위해서는 무엇보다 학부모 인성교육이 선행되어야 효과적이다. 필자가 만든 성품대화학교(SCC:School of Character Communication)나 성품훈계학교(SCD:School of Character Discipline), 성품이노베이션(SCI:School of Character Innovation), 성품파파스쿨—아버지성품학교(CPS:Character Papa School), 여성성품리더십스쿨은 가정에서 인성교육을 시작할 수 있도록 부모의 역할을 강화시키는 학부모 인성교육 프로그램이다. 한국형 12성품교육에 입각한 부모성품교육은, 시·도교육청을 비롯한 전국의 많은 학교에서 부모성품교육과정으로 채택되어, 이혼했던 가정이 재결합하고 사업에 실패한 가장이 자살 위기를 넘기는 등 깨진 가정, 부부간의 불화, 자녀와의 갈등이 해결되는 기적적인 회복과 치유를 가능하게 했다.

또한 경기도평생교육진흥원과 MOU를 체결(2013. 7. 10)하고 2013년 11월부터 경기도에 거주하는 결혼이주여성들을 대상으로 '창의인성 지도자 세우기' 프로젝트를 진행함으로써 다문화권 부모와 자녀들이 한국형 12성품교육을 통해 문화의 격차를 줄이고 한국 사회와 학교에 행복하게 정착하도록 좋은 성품교육을 지원하고 있다.

그동안의 인성교육은 '착한 아이 만들기'의 한 과정으로 인식되어, 교육의 현장에서 추상적으로 접근되거나 구체적 실천과 적용이 용이하지 않은 한계점을 갖고 있었다. 그러나 진정한 인성교육은 마음의 힘을 기르는 심정 강화교육이며, 논리적 사고를 넓히는 사고력신장 교육이고, 내재돼 있던 감정들을 섬세하게 표현하는 감성 교육이며, 상황과 장소에 맞는 행동

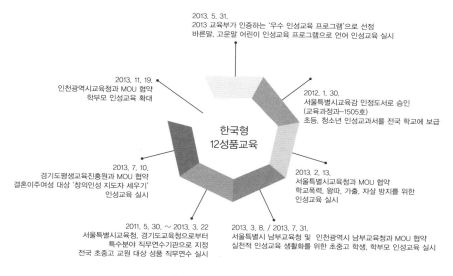

2013. 5. 31.
2013 교육부가 인증하는 '우수 인성교육 프로그램'으로 선정
바른말, 고운말 어린이 인성교육 프로그램으로 언어 인성교육 실시

2013. 11. 19.
인천광역시교육청과 MOU 협약
학부모 인성교육 확대

한국형
12성품교육

2012. 1. 30.
서울특별시교육감 인정도서로 승인
(교육과정과-1505호)
초등, 청소년 인성교과서를 전국 학교에 보급

2013. 7. 10.
경기도평생교육진흥원과 MOU 협약
결혼이주여성 대상 '창의인성 지도자 세우기'
인성교육 실시

2013. 2. 13.
서울특별시교육청과 MOU 협약
학교폭력, 왕따, 가출, 자살 방지를 위한
인성교육 실시

2011. 5. 30. ~ 2013. 3. 22
서울특별시교육청, 경기도교육청으로부터
특수분야 직무연수기관으로 지정
전국 초중고 교원 대상 성품 직무연수 실시

2013. 3. 8. / 2013. 7. 31.
서울특별시 남부교육청 및 인천광역시 남부교육청과 MOU 협약
실천적 인성교육 생활화를 위한 초중고 학생, 학부모 인성교육 실시

그림 4. 한국형 12성품교육의 확산

을 좋은 매너로 표현하여 글로벌 시민을 양성하는 예절교육이다. 필자는 성품교육을 통해 인지적·논리적·감성적·행동적 발달이 이뤄질 수 있음을 확인하였고, 글로벌 지도자들을 키울 수 있는 품격 있는 교육으로서의 한국형 12성품교육을 강조해 왔다.

나. 한국형 12성품교육의 효과 검증

한국형 12성품교육으로 인성교육을 실천한 결과들은 우수한 사례들로 그 효과들이 입증되었다. 다음은 필자가 고안한 '한국형 12성품교육론'을 이론적 배경으로 하여 사단법인 한국성품협회 좋은나무성품학교의 성품교육 효과를 연구한 논문들로, 이 외에도 한국성품학회와 여러 학계에서 활발하게 발표되며 계속적으로 검증되고 있다.

이영숙, 유수경(2012)은 「이영숙 박사의 한국형 12성품교육론을 바탕으로 한 청소년의 자존감에 대한 연구: '기쁨'의 성품을 중심으로」에서 청소년들이 한국형 12성품교육의 '청소년 성품리더십교육-기쁨'을 통해 신체외모 자아·신체능력 자아·친구관련 자아·가정적 자아를 비롯한 자아존중감이 향상되었다고 밝혔다. 또한 이영숙, 임유미(2012)가 발표한 「이영숙 박사의 한국형 12성품교육론이 청소년의 대인관계 및 주관적 행복지수에 미치는 영향」에서는 한국형 12성품교육의 '청소년 성품리더십교육-기쁨'이 청소년들의 대인관계 향상에 긍정적인 효과가 있었으며, 주관적 행복지수가 향상되었다고 검증했다. 이영숙, 이승은(2013)은 「한국형 12성품교육론을 접목한 디지털세대의 성품교육방안 연구」에서 디지털키즈의 특징을 조사하고 한국형 12성품교육론을 바탕으로 한 디지털키즈의 효과적인 성품교육 방안을 연구했다.

또한 이영숙(2011)은 「한국형 12성품교육이 유아의 인성개발, 정서지능, 자기통제 및 문제행동에 미치는 효과」 연구를 통해 좋은나무성품학교의 이론적 배경이 되는 한국형 12성품교육이 유아의 인성개발과 정서지능, 자기통제에 긍정적인 효과가 있으며, 세부적으로 유아의 자기정서 인식 및 표현과 자기감정 조절 및 충동 억제, 자기정서 이용, 장기적인 자기통제에 긍정적인 효과가 있음을 확인했다. 또한 좋은나무성품학교에서 개발한 유아용 성품체크리스트를 도구로 한국형 12성품교육의 효과를 검증한 박갑숙(2009)은 「성품교육 프로그램이 유아의 인성에 미치는 영향」에서 좋은나무성품학교의 성품교육이 유아의 인성발달 곧 공감인지능력의 하위 요인인 경청, 긍정적인 태도, 기쁨, 배려, 감사, 책임감의 성품에 긍정적인 영향을 주었다고 밝혔다. 설미화(2011)는 「유아 성품교육에 대한 어머니의 인식 및 요구」에서 조사 대상의 97.5%가 좋은나무성품학교의 성품교육이 중요하다고 인식하고 있으며, 98%가 좋은나무성품학교의 성품교육에 대한 필요성을 높게 인식하고 있다고 조사했다. 또한 전체의 93.2%가 좋은나무성품학교의 성품교육을 유아기에 실시하는 것이 적합하다고 인식하고 있으며, 좋은나무성품학교의 이론적 배경이 되는 한국형 12성품교육을 적용하는 교사와 프로그램 내용에 대해 높은 만족도를 보인다고 조사결과를 발표했다. 박옥정(2012)은 「성경적 성품교육활동이 ADHD성향 유아의 주의집중에 미치는 효과」를 통해 좋은나무성품학교의 이론적 배경이 되는 한국형 12성품교육이 ADHD성향 유아의 주의집중력에 긍정적인 효과를 미친다고 밝히고, 박민혜(2013)는 「성품교육 프로그램이 유아의 사회성 발달 및 문제행동에 미치는 영향」에서 좋은나무성품학교의 이론적 배경이 되는 한국형 12성품교육을 실시한 6~7세 유아들이 일반 유치원에서 만 5세 누리과정을 실시한 비교집단의 유아들에 비해 전체 사회성과 그 하위영역인 정서표현, 자신감, 질서, 문제해결의 능력이 향상되고, 문제행동의 하위영역인 공격성, 불안, 과잉행동과 산만한 태도는 감소했다고 발표했다. 양영식(2012)은 「성품교육에 대한 유아교사의 인식: 좋은나무성품학교 프로그램을 중심으로」에서 좋은나무성품학교의 성품교육이 유아의 긍정적 언어표현, 사회적 상호작용, 정서적 안정감에 높은 효과가 있었다고 결론지었다. 또한 정유미(2013)는 「기독교 성품 중심 음악치료가 유아의 도덕적 행동에 미치는 영향」에서 좋은나무성품학교의 이론적 배경이 되는 한국형 12성품교육을 접목한 음악치료가 유아의 도덕적 행동영역인 도덕적 규칙영역, 인습적 규칙영역에 긍정적인 영향을 끼쳤다고 결론을 내렸다. 한수현(2013)은 「유아를 대상으로 한 성품과 영어의 통합교육 방법론」에서 좋은나무성품학교의 이론적 배경이 되는 한국형 12성품교육 프로그램이 유아의 전체 사회성과 하위영역인 정서표현, 자신감, 질서, 문제해결 능력을 향상시키고, 전체 문제행동과 하위영역인 공격성, 불안, 과잉행동과 산만행동을 감소시키므로 유아를 대상으로 한 영어교육 역시 한국형 12성품교육을 바탕으로 통합교육을 하는 것이 효과적이라고 발표했다.

이영숙, 허계형(2011)이 발표한 「한국형 12성품교육을 실천한 유아교육기관의 교사 인식 및 인성개발 효능감」에 따르면, 좋은나무성품학교의 이론적 배경이 되는 한국형 12성품교육을 실천하는 교사들은 좋은나무성품학교의 성품교육 프로그램 내용에 대해 전체의 80%가, 좋은나무성품학교의 교사연수 프로그램에 대해서는 69%가, 좋은나무성품학교의 성품교육 프로그램 효과에 대해 75%가 만족한다고 응답하여 전체적으로 높은 만족도를 갖고 있는 것으로 나타났다. 또한 좋은나무성품학교의 이론적 배경이 되는 한국형 12성품교육이 교사에게 주는 효과와 유익으로 대다수의 교사들이 교사 자신의 성품을 성찰해 볼 수 있다는 점을 꼽았으며, 이는 학생들을 위한 좋은나무성품학교의 성품교육 실천이 교사들에게 성품교육의 중요성을 더욱 인지하게 하고 이에 따라 좋은나무성품학교의 성품교육을 실시하도록 촉진하는 상호 긍정적인 결과를 가져온 것이라고 결론지었다.

이영숙, 변상규(2013)는 「한국형 12성품교육의 성품상담으로 본 대상관계이론과 임상을 통한 내면치유 사례연구」를 통해, 한국형 12성품교육의 성품상담을 "한 개인의 아픔과 상처를 통해 왜곡된 성품을 진단하고 하나님의 성품인 사랑과 공의, 즉 공감인지능력과 분별력이 균형 잡힌 성품 좋은 개인으로 치유되어 행복한 관계를 회복하도록 돕는 것"(이영숙, 2012)이라고 정의하고 상처받은 내담자에게 한국형 12성품교육의 성품상담으로 접근하는 방법에 관해 연구했다.

노주하(2010)의 「성경적 성품교육을 위한 독서활동 프로그램개발 기초연구」, 김영회(2012)의 「교회와 가정 연계를 통한 성품교육 프로그램」, 정수미(2012)의 「기독교 성품교육 고찰에 의한 초등도덕교육 내용 개선점 모색」 연구에서 각각 한국형 12성품교육을 이론적 배경으로 한 좋은나무성품학교의 프로그램을 연구 발표하였다.

이와 같이 한국형 12성품교육론을 이론적 배경으로 한 논문과 효과검증을 연구한 논문들은 다음과 같다.

① 이영숙(2011). 한국형 12성품교육이 유아의 인성개발, 정서지능, 자기통제 및 문제행동에 미치는 효과. 성품저널 제1권.

② 이영숙, 허계형(2011). 한국형 12성품교육을 실천한 유아교육기관의 교사 인식 및 인성개발 효능감. 성품저널 제1권.

③ 이영숙, 유수경(2012). 이영숙 박사의 한국형 12성품교육론을 바탕으로 한 청소년의 자존감에 대한 연구 : '기쁨'의 성품을 중심으로. 성품저널 제2권.

④ 이영숙, 임유미(2012). 이영숙 박사의 한국형 12성품교육론이 청소년의 대인관계 및 주관적 행복지수에 미치는 영향. 성품저널 제2권.

⑤ 이영숙, 변상규(2013). 한국형 12성품교육의 성품상담으로 본 대상관계이론과 임상을 통한 내면치유 사례연구. 성품저널 제3권.

⑥ 이영숙, 이승은(2013). 한국형 12성품교육론을 접목한 디지털세대의 성품교육방안 연구. 성품저널 제3권.

⑦ 박갑숙(2009). 성품교육 프로그램이 유아의 인성에 미치는 영향. 경남대학교 교육대학원 석사학위논문.

⑧ 노주하(2010). 성경적 성품교육을 위한 독서활동 프로그램개발 기초연구. 총신대학교 교육대학원 석사학위논문.

⑨ 설미화(2011). 유아 성품교육에 대한 어머니의 인식 및 요구. 가톨릭대학교 석사학위논문.

⑩ 김영회(2012). 교회와 가정 연계를 통한 성품교육 프로그램. 장로회신학대학교 목회전문대학원 석사학위논문.

⑪ 박옥정(2012). 성경적 성품교육활동이 ADHD성향 유아의 주의집중에 미치는 효과. 대구대학교 특수교육대학원 석사학위논문.

⑫ 양영식(2012). 성품교육에 대한 유아교사의 인식: 좋은나무성품학교 프로그램을 중심으로. 총신대학교 교육대학원 석사학위논문.

⑬ 정수미(2012). 기독교 성품교육 고찰에 의한 초등도덕교육 내용 개선점 모색. 고신대학교 교육대학원 석사학위논문.

⑭ 박민혜(2013). 성품교육 프로그램이 유아의 사회성 발달 및 문제행동에 미치는 영향. 한양대학교 교육대학원 석사학위논문.

⑮ 정유미(2013). 기독교 성품 중심 음악치료가 유아의 도덕적 행동에 미치는 영향. 고신대학교 교회음악대학원 석사학위논문.

⑯ 한수현(2013). 유아를 대상으로 한 성품과 영어의 통합교육 방법론. 고려대학교 행정대학원 석사학위논문.

외 다수가 있다.

3. 한국형 12성품교육의 이론적 고찰

1) 고대 플라톤과 아리스토텔레스

한국형 12성품교육의 이론적 고찰은, 고대 플라톤과 아리스토텔레스로 거슬러 올라간다. 덕이란 무엇인가에 대한 플라톤과 아리스토텔레스의 해석을 통해, 한국형 12성품교육에서 성품을 한 사람의 생각, 감정, 행동의 표현(이영숙, 2005)으로 정의한 배경을 알 수 있다.

덕(virtue)은 희랍어로 아레테(arete)이다. 고대 그리스 교육이론에서 매우 중요한 개념인 아레테는, 일반적으로 "인간 자체로서의 빼어남, 즉 인생에 있어서의 능함"이라 정의한다. 특히 교육목적으로 보편성을 띠는 아레테는, 현대의 추상적인 덕목과는 구분되는 개념으로 "특수한 분야에서 발휘하는 구체적인 능력"이라는 협의의 아레테 개념과 구분된다(Guthrie, 1960).

필자가 고안한 한국형 12성품교육은 공감인지능력과 분별력이라는 2가지 기본 덕목을 중심으로 교육의 방법론을 펼친다. 부모로부터 유전적으로 타고난 기질이 외부로 드러나는 것을 성격이라고 할 때, 선천적으로 갖고 있는 성격에 덕을 쌓는 것이 바로 성품이다. 다시 말해 보편적인 인간 자체로서의 빼어남과 인생으로서의 능한 요소들을 연습함으로써 더 좋은 생각, 더 좋은 감정, 더 좋은 행동을 가능하게 하는 것이 성품이다.

(1) 플라톤의 탁월성과 한국형 12성품교육론의 '생각'

플라톤은 인간 삶의 아레테, 즉 훌륭한 삶과 행위의 근거를 인간의 '내적인 상태'에 두었다. 내적인 상태가 얼마나 훌륭하느냐는 이데아를 인지하는 능력인 지성(nous)에 따라 결정된다고 주장하면서 정신적 영역에서의 인간의 지성을 강조했다(김태경, 2001). 인간이 지성의 영역이나 인지의 발달 없이 아무렇게나 사는 것은 동물이나 다를 바 없으므로, 지성을 통해 이데아를 인지하고 인지한 이데아를 본으로 삼아 행동을 선택할 때 훌륭한 삶을 살 수 있다고 주장했다. 플라톤에게 '지성'의 영역은 바로 인간 특유의 기능이며 마땅히 인간다우려면 지성의 영역을 훈련해야 한다는 것이다.

Nettleship(1969)은 플라톤이 정의하는 '마음이 실재하는 사물과 하나가 된 사람', '언제나 동일하고 질서 정연한 것을 추구하며 가까이 하여 성장한, 신적이고 질서 정연한 존재'를 강조하면서 '철학의 정신이 인격 형성에 미치는 영향'을 설명했다. 플라톤은 철학이란 완전한 선 곧 이데아를 관조하고 사유하게 하는 학문이므로, 철학을 통해 절대 선(善)을 이해하고 그 이해를 바탕으로 선을 추구하게 하는 이성의 역할이 중요하다고 말했다. 여기서 선은 인간 지성의 형태 즉 사고하며 좋은 생각들을 하는 인지의 개념을 통해 이룰 수 있는 것이다.

좋은 것에 대한 지식은 동시에 그것을 성취하는 능력(dynamics)과 욕구를 갖는다(김태경, 2001). 결론적으로 플라톤이 강조한 덕(아레테)은, '좋은 것에 대해 지식을 갖고 그것을 잘 성취할 수 있는 능력'이다. 플라톤에게 '좋은 것에 대한 지식이 있다'는 말은 반대되는 나쁜 것을 자발적으로 하지 않는, 즉 스스로 좋은 것을 선택하는 것을 의미한다.

플라톤이 이데아, 좋은 것, 질서 정연한 것을 인식하고 추구하도록 강조한 지성은 성품의 요소인 생각 즉 인지하는 능력과 관련이 있다. 한국형 12성품교육은 개인의 생각으로부터 좋은 성품이 출발한다고 보고 올바른 생각의 유형과 방식을 갖도록 기준을 중시하는 교육내용들을 전개한다(이영숙, 2010). 성품의 정의에서 생각의 영역을 강조하고 인지론적인 발달을 강조한 것은, 플라톤이 주장한 '지성의 중요성'을 기반으로 한 것이다.

(2) 아리스토텔레스의 탁월성과 한국형 12성품교육론의 '감정'

아리스토텔레스는 성격의 탁월성을 "상황에 맞게 적절한 방식으로 행동하기를 원하며 그렇게 행동할 수 있는 일정한 성향"(Urmson, 1988)이라고 보았다. 이때의 적절한 방식이란 '중용'(mesotes)을 뜻하며 아리스토텔레스가 주장하는 탁월성이란 결국 "과도함과 부족함이라는 두 가지 결함들 사이의 중용"을 의미하는 것이다(유원기, 2009). 즉 아리스토텔레스는 성격의 탁월성으로 감정의 중용을 강조했다.

물질의 집합인 '뇌'의 작용으로 발생한 감정은 어떤 자극에 대한 몸의 반응이며 결과적으로 생각의 영향을 받아 행동으로 드러난다. 따라서 한국형 12성품교육에서 상정하는 감정은 일시적이고 즉흥적인 반응으로서의 느낌(feeling)이 아니라, 이성의 영향을 받아 지속성과 안정성을 갖게 되는 감성(emotion)을 의미한다(이영숙, 2010). 감정을 느낌 그대로 표현하는 것이 아니라 '멈추어 생각해보고 선택하기'의 일련과정을 거쳐 지성의 영역에서 'Stop!'하고 이성적으로 생각한 다음, 그것을 행동으로 옮기는 과정에서 탁월성을 발휘하는 것이다.

멈추어 생각해 보고 좋은 행동을 선택하는 것이 습관으로 반복되면 아리스토텔레스가 말한 인간의 탁월성을 연마할 수 있다. 습관을 통해 지속성과 안정성을 지니는 아레테 즉 반복적 경험으로 형성된 생각, 감정, 행동의 중용은, 한국형 12성품교육에서 상정하는 '좋은 성품'의 개념 정립에 영향을 주었다.

(3) 아리스토텔레스의 탁월성과 한국형 12성품교육론의 '행동'

성품의 탁월성에 관해, 아리스토텔레스는 플라톤과 다른 면을 강조했다. 플라톤이 성품의 탁월성을 지성에 두었다면, 아리스토텔레스는 행동에 기반한 탁월성을 주장했다.

아리스토텔레스는 "인간의 탁월성은 능력이 아니라, 상태"이기 때문에 항상 같은 상태를 유지할 수 있는 반복적인 습관과 행동이 중요하다고 강조했다. 특히 탁월성은 "어느 정도 영혼의 습관화된 인격상태로, 발휘의 기회가 오면 언제나 잘 처신할 수 있게 하는 상태를 말하며, 뛰어난 발휘의 계기를 함축한다"(강상진, 2007)고 설명했다.

탁월성은 인간의 본성에 가능성으로 주어져 있다가 습관을 통해 완성되고, 습관에 의해 형성된 탁월성은 개인의 성품을 결정한다. 그래서 아리스토텔레스는 "사람의 우수성은 일회성에서 나오는 것이 아니다. 그것은 오랜 세월 동안의 반복적인 습관에서 나온다."고 주장했다.

한국형 12성품교육에서는 성품의 요소 중 행동을 생각의 표현(이영숙, 2005)으로 보고, 생각과 행동을 떼려야 뗄 수 없는 불가분의 관계로 규정한다. 그래서 플라톤이 강조한 지성과 아리스토텔레스가 강조한 감정 및 행동은, 성품을 "한 사람의 생각, 감정, 행동의 표현"(이영숙, 2005)으로 정의하는 데 직접적인 영향을 주었다.

좋은 성품이란 "갈등과 위기상황에서 더 좋은 생각, 더 좋은 감정, 더 좋은 행동으로 문제를 해결하는 능력"(이영숙, 2010)이다. 플라톤과 아리스토텔레스가 주장한 탁월성은 곧 좋은 성품을 의미한다. 플라톤과 아리스토텔레스로부터 시작된 생각, 감정, 행동의 탁월함은 한 사람의 탁월성을 구분하는 '좋은 성품'을 정의하는 데 기초가 되었다.

2) 성경과 탈무드

한국형 12성품교육은 기본적이고 기초적인 신념을 '성경과 탈무드'를 근거로 하여 찾았다. 진리에 대한 맥락을 성경과 동일선상에서 이해하고, 성경과 탈무드 안에서 객관적인 앎과 객관적인 지식을 얻는다. 질서를 무너뜨리는 인본주의 철학의 교육방식이 아니라, 진리로서의 교육을 추구하는 정초주의적 맥락에서 절대가치를 실현하는 인성교육 프로그램이다.

(1) 정초주의(foundationalism)

정초주의(foundationalism)는 기본적 신념(basic beliefs) 및 기초적 신념(foundational beliefs)에 근거해 신념과 지식을 정의하는 인식론의 통칭이다. 이때의 기본적이고 기초적인 신념이란 다른 신념을 근거로 하지 않는 자명한 신념을 말한다.

현대는 시간이 지날수록 기존의 질서와 지식의 체계를 부정하는 포스트모더니즘 철학이 사람들의 마음을 뒤흔들고 있다. 예전에는 진리라고 여겼던 것들이 이제는 진리가 아닌 것으로 인식됨으로써, 더 이상 진리라고 부를 수 있는 고정점이 사라지고 사람들은 가치와 인식을 둘러싼 생활의 전반에서 갈등과 방황을 경험하게 되었다.

교육학에서 정초주의는 "인식의 기초와 기점을 찾는다"는 뜻으로 이해된다. 어떤 상황과 문제에 맞닥뜨렸을 때 우리가 가져야 할 기본적이고 기초적인 신념이 있다고 정립한 이론이 바로 정초주의이다. 따라서 정초주의 인식론은 개인의 편견이나 주관에 좌우되지 않는 '객관적 앎'을 추구한다.

정초주의 인식론에서 추구하는 '객관적 앎'은 '객관주의적 앎'과 구분된다(홍은숙, 2003). 객관적 앎이란 교육에서 추구하는 개인의 편견이나 주관에 좌우되지 않는 지식을 말한다. 이 객관적 앎을 추구하는 과정에서 객관주의적 앎이 등장하게 되었다. 객관주의적 인식론은 앎을 인식주체와 인식 대상이 멀찍이 떨어져서 아무런 인격적 관계도 가지지 않는 '무인격적(impersonal) 앎' 또는 '거리를 둔 앎'으로 간주한다.

무인격성을 전제하는 객관주의적 앎에 반대되는 개념으로는 Polanyi의 '인격적 지식'이 있다(Polanyi, 1966). 인격적 지식이란 앎에 포함된 '묵시적 요소'(tacit dimension)로 인해 객관적 진리를 추구하는 과정에 인식 주체의 인격적 참여와 판단 그리고 지적인 측면의 개입이 일어난다는 점을 수용하는 지식이다.

정초주의론자들은 "인식은 모든 의심스러운 것이나 불확실한 것을 버리고 확실한 지식의 체계를 보장할 수 있는 확고부동한 기점에서 출발하며, 지식은 이러한 기점으로부터 일직선상에 계단처럼 쌓아간다"고 주장한다(홍은숙, 2003). 이러한 정초주의 인식론에는 플라톤의 이데아론, 데카르트의 합리주의, 영국의 경험주의와 칸트에 이르는 인식론, 훗설의 현상학, 논리실증주의가 포함된다. 이들 이론들은 구체적인 내용과 방법상의 차이는 있지만 "무지에서 출발하여 전적으로 오류가 없는 '확실한 지식'을 얻을 수 있으며, 그것만이 유일하고도 유의미한 지식이라고 본다."는 점에서 정초주의의 범주에 포함시킬 수 있다(장상호, 2000).

그렇다면 정초주의에 반대되는 반정초주의(anti-foundationalism)란 무엇인가?

정초주의가 불변의 진리를 상정하고 그 진리와 본질을 추구하는 인식론인 반면, 반정초주의는 그 반대 선상에서 상대적이고 주관적인 인식론을 근간으로 삼는다. 절대적이고 보편적이고 객관적인 지식을 상정하는 정초주의 인식론에 대한 반발에서 시작된 반정초주의는, 대상의 고유한 본질이 아닌 인식주체의 인식에 따라 대상을 규정한다(이용남, 2007). 여기에는 절대적으로 올바른 진리란 있을 수 없고 올바른 것은 그것을 정하는 기준에 의해 정해진다고 주장하는 상대주의와, 보편적인 윤리 규범을 부정하면서 개인이 구체적인 상황 속에서 자신의 윤리적 당위(當爲)에 따라 이로운 것을 선이라고 믿는 상황윤리, 진리로 인식됐던 기존의 체계들을 부정하고 개인 고유의 선을 만들어 내는 포스트모더니즘 등이 포함된다.

(2) 유대교육과 탈무드

정초주의 인식에 기반을 둔 교육의 대표적인 예로 유대교육을 꼽을 수 있다.

가. 유대교육의 특징

112번째 노벨상 시상식에서 수상자 12명 가운데 6명이 유대인인 것으로 알려지면서 유대교육에 대한 세계의 관심이 집중되었다. 유대인들은 전 세계 인구의 0.2%에 불과하지만 역대 노벨상들 가운데 유대인이 차지하는 비율은 무려 22%에 이른다. 특히 경제학상은 37%, 물리학상은 26%, 생리의학상은 26%가 유대인에게 돌아갔다.

『톰소여의 모험』, 『왕자와 거지』를 쓴 미국의 소설가 마크 트웨인(Mark Twain, 1835~1910)은 1899년 한 잡지에 다음과 같은 글을 기고했다.

통계적으로 지구상의 유대인 수는 인류 전체의 1%에도 못 미친다. 그것은 마치 은하수 끝자락에 흩어진 희미한 먼지와도 같다. 정확하게 말하면 유대인의 목소리는 들리지 않아야 맞다. 그런데 그들의 목소리는 언제나 또렷이 들린다. 유대인은 여러 강대국들과 어깨를 견주며 세계 속에 우뚝 솟아 있고, 그 수가 적음에도 불구하고 세계 경제 분야에 큰 영향을 끼친다. 문학, 과학, 예술, 음악, 금융, 의학 등 고도의 지적 영역에서 유대인들이 끼친 기여는 상당하다. … 이 불멸의 비밀은 과연 무엇인가?

많은 사람들은 유대인들의 이러한 성공 비결을 명석한 두뇌 덕분이라고 말한다. 그러나 영국의 얼스터대학 리처드 린 교수와 핀란드의 헬싱키대학 타투 반하넨 교수가 세계 185개국 국민의 평균 지능지수(IQ)를 조사한 결과를 보면, 이스라엘 국민의 평균 지능은 여러 국가들 중 45위에 그친다. 뛰어난 지능 때문이 아니라는 얘기다.

그렇다면 이 작은 민족이 거대한 나라가 된 비결은 무엇일까? 비밀은 그들이 강조하는 교육 문화에서 찾아야 한다.

첫째, 유대인들은 진리에 뿌리를 둔 '삶의 기준'을 대물림하는 교육을 강조한다.

AD 70년에 이스라엘을 정복한 로마의 디토 장군이 유대인들에게 이렇게 말했다. "유대의 모든 건물들을 무너뜨려야 하지만 자비를 베풀어 건물 하나만은 부수지 않을 테니 어느 건물을 원하는지 말하라" 그들이 목숨처럼 여기는 성전을 말할 것 같았지만 유대인들은 성전이 아닌 도서관을 보존해 달라고 요청했다. 도서관에는 성경과 여러 권의 탈무드가 있었다. 다 사라져버릴 위기에서 유대인들이 그들의 자녀에게 성경이 말하는 삶의 기준과 정체성을 가르치고자 했음을 잘 보여주는 이야기다. 실제로 유대인들은 가장 넓은 세계를 떠돌면서도 그들의 정체성을 잃지 않고 성경이 가르치는 기준을 따라 문제를 해결해 왔다.

둘째, 유대인들은 '남과 다른' 창의적인 교육을 강조했다. 유대의 속담에는 "100명의 유대인이 있다면 100개의 의견이 있다"는 말이 있다. 그만큼 '남보다 뛰어나게'가 아니라 '남과 다르게' 되라고 가르치며 서로의 독특성

제1부 | 한국형 12성품교육의 이론

을 인정해 준다. 유대인 부모와 교사들은 학생들이 그들의 좋은 생각을 더 많이 이야기하고 상상하도록 끊임없이 질문하고, 좋은 생각과 행동을 새로운 방법으로 시도해 보도록 칭찬하며 격려한다.

셋째, 유대인들은 '관계'를 통한 교육을 강조한다. 아이들은 어릴 때부터 성경과 탈무드, 토라를 주제로 끊임없이 대화한다. 유대인들의 전통적인 학습기관인 '예시바(Yeshivah)'는 세상에서 가장 떠들썩한 도서관으로 유명한데, 우리나라의 경우처럼 혼자 조용히 공부하는 모습은 좀처럼 찾아볼 수 없다. 대신 서로 마주보도록 놓여 있는 책상 위에 책들을 한껏 쌓아놓고 치열하게 토론하면서 더 좋은 아이디어와 해결방법을 찾아 나간다. 유대인들은 관계적 차원에서 배움의 영역을 넓히는 교육을 추구한다.

필자는 이러한 유대인의 교육문화에 주목하여 우리의 교육문화를 수정·보완하는 노력이 필요하다고 본다. 입시와 취직을 위한 교육에만 함몰되어 정작 개인이 가진 무한한 가능성을 꽃피우지 못하는 우리 교육풍토로는 현재 교육이 대면한 위기들을 극복하기 어렵다. '좋은 성품'을 가르치는 한국형 12성품교육을 바탕으로 '삶의 기준'과 정체성을 심어주는 교육, 다름을 인정하는 교육, 관계를 통해 소통하는 교육을 추구해 나가야 한다.

나. 성경과 탈무드

유대교육의 바탕이 되는 탈무드(Talmud)는 구약성서의 사상과 이념을 계승하여 종교예배·의식·도덕·법률·신앙·사회 행동 등 인간생활 전체를 규제화하고, 쉐마(Shema) 교리를 바탕으로 교육을 전개한다. 탈무드의 윤리가 기본적으로 절대자의 계명에 복종하고 그 분을 사랑하는 개념에서 시작된 것과 마찬가지로(김찬국, 1974), 필자가 고안한 한국형 12성품교육은 정초주의의 맥락에서 성경과 탈무드를 근본으로 하여 절대자에 대한 계명과 윤리들을 기본적인 질서로 가르친다.

그동안 교육현장에 많은 혼란이 있었던 이유는, 기존에 알고 있던 질서들을 무시하고 진리와 선이 없다는 명제 하에 교육을 이끌어 왔기 때문이다. 여기에 반대하는 사조로 포스트모더니즘 시대에 부각된 가치교육 방법이 바로 '가치명료화'이다.

가치명료화란 가치문제에 대해 여러 각도에서 성찰함으로써 스스로의 가치관을 분명히 하는 것을 말하는데, 이는 매우 좋은 의미인 것 같지만 사실은 아주 위험한 주장이다. 마땅히 따라야 할 '선(善)'의 개념이 사라진 시대에, 많은 사람들이 가치명료화에 따라 자기가 생각하는 선이 진정한 선이라고 생각하고 각자가 옳은 대로 선택을 하고 있는 것이다.

한국형 12성품교육은 우리 각자가 갖고 있는 이기적인 선이 아니라, 성경에 근거하여 기초적이고 기본적으로 인간이 따라야 할 절대 가치를 지향한다. '절대 가치'(absolute value)란 모든 조건과 관계로부터 자유롭고, 독립적·무조건적·무제한적이며 완전 순수한 상태의 가치이다(교육학용어사전, 1995). 변하지 않는 진리를 바탕으로 옳고 그름에 대한 절대적인 기준을 명확히 하고, 어렸을 때부터 원칙과 기준을 분명하게 제시함으로써 학생들의 분별력을 키워준다.

특히 유대교육은 절대자를 사랑하는 것과 선조로부터 물려받은 야훼 신앙을 자녀들에게 전수하는 데 목적을 두어, 표면적 지식의 전달보다는 지혜의 근본인 야훼를 사랑하는 것에 중점을 두고 올바른 행동과 실천을 매우 중시한다(민대훈, 2005). 이와 같은 맥락에서 한국형 12성품교육은 인생의 가치와 불변하는 진리를 강조하고, 더 좋은 생각·더 좋은 감정·더 좋은 행동을 생활의 전반에 구체적으로 실천하도록 절대 가치에 따른 삶의 원칙과 기준을 가르친다.

(3) 한국형 12성품교육의 인간관, 교육관, 지식관

교육은 개인의 '더 나은' 방향으로의 변화를 추구하는 활동이다. 규범적 성격을 가진 가치 지향적 활동으로서의 교육에 대해 조경원(2006)은 다음과 같이 설명한다.

> 피터스(Richard S. Peters)는 교육의 개념 분석을 통해 그 개념 안에 내포된 규범적 의미를 강조한다. 우리가 일상적으로 사용하는 교육이라는 말을 분석해 볼 때, 교육을 했다고 하면서 교육받은 사람이 조금도 나은 방향으로 달라진 것이 없다고 한다면, 그 경우에 교육했다는 말을 사용하는 것이 이상하다. 따라서 교육이란 말에는 교육이 실현하고자 하는 가치가 이미 그 개념 안에 붙어 있다고 한다. 즉 무엇인가 바람직한 것이 성취되어야 한다는 기준이 내포되어 있는 것이다. (중략). 따라서 교육이란 가치 중립적이기보다 가치 지향적인 특성을 지닌다.

한국형 12성품교육은 기본적으로 정초주의 인식을 바탕으로 한다. 옳은 것을 추구하는 교육, 더 나은 것을 추구하는 교육, 내 생각과 네 생각을 따르는 것이 아니라 나와 너를 떠나 어떤 것이 객관적으로 옳은 선인지에 대해 불변하는 절대가치를 진리로 가르치는 교육이다. 한국형 12성품교육은 지식에 대한 상대주의적 관점을 취하는 반정초주의 인식론에 근거한 교육과 달리, 성경에 근거한 절대적이고 객관적인 지식을 상정함으로 '옳은 것'을 추구한다.

가. 한국형 12성품교육의 인간관

한국형 12성품교육에서는 인간을 절대자에 의해 창조된 존재로 보고, 모든 삶이 목적을 갖고 태어났다고 간주한다. 현대의 교육은 세상과 인간이 빅뱅에 의해 우연히 만들어졌다고 믿게 함으로써 강한 것은 살아남고 약한 것은 도태되어 없어지는 진화론에 바탕을 둔다. 반면 한국형 12성품교육은 인간이 진화론의 우연적 발생으로 만들어진 존재가 아니라 창조주의 '선한 계획'에 의해 창조되었다는 창조론에 바탕을 둔다. 계획에 의해 창조되었다는 말은 개개인이 그만의 고유한 '존재 목적'이 있고 다른 존재로 대체할 수 없는 귀중한 존재라는 사실을 의미한다.

① 창조적 관점에서의 인간관

조물주의 형상을 따라 창조된 인간의 특성은 네 가지로 정리된다(오인탁, 1996). 첫째, 인간은 남자와 여자, 곧 "공동체적"으로 창조되었고 공동체적 삶의 형식 안에서 자아를 완전히 실현한다. 둘째, 인간은 자연을 탐구할 수 있는 능력인 "이성"(ratio)을 가진 존재로 창조되었고 셋째, 상호간에 대화를 할 수 있도록 "언어(oratio) 능력"을 가진 존재로 창조되었으며 넷째, 인간은 "행위(operatio) 능력"을 가진 존재로 창조되었다.

이 네 가지 특성은 인간을 동물과 구분 짓는 속성으로, 종합적으로 볼 때 인간은 교육적 존재로 창조되었다. 이때의 교육은 "창조 질서 안에서 바르게 설 수 있는 능력으로의 교육"으로(오인탁, 1996), 근본적으로는 창조주와의 친밀한 관계를 존재의 목적으로 한다.

필자가 정립한 한국형 12성품교육의 인간관은, 인간이 매우 소중하고 귀중한 존재로 창조되었다는 데서 시작한다. 인간은 우연히 만들어진 공허한 존재가 아니라 선한 목적과 계획과 목표를 가지고 만들어진 존재이다. 한국형 12성품교육은 인간이 존재만으로도 소중하고 보배롭고 존귀하다는 개념으로 교육을 전개한다.

② 영성지능(SQ)을 높이는 균형 잡힌 인간관

인간은 창조주에 의해 영(spirit)·혼(soul)·육(body)으로 만들어진 존재이므로, 혼과 육만으로는 살 수 없고 반드시 영에 대한 인식이 있어야 한다. 먹고 마시고 정신적인 발달만으로 사는 것이 아니라, 인간에게는 친밀한 관계를 맺는 영의 영역이 존재한다.

일반적으로 가시적인 육체나 사회과학의 대표적 학문인 심리학 연구를 통해 많이 거론되어 온 혼은, 인간 존재에 대한 인식의 바탕이 되었다. 그러나 비가시적이고 초월적인 영은 인간 존재에 대한 인식에서 흔히 배제되어 왔다.

'영성'은 인간만이 가지고 있는 고유한 것이며 인간을 인간답게 만드는 요소이다(Zohar & Marshall, 2000). 영국 크랜필드 경영대학의 도나 조하 교수와 정신과 의사인 이안 마셜 이러한 '영성'의 중요성을 강조하여 영성지능(SQ : Spiritual Quotient)이라는 새로운 개념을 제시했다.

영성지능(SQ)이란 어떤 의미와 가치 문제를 해결할 때 사용하는 인간 지능으로, 일련의 행동이나 삶의 경로가 다른 것보다 의미 있다고 평가할 수 있게 하는 지능을 말한다. 다시 말해서 SQ는 IQ와 EQ가 효과적으로 기능하도록 인간 두뇌와 정신의 작용에 영향을 주는 내재적이고 본질적인 능력이다(Danah Zohar & Ian Marshall, 2001).

한국형 12성품교육은 인본주의 교육과 달리 눈에 보이지 않는 영적인 부분을 교육함으로써, 인간의 창조적 능력인 SQ 발달에 유의미한 영향을 준다. SQ는 인간을 창조적으로 변화시키며 자기중심적인 자아를 극복하게 하여 선·아름다움·완전·희생 등의 초월적이고 훨씬 더 의미있는 삶을 살도록 도와준다(Danah Zohar & Ian Marshall, 2001). 한국형 12성품교육은 창조주와의 친밀한 관계를 회복하는 영성교육을 통해 인간 본연의 창조적 의미와 가능성을 발견하게 한다.

건강한 성장을 위해서는 영·혼·육의 균형 있는 발달이 필수적이며 이러한 교육은 실제로 중요한 변화를 불러온다. 인간을 영성적 존재로 간주하는 이론에 따르면 "삶의 초월적 차원의 회복"을 가능하게 하는 활동이 교육이어야 하기 때문에(홍은숙, 2010), 교육은 곧 지·정·의를 포괄하는 전인교육이어야 한다고 주장한다.

한국형 12성품교육에서 가르치는 12가지 주제성품에는, 기쁨의 성품 태도 연습으로 '내 몸을 튼튼하게 하는 방법론'이 포함돼 있다. 기쁨이란 "어려운 상황이나 환경 속에서도 불평하지 않고 즐거운 마음을 유지하는 태도"(좋은나무성품학교 정의)이다. 몸이 튼튼해야 기쁨의 성품이 자라기 때문에, 내 몸을 위해 좋은 음식을 먹고 운동을 하는 태도 연습들이 학생들에게 기쁨의 성품을 가르치는 구체적인 방법이 된다. 자신을 귀하게 여기는 마음으로 좋은 것을 선택하도록 구체적인 활동들을 전개해 나갈 때, 신체가 건강한 사람이 몸과 마음도 즐겁고 기쁜 사람으로 성장할 수 있다. 진정한 건강이란 신체만 건강한 데서 오는 것이 아니라 정신적·심리적·영적으로 강건하고 평온한 데서 오는 것이다. 이는 한국형 12성품교육이 영·혼·육이 연결되어 있다고 보는 인간관을 근간으로 교육 활동을 전개하는 구체적인 예이다.

③ 회복 가능성을 전제한 인간관

한국형 12성품교육에서는 창조주와의 관계회복을 통해 인간이 얼마든지 놀라운 가능성을 회복할 수 있는 존재라고 본다. 인간은 누구도 가망 없는 사람이 없다는 대전제 하에 성품교육을 시작한다. 누구나 완벽한 사람은 없다. 한국형 12성품교육은 "사람은 누구나 연약함이 있다"는 것을 기본적인 시각으로 하여 인간을 바라보고 이해한다.

창조주와의 관계회복을 기점으로 인간의 자아는 자기중심적(self-centered) 옛 자아와 타자중심적(other-centered self) 새 자아로 구분할 수 있다(권택조, 2005). 옛 자아는 자신의 유익만 고려하며 이기적 목적의 달성을 위해 수단과 방법을 가리지 않는 반면, 새 자아는 자신의 유익뿐만 아니라 타인의 유익을 동시에 고려하고 자신에게 유익이 되는 일이라도 타인에게 해가 된다면 포기할 줄 안다. 다시 말해 옛 자아의 동기는 항상 자기의 유익에 있고, 새 자아의 행동 동기는 자기 유익을 생각하지만 타인에게 손해를 끼치지 않는 범위에서 행동하는 참된 자아(true self)인 것이다.

한국형 12성품교육에서는 인간을 "관계회복을 통해 새 자아 즉 참된 자아를 실현할 수 있는 존재"로 보고, 회복 가능성이 있는 존재로 정의하며 가르친다.

나. 한국형 12성품교육의 교육관

한국형 12성품교육의 교육목적은 '회복'에 있다. 교육을 통한 앎은 단순히 지적 이해만을 추구하는 과정이 아니라 히브리 원어에서의 '앎'과 동일한 의미로 해석된다.

히브리어에서의 앎은, 지적인 이해뿐만 아니라 경험이나 감정, 인격적인 관계를 포함하는 뜻이다(홍은숙, 2010b). 누군가를 안다는 것은 '경험했다', '인격적인 관계를 맺었다'는 것을 의미하는데, 따라서 누가 무엇을 안다, 어떤 지식을 가졌다는 것은, 관계를 맺었다는 뜻에서의 경험·감정·인격적 관계를 포함하는 의미로서의 교육을 뜻한다.

지적 이해뿐 아니라 경험·감정·인격적 관계를 포괄하는 의미의 '앎'을 추구하는 교육은 다음과 같이 설명할 수 있다(오인탁, 2004).

교육은 잠자는 영혼을 흔들어 깨워서 참 가치와 만나게 하고 참 자기다움을 발견하고 회복하게 하는 활동이다. 교육은 실존적 각성의 경험을 갖게 하여, 그 자신의 주관적 신념인 절대 가치의 토대 위에서 인생을 전체적으로 철저하게 새로 세우게 하는 활동이다. 그래서 삶의 기준의 전환을 요청하는 위기로 체험되는 곳에서 농도 짙은 교육이 확인되고 있다. 그리고 기독교교육은 그러한 만남의 교육을 항상 열어놓고 있고 또 목적으로 한다. 이를 기독교적으로 표현한다면 다음과 같다. 기독교교육은 언제나 이미 죄인인 인간을 '주님의 훈련과 훈계 안에서'(엡 4:6) 회개하여 구원받은 인간으로, 하나님의 형상으로, 영화롭게 된 인간으로 양육하는 일이다.

한국형 12성품교육에서 교육의 목적으로 상정하는 '회복'은, 창조주와의 근본적 관계회복을 통해 '참 가치', '참 자기다움'을 발견하는 것이다. Byrne(1981)은 기독교 신본주의를 바탕으로 하는 교육의 본질에 대해, 우주의 창조주이신 하나님이 중심이 되고 그 분이 계시를 통해 자신을 알리셨다면 자연히 교육은 하나님의 계시를 재해석하는 것이 되어야 한다고 설명한다. 창조주가 만물을 보셨듯이 그 분의 시각으로 세계와 사물을 보게 하고 창조주를 모방하며, 그 분의 사고로 생각하게 하는 것이 참된 교육인 것이다.

이와 같은 맥락에서 한국형 12성품교육에서의 교육이란, 창조주와의 근본적 관계회복을 추구할 뿐만 아니라 창조주와의 관계회복을 기반으로 이웃과 환경과 관계회복을 하는 '목적이 있는 활동'이라고 정의할 수 있다. 창조주와의 수직적 관계뿐만 아니라 이웃, 환경과의 수평적 관계 회복까지 포괄하는 것이다.

교육을 한다는 것에 대해서는, 광의의 개념에서 접근할 때 훨씬 더 본질적인 개념을 이해할 수 있다. 창조주의 시각으로 세상을 바라볼 줄 아는 것이 교육이고, 창조의 목적이 무엇인지 알고 같은 소원을 두는 것이 교육이며, 그래서 선한 계획을 이루며 살도록 만드는 것이 바로 한국형 12성품교육에서 상정하는 교육이다.

다. 한국형 12성품교육의 지식관

많은 사람들이 지식을 가지려고 하는 근본적인 이유를 '힘의 소유'에서 찾는다. F.베이컨의 "아는 것이 힘이다"(scientia est potentia)라는 말처럼, 현대인들은 알게 되면 자연스럽게 힘을 소유하게 된다고 믿는다.

그러나 한국형 12성품교육에서의 지식은, 힘의 소유가 아닌 관계 형성에 목적을 둔다. 지식의 원천은 호기심이나 지배와는 반대되는 사랑이므로, 단순히 인지적 영역에만 관련하는 지식이 아니라 정신적·의지적·정서적 영역에 관련하는 지식에 초점을 맞춘다.

파커 팔머(Palmer, 1993)는 '사랑에서 발원한 지식' 모형을 제시하면서, 지식은 자체의 도덕(morality)을 지니고 있으므로 가치중립적이지 않다고 설명한다. 또한 지식에는 호기심과 지배욕의 두 가지 원천이 있다고 주장하면서, 지식의 원천으로서의 호기심과 지배욕에 대해 다음과 같이 설명한다.

> 인간은 캐묻기 좋아하는 존재, 늘 사물의 안쪽을 파고 들어가 숨겨진 비밀을
> 파헤치기 좋아하는 존재다. (중략). 또한 우리는 힘에 미혹되는 존재다. 우리는
> 우리의 환경, 다른 사람, 자기 자신을 지배할 수 있는 힘을 가져다주는 지식을
> 갖고 싶어 한다. 지금껏 우리가 열어 본 상자들 중 많은 것이 삶에 대한 더 큰
> 지배력을 주는 비밀을 담고 있었기에, 호기심과 지배욕은 우리의 앎 이면에 자
> 리한 열정으로 함께 결합되어 있다.

호기심과 지배욕에서 발원한 지식은, 우리가 진정한 지식을 갖는 목표와
는 거리가 먼 결과를 불러온다. 파커 팔머는 근대 지식의 원천은 호기심과
지배욕이지만, 생명으로 이끄는 지식의 원천은 공동체에 대한 사랑이라고
주장하면서, 호기심과 지배욕에서 기원한 지식의 대안으로 자비와 사랑에
서 기원하는 지식을 제안한다.

사랑에서 발원한 지식이야말로 자기 자신의 깨어진 자아와 세계의 재결
합, 관계회복을 가져다 줄 수 있는 근본적인 지식을 갖게 한다. 그러므로
일반적으로 '많이 배운다'고 하는 것이 호기심과 지배욕을 가지고 힘을 소
유하는 것을 목적으로 한다면, 파커 팔머가 말하는 지식은 많이 알수록 사
랑을 더 많이 실현할 수 있는 능력이 있다는 뜻으로 이해할 수 있다. 결국
앎이 곧 사랑이며, 많이 안다는 것은 그만큼 더 많이 사랑한다는 뜻이 되는
것이다.

궁극적으로 파커 팔머의 사랑에서 발원한 지식은, 공동체와의 유대를 목표로 한다. 이때의 사랑은 낭만적이고 몽환적인 사랑이 아닌 '강인한 사랑'의 실재 연결 조직이므로, 사랑에서 발원한 지식은 관련성·상호성·책임성을 갖는다. 파커 팔머는 지식과 공동체와의 유대를 다음과 같이 설명한다.

> 앎의 행위는 곧 사랑의 행위이며, 타자의 실재(reality) 속으로 들어가 그것을 포용하는 행위, 타자로 하여금 자신의 실재 속으로 들어와 그것을 포용하도록 허락하는 행위이다. 이러한 앎에서는, 우리는 하나 된 공동체의 지체들로서 남을 알고 나를 알리며, 우리의 앎은 공동체의 유대를 다시 엮어주는 방식이 된다.

과학적 법칙에 근거해 실천적 행동을 주장하는 실증주의의 관점은 '지식의 가치중립성 신화'라는 비판을 받고 있다(홍은숙, 2010a). 가치중립성을 띠는 실증주의의 지식은, 지식을 배운 사람들의 비도덕적 행동을 지식교육의 문제가 아니라 가치와 도덕교육의 실패로 분리시키는 결과를 초래했다.

'지식의 가치중립성 신화'는 "지식은 그 자체가 좋거나 나쁜 것이 아니라 어떻게 활용되는가에 따라 좋을 수도 있고 나쁠 수도 있는 도구적인 것"이라는 '지식의 도구성 신화'를 불러왔다. '지식의 도구성 신화'의 가장 큰 문제점은, 교육이 다음 세대에게 우리가 누구이며, 우리가 어떻게 살게 되었으며, 우리가 왜 이것을 하는가, 즉 공동체의 기억이나 세대 간의 대물림 등을 전혀 가르치지 않는다는 것에 있다(홍은숙, 2010a).

Scheffler(1965)가 제시한 신념조건, 진리조건, 증거조건의 개념으로 명제적 지식의 조건을 설명해 볼 수 있다(홍은숙, 2010b). 이를테면 명제를 '안다'는 것은 세 가지 조건을 전제로 하는데, X가 명제 P를 안다고 말하기 위해서는

① X는 P임을 믿는다

② P는 진리이다

③ X는 P가 진리임에 대한 증거 E를 가지고 있다

는 세 가지 조건을 만족해야 한다.

다시 말해 어떤 명제를 '안다'고 말하기 위해서는 인식의 주체가 명제 자체를 '믿는' 과정이 필요하다. 인식의 주체가 명제를 믿을 때, 진리인 명제가 인식의 주체에 의미 있는 진리가 되고 명제가 진리라는 증거를 가질 수 있다.

그러므로 어떤 신앙적인 요소 없이 무엇인가를 배운다는 것은 불가능하다(홍은숙, 2010b). 이때의 신앙적 요소, 곧 믿음은 관점의 영향을 받는다. 한국형 12성품교육은 "여호와를 경외하는 것이 지식의 근본"(잠 1:7)이라는 믿음을 바탕으로 '지식은 타인과 공동체에 유익을 주도록 하는 것'이라는 지식관을 상정한다.

한국형 12성품교육에서 경청, 긍정적인 태도, 기쁨, 배려, 감사, 순종, 인내, 책임감, 절제, 창의성, 정직, 지혜의 12가지 주제성품을 가르치는 이유는, 지식을 갖고 다른 사람들을 더 많이 섬기고 더 많이 사랑하는 교육의 목적이 있기 때문이다. 다시 말해 한국형 12성품교육에서 성품을 가르치고 지식을 알게 하는 것은 결국 지식의 소유를 통해 힘을 갖게 하는 논리가 아니라, 더 많이 사랑하고 나와 내 이웃을 창조주의 시각으로 바라보면서 더 많은 사랑을 실현하게 하는 교육적 사명이 있음을 내포한다. 이것이 바로

한국형 12성품교육에서 주장하는 지식관이다. 한국형 12성품교육에서 원하는 지식은 대학이나 진학을 위한 교육이 아니다. 바로 사랑이다.

3) 뇌 생리학의 이론

(1) 뇌의 구성

뇌 활동의 가장 기본이 되는 단위는 뉴런(neuron)이라고 불리는 신경세포 혹은 신경단위이다. 뇌에는 1,000억 개가 넘는 뉴런이 있으며 이 뉴런들은 서로 긴밀하게 연결되어 있다. 뉴런은 다른 일반 세포와는 달리 자극을 받아들이고 전달하는 데 적합하도록 분화되어 있어, 인간이 오감(五感)을 통해 받아들이는 외부 자극을 정보화하고 몸이 특정한 반응을 일으키도록 작용한다.

뉴런은 핵(nucleus)과 세포질로 된 신경 세포체(soma)와, 신경 세포체에서 나온 신경 돌기들인 수상돌기(dendrite) 및 축색돌기(axon)로 이루어져 있다. 수상돌기와 축색돌기는 뉴런만이 갖고 있으며 이것들을 통해 다른 뉴런과 신호를 주고받는다.

우리가 외부의 자극을 감각기관을 통해 받아들이면 이 자극은 '전기 신호'로 변환되어 뉴런에 전달된다. 이 전달된 신호를 받아들이고 세포체에서 축색돌기로 전달하는 부분이 바로 수상돌기이다. 축색돌기는 세포체를 통해 수상돌기로부터 받아들인 신호를 다른 뉴런이나 조직으로 전달하는 역할을 한다.

뉴런의 축색돌기 말단과 이웃하는 뉴런의 수상돌기가 연결되는 접합 부위를 시냅스(synapse)라고 하는데 이 시냅스를 통해 뉴런 간 신호교환이 이루어진다. 시냅스는 뉴런 간의 직접적인 연결이 아니라 미세한 틈을 두고 연결되어 있다.

뉴런은 신경전달물질(neurotransmitter)이라고 불리는 화학물질이 '시냅스의 틈'을 통해 감각기관으로부터의 자극을 전기신호로 전달하는 방식을 따른다. 다시 말해 감각기관으로부터의 자극인 전기신호가 '시냅스의 틈'을 통과할 때는 신경전달물질이라는 화학물질로 바뀐다. 신경전달물질을 운반하는 주머니에 해당하는 소포체(endoplasmic reticulum)가 시냅스에 도달하면 신경전달물질을 방출하면서 이때 방출된 신경전달물질이 신호를 받아들이는 뉴런의 수상돌기에 있는 수용체(receptor)와 결합하게 되고, 수용체와 결합한 이 화학물질은 다시 전기신호로 바뀐다. 이렇게 전기신호와 화학물질의 계속적인 변화를 통해 외부 자극이 뇌에 전달된다.

뇌에는 신경계(nervous system)라 부르는 뉴런의 연결이 있다. 신경은 우리 몸 전체에 분포되어 있어 뇌에 자극을 전달하고 뇌에 전달된 자극을 다시 몸의 각 부위로 전달함으로써 반응을 일으킨다. 뇌는 신경계를 통해 온몸의 자극을 규합하고 동시에 명령을 내린다. 신경계는 뇌와 몸이 정보를 주고받는 도로 혹은 통로와 같다고 할 수 있고, 결과적으로 뉴런은 뇌에서 정보를 처리하는 가장 기본적인 단위이며 신경계는 뉴런이 신경전달물질을 주고받는 활동을 수행하는 통로가 된다.

(2) 뇌의 구조와 기능

인간의 뇌는 크게 뇌간과 소뇌를 포함한 원시피질(archicortex), 중뇌와 변연계를 포함한 구피질(paleocortex), 대뇌피질이라고 불리는 신피질(neocortex)의 세 부분으로 구분할 수 있다.

첫째로, 원시피질은 가장 초기에 형성되기 때문에 원시피질이라 부른다. 뇌가 발달하면서 가장 먼저 형성되는 부위인 뇌간(brain stem)은 척수와 직접 맞닿아 있는 생명의 중추라 할 수 있다.

소뇌(cerebellum)는 뇌간 다음으로 발달하는 부위로, 주로 골격근의 활동을 조절하고 몸의 자세를 설정하는 데 관여한다. 소뇌는 전두엽에서 수립한 계획을 실제 행동으로 옮기는 기능을 담당하는 기관이며, 특정한 행동에 관한 기억은 대부분 소뇌에 저장된다.

흔히 체화(體貨), 곧 특정 행동이 '몸에 배었다'고 말하는 것은, 특정 행동이 소뇌에 각인(imprinting)된 상태를 의미하는 것이다. 기억은 크게 외현기억(explicit memory)과 내현기억(implicit memory)으로 구분되는데, 외현기억은 의식적으로 사용이 가능하고 내현기억은 의식하지 못한 채 일어나는 기억이다. 의식이 가능한 외현기억은 대뇌신피질이 관여하고 무의식적인 내현기억은 중뇌와 소뇌가 관여한다. 결과적으로 반복적인 행동의 결과로 형성된 습관이나 태도는 특정 행동의 체화, 곧 특정 행동 절차가 내현기억에 저장되는 과정에서 소뇌의 관여를 받는다.

소뇌는 의도적인 행동을 관장하는 전두엽과도 밀접하게 관련되어 있어, 복잡한 정서적 행동에도 영향을 미친다(Dispenza, 2007). 즉 소뇌는 반복적인 행동으로 형성된 습관뿐만 아니라 태도나 정서적 행동과 같은 감정 혹은 정서와도 관련이 있다.

둘째로, 구피질은 원시피질 다음으로 형성되는 부분이며, 중뇌(midbrain) 를 의미한다. 중뇌는 가장자리에 위치해 있기 때문에 변연계(limbic system) 라고 불린다.

변연계는 해마(hippocampus)와 편도체(amygdala)를 포함하는데, 해마는 일종의 '기억 저장고'와 같은 역할을 한다. 단기기억과 장기기억을 나누어 관리하는 해마는 기존의 기억을 바탕으로 새로운 정보를 연관 짓고 재구성하는 식의 새로운 학습을 할 때 활성화된다.

편도체는 감정을 조절하고 공포에 대한 학습과 기억에 중요한 역할을 한다. 영아를 대상으로 기질을 조사한 케이건(Jerom Kagan)은 연구를 통해 낯선 환경에 다르게 반응하는 아이들의 기질에 편도체가 관여한다고 설명했다. 즉 편도체는 "위험에서 자신을 보호하기 위해 육체 반응을 유발하여 불편하다고 여겨지는 모든 상황에서 물러서도록" 만드는 기능을 한다(Kagan, 2010. 재인용).

셋째로, 가장 늦게 발달하는 대뇌신피질은 인간만의 고유한 기능을 가능하게 한다. 곧 생각하고 계획하고 학습하고 기억하고 창조하고 분석하고 언어를 사용해 의사소통하는 등의 고차원적인 정신기능을 수행한다 (Dispenza, 2007).

대뇌신피질의 기능이 두드러지는 영역은 전두엽(frontal lobes)으로, 집중과 같은 의식적인 활동과 다른 뇌 부분이 담당하는 대부분의 기능을 조종하는 역할을 한다(Dispenza, 2007). 전두엽은 기억력·사고력 등의 고등행동을 관장하며 추리·계획·개념·상상·창조·집중·의미·감정·문제해결 등과 같은 고도의 정신활동에 관여한다.

(3) 뇌발달과 성품교육

Dispenza(2007)는 기질과 본능을 극복하고 초월하는 노력을 가능하게 하는 전두엽의 역할을 의식적 자각(conscious awareness)이라 명명했다. 풍부하면서도 미묘한 정서적 생활을 포함하는 '성격'은, 일찍이 형성되는 편도체가 직접적으로 관여하는 유전적 영향의 '기질'과 달리 고위 변연계와 시간을 두고 느리게 발달하는 전두엽에 의해 결정된다(이영숙, 2010).

뇌의 가소성(plasticity)이란 뇌가 경험·생각·학습 등에 반응하여 변하는 성질이다(金田康正 외, 2007). 뇌의 대부분은 유전적으로 결정되지만 뇌는 뇌 활동의 가장 기초 단위인 뉴런(neuron)의 특정한 연결을 통해 경험과 기억을 형성하고 구성하기 때문에, 기존에 형성되어 있던 뉴런의 연결 대신 새로운 연결이 가능해진다. 다시 말해 지속적인 환경의 영향으로 뉴런이 새롭게 연결되는 과정에서 뇌에 변화가 일어나고, 이렇게 뇌가 변화하는 성질을 가소성이라 한다. 전두엽은 이러한 변화가 가능한 가소성을 갖기 때문에 성품은 개인이 경험하는 정서적·사회적 경험에 의해 변할 수 있다(이영숙, 2010).

전두엽은 이미 형성된 뉴런의 연결에 대해 가치판단의 기능을 한다. 전두엽의 이러한 반성적 사고 기능은, 암묵적인 내현기억이 의식의 동의 없이 개인의 사고와 행동을 지배하지 않도록 개입한다. 전두엽은 인간의 의식이 뇌와 뇌를 이루고 있는 신경 세포들의 단순한 합(合)을 넘어서는 기능을 한다.

유전자가 행동을 규정하지만 이 유전자의 작용이 환경에 근거한다는 최근 연구결과들을 통해, 관심의 초점이 유전자와 환경의 대립에서 행동과 감정의 매커니즘으로서의 뇌, 곧 뇌 활동의 화학적인 측면에 맞춰지고 있다(金田康正 외, 2007). 뇌의 화학적 측면이란 뉴런의 연결을 가능하게 하는 화학물질인 신경전달물질(neurotransmitter)의 기능을 의미하며, 신경전달물질의 기능에 대한 관심은 뉴런의 연결에 대한 관심으로 설명할 수 있고, 뉴런의 연결에 의해 변화가 가능한 뇌의 가소성에 대한 관심으로 이어진다.

뇌의 부분 중 가장 늦게 형성되는 전두엽은 "한 사람의 생각, 감정, 행동의 표현"(이영숙, 2005)인 성품에 관여한다(이영숙, 2010). 성품의 형성에 관여하는 전두엽에 가소성이 있다는 사실은, 개인의 태도와 습관이 형성되는 시기의 성품교육의 중요성뿐만 아니라 태도와 습관이 형성된 이후에도 지속적이고 반복적인 교육과 훈련을 통해 좋은 성품을 가질 수 있다는 변화 가능성을 제시한다는 점에서 성품교육에의 의의를 가진다.

4) 현대 교육철학의 이해와 이론들

(1) 현대 교육의 철학적 이해

시대마다 지향하는 사회적 가치들은 확연히 다르고 그에 따라 형성되는 교육의 방향, 목표, 시사점도 계속적으로 변한다. 21세기 지식 정보화 사회의 키워드를 스마트(smart)한 사회, 소프트(soft)한 사회, 셀프(self) 시대, 스피드(speed) 시대, 탄력적(flexible)인 사회, 신뢰성(trust)이 중시되는 사회, 엔

터테인먼트(entertain) 시대, 마인드(mind) 시대, 열정(passion) 시대, 글로벌(global) 시대 등으로 특징짓는 것과 마찬가지로 교육의 가치도 시대적 흐름에 따라 달라진다. 그리고 이러한 변화에 발맞춰 교육부에서는 시대마다 필요한 교육목표를 교육과정에 담아 개정하고 재정립하여 학교마다 시대의 가치를 반영한 교육을 실시하고 있다.

그렇다면 현대 교육의 사조들은 어떤 흐름으로 변화해 왔는가? 현대 교육의 철학적 이해를 통해 교육의 바탕을 생각해 보고, 옳은 교육을 구체적으로 어떻게 할 수 있는지 고려해 보자.

가. 진보주의(Progressivism) 교육(1920~1930년대)

① 진보주의 교육이란

진보주의 교육은 아동의 흥미와 욕구, 경험을 중시하는 교육이다. 과거의 전통적인 교육이 성인중심 내지는 교사중심 교육이었던 것을 비판하고 형식적인 전통교육의 한계를 극복하기 위해 아동의 창의적인 자기활동과 일상생활을 통한 교육, 협동이 중시되는 학교문화, 민주적인 교육 방식 등을 강조했다. 특히 학교가 행복하고 즐거운 곳이 되도록 아동의 흥미와 욕구를 최대한 존중하고 경험적인 활동을 통해 아동이 자유롭게 배움을 넓혀 나가도록 안내해야 한다고 주장했다.

진보주의 교육이 태동하기 전에는 '아동'이라는 존재를 성인의 축소판이라고 생각했기 때문에 아동을 고려한 특별한 교육과정이 존재하지 않았다. 다만 어른들이 '아이들은 이런 것을 마땅히 배워야 된다.'고 생각하는 고어나 고시조의 쉬운 부분을 떼어 외우게 하는 방식이었다.

그런데 진보주의 교육이 확산되면서, 아이들은 어른과 다른 독자적이고 고유한 세계를 가진 인격체라는 점이 강조되기 시작했고 이러한 아동중심교육과정이 교육의 흐름에 큰 영향을 끼쳤다. 교육에 있어 아동의 흥미와 필요를 교육의 출발점으로 인식하고, 교육의 내용은 아동의 흥미 중심이어야 된다는 이론과 발표들이 20세기 초 미국 교육에 절대적인 영향으로 작용했다.

진보주의 교육은 '미국 진보주의 교육의 아버지'라고 불리는 파커(Francis W. Parker, 1837~1902)에 의해 기틀이 마련되고 듀이(John Dewey, 1859~1952)에 의해 강력한 교육혁명운동으로 전개되면서, 킬패트릭(William H. Kilpatrick)에 의해 미국을 비롯한 다른 국가로 확산되는 움직임을 보였다.

② 진보주의 교육의 원리

진보주의 교육은 사회화의 방법으로 회의 · 협의 · 계획 · 참여 등의 집단적 활동을 중시했다. 지적 경험이나 실제적 경험 · 사회적 경험 · 미적 경험 · 정의적 경험과 같은 다방면의 경험적 방법을 동원했고, 지식 · 이해 · 기능 · 태도 · 흥미 등의 종합적 학습방법을 중시했다. 또한 자주적이고 능동적인 학습을 위해 아동 자신이 문제를 선택하고 계획하며 실행하고 평가하는 문제법과 구안법(構案法)을 교육의 방법으로 전개했다.

진보주의 교육의 이러한 원리는 "경험해야 된다", "학생들이 생활한 그것이 바로 교육이어야 된다"는 접근에서 비롯된 것이다. 학습은 기본적으로 학생의 흥미와 연관이 있어야 한다고 주장하면서, 교육내용 자체를 이수하는 것보다 문제를 해결하는 방법을 배우는 것을 더 우선시했다. 교사의 역할은 지시하는 일이 아니라 조언해 주는 일로 입장이 바뀌었고, 학교는 경쟁보다 협동을 강조하고 격려를 중요시하는 곳이 되어야 한다고 강조했다. 또한 학교는 민주주의를 가르치는 곳이므로 아동이 민주적인 태도를 익히도록 기성세대의 질서와 규범을 억지로 주입하거나 강요해서는 안 된다고 주장했다.

③ 진보주의 교육에 대한 비판적 관점

진보주의 교육의 영향으로 학생의 흥미 위주의 교육을 선택하고 자유에 따른 책임이 소홀해지면서, 학생들이 학습을 싫어하고 쉬운 내용만을 따라가려는 경향이 나타났다. 또한 성숙하지 않은 아동은 자신에게 무엇이 중요한지 모르고 아동의 흥미 또한 일시적이거나 자주 변화할 수 있음에도 불구하고, 아동에게 지나친 자유를 부여함으로써 수학능력의 퇴보, 산만한 수업, 미래에 대한 준비의 부족과 같은 문제점을 야기했다는 비판을 받았다. 심지어는 자기 이름을 쓰지 못하는 학생들이 늘어나는 등 학생들의 실력이 현저히 저하되자 진보주의 교육에 대한 비판과 문제점을 극복하기 위한 본질주의 교육이 주목을 받기 시작했다.

나. 본질주의(Essentialism) 교육(1930년대)

① 본질주의 교육이란

본질주의 교육에서는 흥미가 학습을 가능하게 하는 원동력이 된다는 점을 인정하면서도, 개인적인 경험보다는 집단적이고 문화적인 경험이 더 중요한 기초가 되어야 한다고 주장했다.

본질주의 교육은 인간문화와 사회전통 가운데 가장 본질적인 것, 다시 말해 인류가 축적한 문화유산 가운데 가장 근본적이고 영원하고 보편적인 지식을 후대에 전달하는 것을 목표로 한다. "현대문화가 전수받은 전통적 신념과 제도는 실재적인 진리이자 선한 것이다"라는 핵심 사상을 바탕으로, 컬럼비아대학교 사범대학 교수인 배글리(William C. Bagley)에 의해 체계화되었다.

본질주의 교육에서는 정선된 문화유산을 통해 인류의 경험을 다음 세대에 전달하고, 미래사회에서 맞닥뜨릴 위기와 문제를 돌파할 수 있도록 농축된 지식과 정신적 힘을 전하는 것이 '교육'이라는 입장에서, 개인적 경험보다는 민족적 경험의 전통적 교과과정을 중시한다. 또한 학생의 일시적인 흥미보다 노력을 강조하고, 학습의 훈련성, 교사의 주도성, 문화유산의 계승성, 교육내용의 조직성을 빠져서는 안될 교육의 핵심 요소로 보았다.

② 본질주의 교육의 원리

본질주의 교육은 훈련과 정신 수양을 중시한다. 진보주의 교육이 학생의 흥미 위주였던 것에 반해, 본질주의 교육은 학습의 흥미는 열심히 공부해 나가는 과정에서 생기는 것이므로 교육의 목표를 충실히 이루는 것이 더 중요하다고 보았다. 따라서 교육의 주도권을 학생이 아닌 교사가 행사하게 되었고, 진보주의 교육이 '경험한 것만이 교육'이라는 인식으로 경험위주의 교육을 펼친 것에 반해, 본질주의 교육은 인류의 경험과 사회적인 유산을 개인의 경험보다 더 중시하는 교육과정을 전개했다.

③ 본질주의 교육에 대한 비판적 관점

이러한 본질주의 교육도 사회과학을 경시하고, 교사의 주도권을 너무 강조했다는 면에서 비판을 받았다. 또한 본질주의 교육이 지닌 보수적 성격은 미래사회를 내다보거나 사회를 새롭게 개편하는 데 소극적인 자세를 취하는 문제점을 야기했다.

전통적인 지식과 근본적인 학문을 철저히 이수하는 것에만 급급하여 종교적 차원의 '영원한 진리'를 교육하는 것에는 미흡했다는 비판이 일어남에 따라 항존주의 교육이 주목을 받았다.

다. 항존주의(Perennialism) 교육(1930~1940년대)
① 항존주의 교육이란

1930년대에 진보주의 교육에 강력한 반기를 들고 등장한 항존주의 교육은, 절대적이고 불변하는 보편적인 진리와 가치를 추구한다.

항존주의 교육은 시공(時空)을 초월하여 항구적으로 불변하는 진리를 포함하고 있는 고전(古典)과의 대화를 통해, 인간 지성의 계발을 목표로 한다. 변하지 않는 영원한 가치를 중시하고 물질지상주의를 비판한 항존주의 교육은, 시대가 바뀌어도 변하지 않는 영원한 가치를 추구한다는 점에서 '영원주의'라고 불린다.

이때의 교육 흐름은 마치 우리가 이 시대의 인본주의 교육을 재검토하고 기독교적인 세계관으로의 본질을 추구하려고 하는 움직임과 유사하다. 그러나 필자가 현대 교육의 흐름을 정리하면서 느낀 것은, 변하지 않는 진리와 영원한 가치가 이미 존재하는데도 사람들은 저마다의 허상에 갇혀 나름대로 불변의 진리를 만들기 위해 온갖 노력을 다하고 있다는 점이다. 영원한 가치가 무엇인가를 고민하며 세웠다가 또다시 허무는 안타까운 노력들을 역사 속에 되풀이하고 있는 것이다.

항존주의 교육의 대표적인 이론가로는 미국의 허친스(R. M. Hutchins), 아들러(Mortimer J. Adler), 프랑스의 마리탱(Jacques Maritain) 등이 있다. 특히 허친스(R. M. Hutchins)는 "교육은 생활의 수준을 향상시키는 개념이 아니라, 인간의 도덕성과 지성, 영혼성에 중점을 두어야 한다"고 강조하면서 시공을 초월한 절대적 원리(the absolute principle) 교육을 주장했다. 그는 황금만능주의에 오염된 현대문명이 인간을 파멸로 치닫게 한다고 보고 탈세속주의와 반과학주의를 내세웠으며, 고전을 정독하게 하는 것이 지성을 완성시키는 방법이라는 주장 속에 시카고대학의 '위대한 책들'(Great Books) 프로그램을 체계화했다.

② 항존주의 교육의 원리

미국 UCLA의 교육철학 교수인 넬러(George F. Kneller)는 항존주의의 교육원리를 다음의 여섯 가지로 정리했다(강선보, 김정환, 2006).

첫째, 인간의 본성은 변하지 않으므로 교육의 본질 즉 교육목적도 모든 사람에게 동일해야 한다. 항존주의자들은 교육대상이 귀족이든 서민이든 똑같이 인격도야를 목적으로 교육이 이루어져야 한다고 주장한다.

둘째, 인간의 고유한 특징인 이성을 발달시키도록 교육의 초점을 맞춰야 한다. 이성에 비추어 자기를 수련하고 본능과 환경의 제약을 이겨내도록, 교육은 이성의 발달에 관심을 두어야 한다고 보았다.

셋째, 교육의 과업은 아동을 진리에 적응하게 하는 것이므로 현실세계나 사회가 아닌 영원불변의 진리에 적응시키는 것이 학습의 목적이다.

넷째, 교육은 이상적 삶에 대한 준비이다. 교육의 목적은 사회에서 출세하도록 준비하고 적응시키는 것이 아니라 사회 곳곳의 문제를 제대로 인식하여 더 이상적인 사회를 건설하도록 기여하는 인간을 키워내는 데 있다.

다섯째, 기본적인 교과를 철저히 이수하는 것이 중요한데, 특히 가장 중시되어야 할 기본적인 교과는 논리학, 수학, 문법, 수사학 등의 교양교육이다.

여섯째, 고전독서 교육은 매우 중요하다. 고전 속에는 시공을 초월하여 영원불변의 진리가 담겨 있으므로 문학, 철학, 역사, 과학 등의 고전을 읽어야 한다.

항존주의 교육은 특정의 종교적 견해와는 상관없이 '절대적 원리로 돌아갈 것'(return to the absolute principle)을 강조했다. 이같은 교육원리는 허친스처럼 무종교의 고전적인 세계를 중시하는 유파, 아들러처럼 개신교철학에 입각한 유파, 마리땡처럼 카톨릭철학에 입각한 유파에게서 모두 공통적으로 나타났다.

③ 항존주의 교육에 대한 비판적 관점

항존주의 교육은 지나치게 상대적인 것만을 강조한 나머지 방향성을 잃어버린 현대교육을 비판하고, 가치나 진리, 신앙적 차원에 호소하여 교육의 정신적 확실성을 추구했다는 점에 의의가 있다. 그러나 과학문명시대에 과학교육을 배격하는 성격을 띰에 따라 현실을 경시했다는 비판을 받았고, 위대한 수준의 지적교육은 자칫 절대다수의 평범한 학생들을 낙오자로 만들어 학교가 소수의 상류층을 위한 교육에만 편중할 수 있다는 우려를 낳았다. 이러한 교육적 비판과 문제점을 해결하기 위한 교육의 사조로 재건주의가 주목을 받았다.

라. 재건주의(Reconstructionism) 교육(1950년대)

① 재건주의 교육이란

재건주의 교육은 현대문명의 병폐를 진단하고, 위기에 처한 인류문화를 교육을 통해 재건해야 한다고 강조했다.

재건주의의 대표적인 인물인 브라멜드(T. Brameld)는 인류의 위기를 '한 문화 속에서 기본적인 제도나 습관, 태도, 생활방식 등이 통일되지 않고 균형이 깨지는 것'이라고 정의했다. 이러한 위기를 벗어나려면 하나의 교육철학을 고수하기보다 진보주의, 본질주의, 항존주의의 여러 장단점을 검토하고 절충하여 종합적인 차원에서 도출한 교육을 통해 사회를 개조해야 한다고 주장했다.

② 재건주의 교육의 원리

재건주의 교육의 목적은 사회개혁에 있다. 재건주의자들은 정치가 아닌 교육을 통해 사회의 근본적인 변화가 일어나야 한다고 주장했다.

재건주의 교육의 원리에 따르면, 사회와 항상 긴밀한 연관성을 가지기 때문에 개인과 사회의 양쪽 이익에 최대한 부합되는 사회적 자아실현(social self-realization)이 중요하다고 보았다. 이러한 입장에서 재건주의 교육은 사회를 효과적으로 개혁하기 위한 정보와 방법론을 다루는 사회과학을 강조했고, 학생들이 사회현실에 대한 적극적 참여의식을 갖게 하기 위해 교사가 물음을 던져 의문을 갖게 하는 교육방법을 중시했다. 정치·경제·사회 전반에 걸쳐 비판적 사고를 공유하고 집단토의를 통해 최선의 합의를 이끌어내는 기법을 권장했다.

전통적인 학교의 역할과는 달리 재건주의 교육에서는 학교를 정치·경제·사회의 변화를 주도하는 주요 기관으로 보았다. 따라서 미래를 변화시키는 시민을 양성하도록, 현대의 위기를 진단하고 사회적 문제들을 규명하여 해결할 수 있도록 지식과 자세를 학생들에게 제공하는 것에 비중을 두었다.

③ 재건주의 교육에 대한 비판적 관점

재건주의 교육은 현대사회의 문제점을 파악하고 진단하여 더 나은 미래 사회를 위한 교육의 기능을 극대화하고, 교육을 통해 이상적인 희망을 갖게 했다는 점에서는 긍정적인 평가를 받았다.

그러나 교육의 힘을 너무 과신했다는 비판을 면하지 못했다. 어떻게 교육만으로 사회 전반을 모두 재건할 수 있겠는가? 재건주의 교육은 미래사회를 어떤 기준으로 정의하고 개편할 것인가에 대한 객관적인 시각을 제시하지 못했다는 비판과 함께, 지나친 행동과학적 지식의 중시와 맹종에서 오는 한계점을 해결하지 못했다는 평가를 받았다.

위에서 살펴본 바와 같이 시대가 요구하는 '인간상'을 추구하는 교육의 형태들은 시대적 상황과 목표 및 가치에 따라 다양하게 변천되어 왔다.

이러한 교육의 사조에서 가장 중요하게 고려되어야 하는 것은 사실상 인간이 누구이며 어떻게 살아야 하고, 시대가 변하더라도 궁극적인 선(善)으로서의 가치를 추구하는 인간의 됨됨이 교육이 선행되었는가 하는 점이다. 선을 추구하는 인간, 즉 양심에 따라 분별하면서 세상을 조화롭게 만드는 인간의 노력들은 가장 옳은 가치로서 교육을 통해 인류에 지속적으로 전수되어야 한다. 따라서 자신의 인생을 책임지고 행복한 삶을 살도록 지원하는 성품교육은 모든 시대마다 추구해야 할 가장 중요한 가치가 된다. 이러한 맥락에서 필자는 수세기동안 인류에 가장 지대한 영향을 끼친 성경적 가치와 탈무드의 교육방법들을 기본 근저로 하여 '한국형 12성품교육'의 목표들을 정립하였다.

(2) 인본주의(humanism)와 가치명료화(values clarification)의 한계

가. 인본주의의 특징과 영향

중세시대에 철저했던 신 중심의 사상은 15세기 문예부흥운동, 곧 르네상

스(Renaissance)를 기점으로 근본적인 관심과 초점이 인간으로 이동했다. 이후 19세기 신의 죽음을 선언한 니체(Friedrich Nietzsche)의 비판으로부터 절대성과 객관성을 부정하는 현대로 접어들게 된다. 니체의 선언은 청교도 문화를 기반으로 한 미국의 근본 사상에 대한 도전으로, 서양 이성 체계의 근거인 형이상학의 정당성 자체를 부정하는 사건이었다.

인본주의란 인간의 가치를 주된 관심사로 삼는 사상으로(교육학용어사전, 1995), 인간의 자율적인 이성을 강조하고 이성을 통해 발견한 합리적이고 과학적인 사실을 진리로 받아들이는 입장을 통칭한다. 특히 고대의 그리스 사상이나 르네상스 문예운동, 근대 공교육의 출발, 현대 민주주의 사상 등이 이러한 인본주의를 기반으로 하여 발전해 왔다.

미국의 공교육은 이러한 인본주의에 입각하여 가치중립적인 형태로 운영되고 있다. 이를테면 미국 공교육의 시초는 1962년 청교도들이 매사추세츠 베이 콜로니(Massachusetts Bay colony)에 세운 학교들이라고 볼 수 있는데, 이 학교들은 당시 "perfecting of the saints"라는 이른바 성도를 온전하게 하기 위한 목적으로 건립되고 운영되었다(William Van Til, 1974). 그러나 이후의 공교육이 점차 제도화·구체화되면서 종교의 다양성이 강조되기 시작했고 1962년에는 뉴욕주의 엔젤사건(Engel V. Vitale)으로 학생들이 "전능하신 하나님, 우리와 부모님, 선생님과 우리나라를 축복해 주시기를 기원합니다."라고 날마다 수업 시작에 앞서 기도하는 것이 위헌이라고 판결함에 따라 학문으로서의 종교 교육을 제외한 종교적 가르침이 상당 부분 제한되었다.

인본주의 교육은, 인간을 위한 교육이자 인간이 중심이 되는 교육이기 때문에 인간을 절대적으로 긍정하고 최대한의 자율성을 강조한다. 또한 모든 것이 인간에게 상대적인 것이라고 간주하여 인간에게 실용적인 것들만 진리로 여기는 관점을 취한다(Rousas Jhon. Rushdoony, 2007).

미국 공교육에 지대한 영향을 미친 존 듀이(John Dewey, 1859~1952)는 창조주의 존재를 부정하고 인간의 이성을 절대시하는 인본주의자로 대표된다. 그는 경험과 변화를 유일한 실재로 보고 지식의 현실적 또는 사회적 유용성을 강조하는 실용주의(pragmatism)에 기반하여 교육철학과 이론들을 강조했다. 그는 자신의 실용주의 입장과 관련해 다음과 같이 언급했다.

기도를 들으시는 하나님에 대한 믿음은 증명될 수 없는 믿음이며 유행에 뒤떨어진 것이다. 하나님은 존재하지 않으며 영혼 또한 없다. 따라서 전통적인 종교도 필요 없다. 영원불멸의 진리 또한 죽은 것이다. 따라서 고정불변의 자연법이나 도덕적인 절대성이란 존재할 여지가 없다(Richard J. Edlin, 1998).

미들턴과 왈시(Richard Middleton & Brian J. Walsh)는 그의 저서『포스트모던 시대의 기독교 세계관』에서 이러한 듀이의 교육철학에 근거하여 살아가는 사람들을 "자신의 판단과 확신에 근거해 자기 운명을 스스로 만들어가는 사람"이라고 묘사했다. 이 사람들의 특징은 자신이 가장 강력한 구원자이고 그 외의 구원의 손길은 더 이상 필요하지 않으며 이들에게 필요한 것은 자신의 이성을 따르는 용기라고 설명했다.

나. 가치명료화란

존 듀이가 집대성한 실용주의는 가치문제에도 영향을 주었다. 실용주의에 의하면 진리는 경험의 과정에서 도출되기 때문에 언제든지 수정이 가능한 '상대적인 것'으로 간주된다. 따라서 보편적인 절대 진리를 거부하고 절대적인 선을 개념화하지 않으며, 가치 있는 것은 개인마다 다를 수 있다고 주장했다(강선보, 김정환, 2006).

존 듀이(John Dewey)는 선(善)이란 인간에게 만족을 주기 위한 수단이기 때문에 어떤 생각이나 행동이든 가치가 있다면 존중해야 한다고 강조하고, 각각의 문제들은 시대적으로 중요한 '새로운 진리'를 통해 해결되어야 한다고 보았다.

이러한 인본주의와 실용주의의 영향으로, 교육의 현장에서는 옳고 그름에 대한 절대적이고 보편적인 기준을 세우는 것이 무의미해졌다. 객관적인 기준보다 개인이 '선하다'고 생각하고 '좋다'고 느끼는 가치가 선택의 중요한 기준이 되었다. 학교에서의 가치교육 역시 문제에 대한 기준, 가령 지적 전통이나 종교적 윤리강령과 같은 표준으로서의 도덕적 기준이 무용해졌다.

가치명료화(values clarification)는 개인이 자기가 가진 가치를 말하면서 명료하게 가치를 확인하는 것을 강조하는 도덕교육 방법론으로서, 교사가 아이들에게 특정 가치나 덕목을 가르쳐서는 안 되며 교사의 역할은 학생들이 자유롭게 가치를 스스로 발견하도록 도와야 한다는 것이 핵심이다(이영숙, 2013). 즉 학생 내부에 초점을 두어 학생 스스로가 자신의 생각과 감정을 명료화해야 한다고 강조하면서, 교사는 도덕적 기준을 제시하기보다 학생이 문제에 대해 갖는 생각이나 느낌을 촉진하고 자신의 생각과 감정을 바탕으로 학생 스스로가 가치를 선택하도록 돕는 역할을 해야 한다고 주장한다.

다. 가치명료화에서의 가치판단

가치명료화에서의 가치판단은,

첫째, 자율성(autonomy)의 기준 : 선택하는 사람의 자율적인 선택이어야 함

둘째, 합리성(rationality)의 기준 : 선택은 다양한 대안 속에서 심사숙고한 결과이어야 함

셋째, 유용성(utility)의 기준 : 선택은 선택을 행한 사람에게 유의미하고, 행동으로 실천 가능해야 함

넷째, 일관성(consistency)의 기준 : 동일하거나 유사한 상황에 처했을 때, 계속적으로 동일하거나 유사한 선택을 할 수 있어야 함

의 네 가지 기준에 의해 정당화된다(정호범, 2008).

그러나 이러한 가치명료화에서의 가치판단은, 선택의 당사자인 개인의 자율성·합리성·유용성·일관성을 기준으로 정당화되기 때문에 일반적으로 옳고 바르다고 여기는 보편적 가치에 대한 고려는 제외되어 있다는 한계가 있다.

흔히 가치화과정은 "개인과 사회의 기본 가치를 이해하고 자발적으로 이를 지키며 행동하는" 1차 가치내재화의 과정과, "내재화된 기본 가치를 바탕으로 다양한 상황에서 가치를 정당화하고, 가치를 선택하는 훈련을 쌓음으로써 보편적 도덕원리를 체득하고 주체적 자아에 따라 행동하는" 2차 가

치내재화의 과정으로 분류된다. 이 때 개인의 자율성과 합리성 등의 기준에 따른 2차 가치내재화는 기본 가치를 '내 것'으로 만드는 1차 가치내재화를 전제로 하는 과정이므로, 가치교육은 가치화 과정의 모든 차원, 곧 가치의 내용을 다루는 1차 가치내재화와 가치의 형식을 다루는 2차 가치내재화를 모두 포함하는 교육이어야 한다(추정훈, 2005). 가치화과정의 어느 한 차원에만 치중했을 때의 부작용은 다음과 같다.

예를 들어 내용주의의 가치주입에만 몰두한다면 가치 갈등상황에서 상당한 혼란을 겪게 될 것이며 주체적인 판단을 내리기가 어렵게 된다. 반면에 기본 가치가 내재화되지 않은 상황에서 형식주의의 가치명료화만 주장한다면 가치를 판단하고 선택한다고 하면서 가치판단의 근거도 없이 판단하고 선택하는 모순에 빠지게 된다. 또한 반복 훈련을 통해서 보편적 원리에 대한 확신을 얻기보다는 상황논리에 빠져 이해관계와 개인적 감정의 범주를 벗어나지 못할 가능성이 크다. 기본 가치의 내재화를 배제한 가치교육은 윤리적 상대주의에 빠져 그 의미를 상실하게 될 수도 있을 것이다(추정훈, 2005).

라. 가치명료화의 다섯 가지 한계점

필 빈센트(Pill Vincent)는 가치명료화가 선악을 구분하는 기준보다 개인의 선호와 유익에 따른 가치를 강조하기 때문에 옳지 못한 가치를 옳다고 생각하게 만드는 함정이 있다고 주장하면서, 다음과 같이 가치명료화의 다섯 가지 문제점을 지적했다(Pill Vincent, 1999).

<u>첫째, 가치명료화는 상대주의를 깔고 있어 옳지 못한 가치도 옳다고 생각하게 만드는 함정이 있다.</u>

상대주의는 절대적으로 올바른 진리란 있을 수 없고 올바른 것은 그것을 정하는 기준에 의해 정해진다고 주장하기 때문에, 인식과 가치의 상대성을 인정하여 절대적인 가치의 기준을 거부한다. 테일러(Taylor, 1992)는 블룸(Bloom, 1987. 재인용)의 상대주의 설명을 인용하여 상대주의는 단순한 인식론적 입장, 곧 이성이 만든 한계에 대한 관점이 아니라 타인의 가치에 대한 도전을 반대하는 도덕적 입장이라고 설명했다. 즉 상대주의적 관점에서 전제하는 자신의 기준을 바탕으로 상황을 인식하고 해석하며 선택하는 일련의 인식 과정은, 타인에게 일어나는 동일한 인식의 과정에서 비롯된 선택까지도 정당화하는 근거가 된다는 것이다. 결과적으로 상대주의에서 올바른 선택의 기준은 '개인'의 만족이 되고, 각 개인이 자기만족에 의해 선택한 가치는 '그 나름'의 가치를 가지게 된다.

그러나 인간은 자기 이익을 추구하는 존재이기 때문에, 개인의 이익을 전체를 위한 도덕적 기준보다 우위에 두는 경향이 있다. 사회적 존재인 인간이 도덕적 결정을 내리기 위해서는 개인뿐만 아니라 타인과 사회 전체를 고려한 윤리적 척도가 필수적임에도 불구하고, 가치명료화는 선택의 결과에 대한 기준을 자기만족에 두어, 타인과 사회를 간과하고 개인이 사회적 존재라는 사실을 도외시하는 결과를 야기했다.

테일러(Taylor, 1992)는 도덕적 이상은 '더 나은' 혹은 '더 고상한' 삶의 모습을 지향하는 데 있다고 말하고, 이 '더 나은' 혹은 '더 고상한'이라는 가치의 기준은 우리가 바라거나 필요한 것이 아니라 우리가 바라야만 하는 바를 기준으로 정의해야 한다고 주장했다. 상대주의를 바탕으로 하는 가치명료화는 개인의 자율성과 합리성의 강조로 '도덕적 이상'의 부재라는 한계점을 갖는다.

단순히 어떤 것을 옳다고 느낀다고 해서 그것이 옳은 것이 되는 것은 아니다. 수많은 사람들이 "옳다"라고 생각하는 것은 그저 옳다고 느끼는 것일 뿐 도덕이나 지적 전통에 비추어 옳다고 볼 수 없는 것이 많다.

그럼에도 불구하고 가치명료화는 가치를 분별하고 선택하는 주체로서의 개인을 강조하기 때문에, 교사는 학생이 결정에 대해 충분한 정보를 갖고 있지 않아도 '자유로운 선택'을 위해 도움을 주는 지지자(supporter)로서의 역할을 할 뿐 '옳은 것'을 제시하거나 설명하는 등의 역할은 수행하지 않는다. 이러한 가치명료화 접근은 가치의 문제를 개인적 기호 혹은 판단에 맡김으로써, 개인이 속한 사회 혹은 집단에서 합의한 정직, 책임감 등의 '올바른 가치'를 도외시하는 결과를 가져왔다.

둘째, 가치명료화는 개인적·사회적·도덕적 발달보다는 동조(conformity)를 강조하는 경향이 있다.

존 스튜어트는 『피 델타 카판 Phi Delta Kappan』(1975)에서 가치명료화론을 비판하면서 가치명료화 접근방식에는 "약자들에 대한 강압"이 있다고 꼬집었다. 학생들이 극단적인 입장을 피하게 하는 일종의 압력이 있다는 것이다. 스튜어트는 가치명료화론자들이 제기하는 극단적인 대안 중에는 너무 구체적이고 감정이 실린 것들이 많아서 대중들이 올바른 대안으로 인정하지 못하는 경우가 많다고 지적했다.

상징물로 예를 들면, 순결을 중요시하는 A학생은 순결을 지키기 위해 데이트를 할 때마다 '흰 장갑'을 끼고 나가고, 성관계를 좋아하는 B학생은 데이트를 할 때마다 '침대 매트리스'를 등에 지고 나간다. 학생들이 이 두 가지 극단적인 대안 중 어느 하나를 선택할 가능성은 거의 없다. 선택의 기로에서 학생들은 주변의 친구들에게 무언의 압력을 받고 결국 중간 입장을 취하게 되는 것이다. 순결을 지키는 것이 지극히 윤리적이고 건전한 입장임에도 불구하고 그렇게 하면 극단을 선택하는 입장으로 몰리게 된다.

셋째, 가치명료화는 심사숙고한 후 가치를 선택할 것을 강조하는데, 결과를 "심사숙고"하는 기준에 문제가 있다.

만약 모든 사람이 종교적, 철학적 가르침과 같은 도덕적 사고가 이미 정립되어 있어, 선택의 기로에서 항상 건전하고 도덕적인 선택을 한다면 모두가 올바른 기준을 가진 것이므로 문제가 되지 않는다. 하지만 인간은 도덕적 사고를 타고나지 않았을 뿐더러 자신의 이익을 우선시하는 경향이 강하다. 바로 이 점에서 문제가 발생한다. 이를테면 모든 사람이 연봉 인상을 원하지만 이를 위해 다른 사람의 일을 방해할 수는 없다. 비윤리적이기 때문이다.

훌륭한 도덕적 결정에는 이러한 윤리적 척도가 필요한데, 가치명료화는 학생들에게 상황을 심사숙고하기 위해서는 자기 이익을 추구할 필요가 있다는 메시지를 전달한다. 학생들은 개인의 이익을 도덕적 기준보다 우선시하기 때문에, 시험 중에 부정행위를 해도 대부분 "걸리지만 않으면 된다"라고 말한다. 필 빈센트(Pill Vincent, 1999)는 다수와 사회의 필요를 위해 개인의 이익이 약간은 희생될 필요가 있는 우리 사회에서 이런 식의 가르침은 옳지 않다고 비판했다.

넷째, 가치명료화는 학생들이 자신의 견해에 대해 옳고 그름을 판단할 수 있는 척도가 없어도 무엇이 도덕적인지 논의하고 결정할 수 있다고 가정하고 있다.

모든 학생들에게는 각자의 가치가 있고, 다원주의 사회에서는 모든 가치가 동등하며 존중받아야 한다는 생각에서 이러한 가정이 나왔지만, 물론 말도 안 되는 소리이다. 기본적인 예의와 공손에 반하는 가치를 존중하고 인정해 줘야 할 필요가 있을까? 사회의 안녕이나 개선에 대한 고려가 부족한 생각을 받아들여야 할 필요가 있을까?

가치명료화에서는 모든 학생들이 가진 가치가 똑같이 중요하고 각각의 이점이 있다고 보기 때문에 교사들이 아무 것도 가르치거나 도와줄 수가 없다. 그러나 이때의 가치는 어디까지나 선호를 반영할 뿐 반드시 도덕적 기준에 부합하지는 않는다는 사실을 간과하고 있다.

다섯째, 가치명료화가 도덕적으로 견실하게 사고할 수 있는 능력을 키워준다는 연구 결과가 없다.

필 빈센트(Pill Vincent, 1999)는 어떤 이슈에 대해 개인이 어떻게 느끼는지 말하는 것만으로 그 사람이 도덕적인 사람이 되거나 좋은 사람이 되는 것은 아니라고 강조한다. 개인이 믿고 있는 것 혹은 개인이 느끼는 것을 말했을 뿐이지, 도덕적으로 더 이상의 훌륭한 결과를 도출해 내는 것은 아니라는 것이다.

일련의 가치들이 모두 동등하다고 믿고 모든 가치를 무작위로 받아들이는 경우의 위험성을 생각해 보자. 내용에 상관없이 내 가치가 상대방의 가치와 동등하게 여겨진다면, 이것이 과연 도덕적으로 옳은 것인가?

개개인이 가치를 '지니고 있느냐, 마느냐'는 문제의 핵심이 아니다. 모든 사람은 추구하는 나름의 가치가 있고, 문제의 핵심은 한 개인의 핵심 가치가 도덕적 행동 원칙에 '부합하느냐, 부합하지 않느냐'이다. 여기에는 철학적, 종교적 영향도 포함된다. 가치명료화는 정확하고 일관된 것인가, 혹은 도덕적으로 옳은가, 사리에 맞는 반응인가가 아니라 토론과 대중의 지지를 강조한다는 데 문제가 있다.

(3) 실존주의(existentialism)와 상황윤리의 한계

가. 실존주의의 특징과 영향

실존주의(existentialism)는 인간의 존재와 주체적 행위의 중요성을 강조한 철학으로, 19세기와 20세기에 벌어진 1,2차 세계대전의 역사적 비극 속에 등장했다. 합리주의적 관념론과 실증주의를 정면으로 비판하고, 현대문명의 비인간화와 인간 주체성의 말살, 산업사회에서 조직화로 야기된 인간 소외에 대한 항변으로 시작되었다.

실존주의의 대표주자인 사르트르(Jean Paul Sartre, 1905~1980)는, "실존이 본질에 앞선다"는 명제로 당시 교육철학에 새로운 화두를 던졌다. 그의 주장에 의하면 모든 인간은 실현된 것이 전혀 없는 상태로 세상에 던져지고, 따라서 사실상 처음에는 아무 것도 아닌 무(無)의 상태로 태어난다. 이때 자신을 인간의 자유를 사용해 '자기 자신'으로 만드는 것이 바로 '본질'이고, 이러한 관점에서 실존은 본질에 앞선다고 주장했다.

실존주의는 사람이 신에 의해 창조된 피조물이라든지 사람이 죽은 후에 발생하는 여러 문제들은 관심 밖의 일로 여겼다. 현실에서 일어나는 문제들에 대해서만 초점을 맞추었기 때문에 보편적인 도덕이나 일반화를 거부하고, 구체적인 상황 속 개별적인 인간의 행동에만 관심을 두었다.

나. 상황윤리란

20세기 초에 대두된 상황윤리는 실존주의자들에 의해 시작되어, 당시 사상적 조류인 실용주의(pragmatism), 상대주의(relativism), 실증주의(positivism), 인격주의(personalism)의 영향을 받았다(고재식. 2005).

상황윤리란 보편적인 윤리 규범을 부정하면서 개인이 구체적인 상황 속에서 자신의 윤리적 당위에 따라 이로운 것을 선(善)이라고 믿는 윤리 학설로, '의무' 혹은 '당위'를 도덕실천의 근거로 삼는 의무론적 방법론의 한계에 대한 비판에서 등장했다. 곧 실제로 당면하는 문제 상황의 가변성을 고려하지 않고 철저한 규범준수를 주장함으로써 구체적 상황에서는 규범적용이 어렵다는 한계에 대한 비판으로 시작되었다. 상황윤리학자들은 각 상황의 특수성을 중시하기 때문에 규범보다는 상황에 처한 행위자의 창의적 반응을 강조하며, 특수한 각각의 상황에서 이성적 판단을 기준으로 행동해야 한다는 데 공통적인 견해를 나타낸다.

다. 상황윤리의 한계점

차일드레스(Childress, 1986)는 상황윤리에 대해 다음의 여섯 가지 한계점을 지적했다. 첫째, 상황윤리학자들의 계율주의에 대한 지나친 반발은 오히려 도덕적 규범의 긍정적 기능을 일방적으로 무시하는 오류를 범했다. 둘째, 만약 상황윤리에서 주장하듯 원칙이나 규범의 계몽적(illuminative) 성격만을 가지고 지시적인(prescriptive) 역할을 수행하지 못한다면, 상황 속에서 행위자가 믿어야 할 기준이 사라지게 된다. 셋째, 상황윤리는 인간의 이기심을 간과하고 인간의 직관적 능력이나 통찰력과 같은 능력을 전제로 한다. 넷째, 상황윤리학자들이 주장하는 '상황' 자체에 대한 해석이 매우 미비하다. 다섯째, 실생활에서의 행동들은 보편적인 유사성을 가지게 되는데 상황윤리학자들은 이점을 간과했다. 여섯째, 기독교 전통이 상황을 해석하고 규범을 적용하는 데 필요한 자료들을 이미 가지고 있다는 사실을 간과했다.

더불어 상황윤리에서 고려해야 할 사항은 차일드레스(Childress)가 평가한 여섯 가지 문제점 외에 두 가지가 더 있다.

첫째, 상황윤리학자들이 제시하는 상황들은 특히 협소하고 특수한 경우인 경우가 많다. 이는 광범위한 사회적 상황과 완전히 분리된 극한적 상황에서의 예외적 행동을 성급하게 일반화하는 오류를 범할 경우, 행위자의 사회적 책임을 도외시하게 될 수 있다. 둘째, 상황윤리에서는 상황 그 자체의 의미와 중요성에 매몰되어 행위자의 결단보다는 상황에 '의해' 행위자의 행동이 결정되는 것처럼 오도할 위험이 있다.

이처럼 상황윤리는 가치판단의 기준이 개인에게 있다는 점에서 근본적인 한계를 지닌다. 가치판단의 기준이 개인에게 있다는 말은 옳고 그름에 대한 절대적 기준에 근거한 가치판단이 아니라 각각의 개인이 가진 잣대에 비추어 상황을 이해하고 판단하며 행동을 선택하는 것을 전제하기 때문에, 이때의 개인 간의 차이는 '틀림'이 아니라 '다름'의 문제가 된다.

상황에 처한 개인의 필요와 욕구에 따라 행동을 선택하는 접근은 결과적으로 판단과 선택의 기반이 되어야 하는 가치문제를 도외시하는 결과를 가져왔다.

이와 달리 한국형 12성품교육은 "교육은 개인이 '올바른' 기준을 내재화하고 그 기준을 외현화하는 과정"이어야 한다는 관점을 분명히 하고, '올바름'의 기준이 되는 2가지 기본 덕목과 12가지 주제성품을 교육의 내용으로 전개한다.

(4) 인지적 도덕발달 이론의 한계

가. 인지적 도덕발달 이론의 특징

로렌스 콜버그(Lawrence Kohlberg)의 인지적 도덕발달 이론은 도덕성 계발에 일련의 단계가 있다고 보고 단계별로 수준이 다른 도덕적 추론 능력을 발휘하기 때문에, 단계가 높을수록 도덕적 상황 앞에서 더 좋은 행동을 하게 될 것이라고 주장하는 이론이다(Pill Vincent, 1999).

콜버그는 피아제(Jean Piaget)의 인지발달 이론에 기초하여 개인의 인지적 발달에 따른 도덕성 발달을 3수준 6단계로 구분했다.

제 1수준은 인습 이전 수준(pre-conventional level)으로, 행동의 결과로 주어지는 상과 벌을 기준으로 하여 선택을 하게 되는 1단계—벌과 복종의 단계(obedience and punishment orientation)와, 수단적·도구적인 목적에 입각한 선택을 하는 2단계—도구적 목적과 교환의 단계(self-interest orientation)로 나뉜다.

제 2수준은 인습수준(conventional level)으로, 관계에 근거한 선택을 하는 3단계—개인 간의 상응적 기대·관계·동조의 단계(interpersonal accord and conformity)와, 사회적 규범과 규율의 준수에 따른 양심의 보존에 근거해 행동을 선택하는 4단계—사회체제와 양심보존의 단계(authority and social-order maintaining orientation)로 구분된다.

제 3수준은 인습 이후 수준(post-conventional level)으로, 권리·사회적 계약·유용성과 같은 의무 혹은 상호필요에 근거해 행동을 선택하는 5단계—권리 우선과 사회계약 혹은 유용성의 단계(social contract orientation)와, 인류 보편적 가치와 원리에 근거해 선택하는 6단계—보편 윤리적 원리의 단계(universal ethical principles)로 구분된다.

나. 인지적 도덕발달 이론의 한계점

1990년대에 들어서면서 급속한 사회변화에 따라 사회와 학교에서 문제시되는 살인·폭력·약물과 같은 사회적 문제, 예의와 공손(civility)의 부족과 같은 문제에 인지적 도덕발달 이론이 개인의 도덕적 성품의 조형이나 생활지도에 크게 기여하지 못했다는 인식이 강해졌다(Lickona et al, 2002).

콜버그의 인지적 도덕발달 이론에 의하면 사실상 인지 발달에 따라 행동을 선택하는 기준이 단계별로 달라지므로, 더 높은 수준의 행동을 선택하도록 기준을 가지기 위해서는 인지발달이 선행되어야 한다. 또한 높은 수준의 도덕발달 단계에 위치할수록 도덕적 문제에서 더 성숙한 선택과 행동을 한다고 전제하기 때문에, 무엇보다도 개인의 도덕적 추론(moral reasoning) 능력을 촉진하는 데 초점을 맞춘다. 그러나 이점은 결과적으로 콜버그의 인지적 도덕발달 이론이 인성교육보다는 인지를 발달시키는 것에 더 치중하게 만들었다는 평가를 받게 했다.

필자도 지난 9년 간 한국에서 성품교육을 실천해 오면서, 콜버그의 인지적 도덕발달 이론이 인성교육에는 적합하지 않음을 확인했다. 콜버그의 이론에 의하면 1단계인 0~3세의 아이들은 자기중심적인 특성이 있기 때문에 도덕적 행동을 기대하기 어렵다. 그러나 한국형 12성품교육으로 0~3세 아이들에게 좋은 성품의 정의를 가르치고 태도와 법칙들을 알려주었을 때, 인지 발달이 일정 수준 이상 이루어지지 않은 아이들임에도 불구하고 이타적 행동의 좋은 태도들이 나타난 것을 확인할 수 있었다. 한국형 12성품교육의 결과로 지난 9년간 검토된 많은 사례들이 콜버그가 주장한 인지적 도덕발달 이론의 한계점을 증명해 주었다.

(5) 포스트모더니즘(post-modernism)과 기독교 세계관

가. 포스트모더니즘이란

포스트모더니즘(post-modernism)은 모더니즘의 권위주의와 합리적 이성에 대한 지나친 믿음에 대한 비판에서 시작되었다. 제2차 세계대전 후에 일어난 유태인 대량학살, 히로시마 원폭투하, 핵전쟁 우려 등의 '인간성'을 위협하는 현상들을 시작으로 '합리적 이성'에 근거한 기성의 관점과 문화에 대한 회의로부터 '포스트모더니즘'의 다양한 움직임이 일어났다. 기성의 관점과 문화에 대한 반항과 도전에서 시작된 포스트모더니즘은 회의주의와 비관주의를 바탕으로 한다.

포스트모더니즘은 단일의 운동이나 경향이기보다 20세기 중엽부터 나타나기 시작한 다양한 현상들에 대한 포괄적 명칭으로, "모더니즘이 지향하는 지식과 인식의 절대적인 기초가 존재한다는 정초주의(foundationalism)의 입장을 비판하고 궁극적, 초월적, 절대적 인식은 정당성이 없다"고 주장한다(정석환, 2008).

포스트모더니즘에 대해서는 모두가 동의하는 한 가지 정의는 없지만, 일반적인 특징은 다음의 네 가지로 설명할 수 있다(강선보, 김정환, 2006). 첫째, 반정초주의(anti-foundationalism)의 입장에서 절대적이고 보편적인 진리의 존재를 부정한다. 둘째, 다원주의(pluralism)를 표방하여 다양한 사회 안에서 특정한 문화와 필요에 따라 만들어지는 다양한 가치들을 모두 인정한다. 셋째, 반권위주의(anti-authoritarianism)를 강조하고 부모나 교사에 의한 일방적인 도덕적 지식의 전수를 거부한다. 넷째, 연대의식(solidarity)을 표방하며 화합과 협력, 공동체, 존중의 정신을 주장한다.

이처럼 포스트모더니즘은 특정한 원리와 이론에 근거하여 획일적으로 사고하도록 규정하는 모든 사고방식을 비판하고, 반정초주의, 다원주의, 반권위주의, 연대의식을 강조한다. 그 결과 현대사회는 "진리에 의해 지배되지 않는 사회", "수많은 담론이 나름의 정당성을 인정받는 사회"로서의 거대한 확장성과 연결성을 가지게 됐다.

나. 포스트모더니즘의 한계점

1960년대에 건축분야에서 시작된 포스트모더니즘은 예술분야를 비롯해 사회과학과 자연과학의 전 영역에 지대한 영향을 끼쳤다. 그린(Greene, 1998)은 이러한 포스트모더니즘이 현대 교육에 가져온 결과들을 언급하면서, 포스트모더니즘은 우리가 생각하는 것 이상으로 훨씬 더 많은 영향력을 공교육에 행사하고 있다고 주장했다. 포스트모더니즘이 가장 활성화된 곳은 사실상 대학인데, 대학은 교육계획안을 작성하는 교사들을 양성하는 기관이자 학교위원회나 국가기관에서 교육정책을 수립하는 관료들에게 가장 강력한 영향을 주는 기관이라는 것이다.

그린(Greene, 1998)은 포스트모더니즘이 오늘날 교육에 끼친 영향에 대해 다음과 같이 다섯 가지 항목을 들어 비판했다.

첫째, 포스트모더니즘은 실재를 규명하는 모든 세계관을 부정함으로써 절대적인 진리와 참된 선을 도외시하는 결과를 가져왔다. 둘째, 과거의 '진, 선, 미'를 추구하던 교육의 목적을 바꾸어 '무엇이 일어나고 있는가?'와 같은 감각적이고 일시적이며 쾌락적인 의미에 치중하게 만들었다. 셋째, 독립적인 자아의 의미나 개인의 자율적인 정체성을 부정함으로써 학생의 본성에 대한 견해를 바꾸었다. 넷째, 과거 또는 현재에 대한 타당한 설명으로서의 진리를 거부함으로써, 과학, 역사, 사회 교과에 부정적인 영향을 끼쳤다. 다섯째, 도덕적 기준이나 절대적인 원리가 사라짐으로 인해 모든 도덕성을 똑같이 인정하는 도덕적 상대주의를 초래했다.

포스트모더니즘은 모더니즘에 대한 비판으로 등장했지만, 절대 진리와

신의 존재를 부정하고 인간의 자율성을 강조하는 모더니즘의 인본주의적 바탕을 피하지는 않았다. 결과적으로 또 하나의 거대한 인본주의적 경향으로 발전하여, 오늘날 정치, 경제, 문화, 철학, 신학과 같은 사회의 모든 영역 속에 깊숙이 스며들었다.

다. 기독교 세계관이란

포스트모더니즘은 "모든 진리는 상대적이며 절대적인 진리는 없다"고 주장한다. 하워드 스나이더(Howard A. Snyder)는 이러한 포스트모더니즘의 흐름에 대해 "이제 현대 사회는 동의할 수 있는 세계관이 더 이상 존재하지 않기 때문에 세계관의 종말로 봐야 한다"고 비판했다.

세계관이란(world view) 단어는 독일의 'Weltanschauung'를 번역한 것으로 세계를 보는 방식이란 뜻이다. 독일의 낭만주의는 '문화'를 철학, 예술, 문학, 사회제도 등 삶의 전반적인 조망이나 시대정신의 의미로 이해하고 '그 시대의 복합적인 총체'라는 사상으로 발전시켜 왔다.

문화는 역사의 흐름에 따라 변화되는 특징이 있기 때문에, 세계관이라는 단어는 근본적으로 상대주의(relativism)를 내포한다. 그러나 이 단어가 후에 화란의 신 칼뱅주의 사상가들인 아브라함 카이퍼(Abraham Kuyper)와 헤르만 도예베르트(Herman Dooyeweerd)에 의해 기독교에 소개되면서, 기독교 세계관이라는 입장에 이목이 집중되었다. 그들은 "기독교인들은 자신이 직면한 시대의 정신에 맞서려면 그만큼 포괄적인 성경적 세계관, 즉 독특한 기독교 문화를 형성할 수 있는 인생관을 개발해야 한다."고 주장했다. 또한 이러한 기독교 세계관은 특정한 문화의 상대적인 신념에 불과한 것이 아니라, 어느 시대나 장소에서도 타당한 창조주의 말씀에 근거한 것이어야 한다는 핵심 조건을 강조했다.

성경을 근거로 하여 세상을 지각하고 사고하고 분별하게 하는 '기독교 세계관'은 포스트모더니즘의 애매하고 모호한 시대적 상황 가운데에서도 인생에 대한 방향성을 제시하는 절대적인 기준으로 작용한다. 기독교 세계관이란 "하나님의 계시를 중심으로 한 진리에 대한 반성으로, 심오해진 '체계화된 진리'"(Robert D. Knudsen, 1998)이며, 세상의 궁극적인 실재를 창조주로 보고 창조주의 관점에서 나와 세계를 바라보고 이해하는 것이다. 기독교 세계관은 개인의 소명(calling)과 세상에 대한 책임(responsibility)을 일깨우며, 세상을 이해하는 것에서 나아가 세상을 어떻게 변화시켜야 하는지를 깨닫고, 그 방향에 맞게 행동하도록 삶을 인도하는 긍정적인 기능을 한다.

라. 창조론적 관점으로 본 성품교육

인간의 활동에는 종교적 중립이란 있을 수 없으므로, 교육은 교육목적과 과정을 결정하는 사람들이 가진 신념과 세계관, 종교적 관점에 의해 결정된다(Richard J. Edlin, 1998).

진 에드워드 비스(G. E. Veith, 1994)는 이러한 기독교 세계관을 정립하기 위해서는 도덕과 진리의 터를 세우는 과정이 필요하다고 강조했다. 이때의 진리란 "인간의 이성에 대한 지식이 아니라 경건의 신비인 예수 그리스도를 아는 지식을 강화하는 것"을 의미한다. 한국형 12성품교육은 창조주를 절대 진리로 하는 기독교 세계관을 바탕으로, 교육이란 "창조주를 경외하도록 원리와 원칙을 가르치는 것"이라고 상정한다.

토마스그룹(Thomas H. Groome)이 기독교 세계관에 입각하여 신앙이라는 개념을 인지(believing), 정서(trusting), 행동적(doing) 차원의 세 가지 요소로 정의한 것과 마찬가지로, 한국형 12성품교육은 성품을 "한 사람의 생각, 감정, 행동의 표현"(이영숙, 2005)으로 정의하고 포스트모더니즘의 시대정신이나 인본주의 철학 속에 있는 부모와 교사도 이해할 수 있는 언어를 사용하여 창조론적 원리와 원칙에 맞는 프로그램을 평생교육과정으로 고안했다. 결과적으로 한국형 12성품교육은 사람의 생각, 감정, 행동을 변화시켜 창조주의 성품과 형상을 회복하게 하는 것을 교육의 목표로 삼는다.

(6) 긍정심리학과 한국형 12성품교육의 비교

가. 긍정심리학이란

긍정심리학은 개인의 강점과 미덕 등 긍정적 심리에 초점을 맞춘 심리학의 새로운 연구 동향으로, 미국 펜실베이니아대 심리학부 교수인 마틴 셀리그만(Martin Seligman)에 의해 창시되었다. 이는 기존 심리학이 정신질환 치료와 같은 형태로 삶을 불행하게 하는 심리 상태를 완화하는 데에만 치중되어 정작 삶의 긍정적인 가치를 돌아보지 못했다는 반성에서 시작되었다(강준만, 2007).

이러한 긍정심리학에서는 인간의 긍정적인 측면을 연구하기 위해 이른바 '세 개의 기둥'이라고 불리는 세 가지 연구주제에 초점을 맞춘다. 첫째,

긍정적인 정서에 대한 연구이다. 인간이 주관적으로 경험하는 다양한 긍정적 심리상태, 즉 행복감, 안락감, 만족감, 사랑, 친밀감 등과 같은 긍정 정서와 자신과 미래에 대한 낙관적 생각, 희망, 열정, 활기, 확신 등을 포함하여, 긍정적인 정서의 구성요소, 유발요인, 삶에 미치는 효과, 증진 방법 등에 대해 연구한다.

둘째, 긍정적인 특성에 대한 연구이다. 개인의 긍정적인 성격특성과 강점을 연구하는데, 이때의 긍정 특질이란 일시적인 심리상태가 아니라 개인이 지속적으로 나타내는 긍정적인 행동양식, 탁월한 성품이나 덕목을 의미한다. 긍정심리학자들이 관심을 갖는 긍정 특질로는 창의성, 지혜, 끈기, 진실성, 겸손, 용기, 열정, 리더십, 낙관성, 유머, 영성 등이 있다.

셋째, 긍정적인 제도에 대한 연구이다. 미덕을 장려하고 그것이 다시 긍정적인 정서의 밑거름이 되게 하는 것은 민주주의 사회, 유대감 깊은 가족, 자유로운 연구에서 기인한다. 자신감, 희망, 신뢰감 등과 같은 긍정적인 정서는 삶이 편안할 때가 아니라 시련이 닥칠 때 큰 힘을 발휘하므로, 삶이 힘들 때 민주주의, 유대감 깊은 가족, 자유로운 언론과 같은 긍정적인 제도를 이해하고 구축해 나가는 것이 매우 중요하다(권석만, 2009: Martin Seligman, 2009).

이처럼 긍정심리학은 긍정적인 정서, 긍정적인 특성, 긍정적인 제도의 세 가지 주제에 대한 연구를 통해 좋은 삶을 이해하고, 그런 삶이 무엇인지 머릿속으로 그려볼 수 있는 전체적인 도식을 찾을 수 있다고 말한다(Christopher Peterson, 2010). 그 이유는 긍정심리학이 행복에 영향을 미치는 요인에 대한 연구뿐만 아니라 행복을 증진시킬 수 있는 방법과 그 실행에도 관심을 지니기 때문이다. 긍정심리학은 학술적 연구를 삶에 실천적으로 적용해 보는 경험을 연결하여 평범한 사람들이 삶 속에서 행복을 증진하는 것을 추구한다.

나. 긍정심리학에서 제시하는 행복한 삶의 조건

긍정심리학자들은 행복을 추상적인 개념으로 정의하기보다 실증적인 연구를 할 수 있도록 구체적인 방식으로 정의하고자 노력한다. 그동안 수많은 철학자들이 추구했던 행복에 대한 정의를 바탕으로, 행복을 주관적 안녕과 삶의 만족도, 삶의 질과 같은 용어를 사용하여 측정할 수 있는 척도를 개발하고, 서로의 관계를 연구함으로써 행복한 삶에 대한 요소와 행복한 삶을 살아가는 방법을 탐구한다.

긍정심리학은 행복을 연구하면서 행복한 삶에 대한 조건을 다음의 세 가지 측면으로 설명했다.

첫째, 즐거운 삶(pleasant life)이다. 즉 과거, 현재, 미래에 대해 긍정적인 감정을 느끼며 살아가는 삶을 의미한다. 과거의 삶에 대해 수용과 감사함으로 만족감과 흡족함을 느끼고, 현재의 삶 속에서는 '지금 이 순간'의 체험에 대한 적극적 참여와 몰입을 통해 유쾌함과 즐거움을 경험하며, 미래의 삶에 대해서는 도전의식과 낙관적 기대를 통해 희망과 기대감을 느끼며 살아가는 삶을 말한다. 즐거운 삶은 긍정 정서를 최대화하고 부정 정서를 최소화하는 삶으로서 행복에 대한 쾌락주의적 입장을 반영한 것이라고 볼 수 있다. 긍정심리학은 행복을 주관적 안녕, 삶의 만족, 긍정 정서의 증가와 부정 정서의 감소라는 관점에서 정의하고 연구한다.

둘째, 적극적인 삶(engaged life)이다. 매일의 삶에서 자신이 추구하는 활동에 열정적으로 참여하고 몰입함으로써 자신의 성격적 강점과 잠재력을 최대한 발휘하여 자기실현을 이루어가는 삶을 말한다. 마틴 셀리그만(Martin Seligman, 2002)은 사람마다 나름대로의 다양한 감정과 재능을 지니고 있는데, 이러한 강점들 중에서 개인의 독특성을 가장 잘 보여주는 것들을 대표 강점(signature strengths)이라고 지칭하고, 진정한 행복(authentic happiness)은 이러한 대표 강점을 찾아내어 일, 사랑, 자녀양육, 여가활동과 같은 일상생활에 잘 활용하는 가운데 발견되는 것이라고 주장한다. 대표 강점을 활용할 수 있을 때 활기와 열정을 느끼게 되며 '진정한 자기'가 표현되고 있다는 느낌을 갖게 된다는 것이다. 긍정심리학은 인간의 삶을 행복하고 풍요롭게 만드는 긍정적 성품과 강점을 이해하고 함양하는 일에 깊은 관심을 지닌다.

셋째, 의미 있는 삶(meaningful life)이다. 우리의 삶과 행위로부터 소중한 의미를 발견하고 부여할 수 있는 삶을 말한다. 즐거움 속에서 열정적인 삶을 영위했지만 의미를 발견할 수 없는 경우에는 진정한 행복감을 느끼기 어렵다. 삶의 의미는 자신보다 더 큰 것과의 관계 속에서 발견될 수 있는데, 자신만을 위한 이기적인 삶보다는 자신보다 더 커다란 어떤 것을 위해 공헌하고 있다는 인식으로부터 도출될 수 있다. 의미 있는 삶은 가족, 직장, 지역사회, 국가 또는 신을 위해 봉사하고 공헌함으로써 자신의 존재가치를 느낄 수 있을 때 가능하다. 인간은 사회적 맥락 속에서 살아가는 존재이기 때문에 이기적인 행복 추구만으로는 진정한 행복을 얻을 수 없다. 긍정심리학은 개인은 타인과 사회를 위해 봉사하고 기여할 때 더 큰 행복을 경험할 수 있을 뿐만 아니라 사회적 환경의 개선을 통해 자신의 행복이 증진될 수 있음을 강조한다.

다. 한국형 12성품교육과 긍정심리학의 비교

한국형 12성품교육이 추구하는 이상과 같은 맥락으로 긍정심리학의 궁극적 목표도 인간의 행복을 추구하는 것이다. 긍정심리학은 인간의 긍정적인 측면을 개발하여 모든 사람들이 좀 더 행복한 삶을 살도록 돕는 심리학자들의 사명을 회복하기 위해 시작된 학문으로, 긍정심리학자들은 행복을 과학적으로 연구하기 위해 행복의 요소와 행복을 유지하는 방법을 학문적 이론과 함께 실험적인 검증 작업으로 진행한다. 특히 긍정심리학자들은 인간의 긍정적인 측면을 발견해 내기 위해 인간의 성격 강점과 좋은 성격을 연구하여 성격 강점 분류체계를 개발했고, 현재까지 연구된 성격 강점 분류체계는 여섯 가지 기본 덕목 아래 24개의 성격 강점으로 분류된다.

이러한 긍정심리학의 특성과 한국형 12성품교육과의 공통점을 살펴보면 다음과 같다.

첫째, 두 학문 모두 행복과 관련이 있다. 한국형 12성품교육은 사람의 생각, 감정, 행동을 변화시켜 그를 행복하게 하는 교육학이며(이영숙, 2011), 긍정심리학은 행복을 과학적으로 연구하는 심리학이다.

둘째, 중요시 여기는 덕목과 강점이 있다. 한국형 12성품교육은 공감인지능력과 분별력이라는 2가지 기본 덕목 아래 12가지 주제성품을 강조하고, 긍정심리학은 여섯 가지 덕목과 24개의 성격 강점을 강조한다.

셋째, 삶 속에서의 실천을 강조한다. 한국형 12성품교육은 인지적 측면, 감정적 측면, 행동적 측면의 변화를 추구하여 성품에 대한 인지변화와 함께 행동의 변화를 추구한다. 긍정심리학은 연구를 통해 얻어진 결과를 연습활동으로 제공하며 실제로 시도해 보고 바꿔보도록 제안한다.

넷째, 평생에 걸친 프로그램이다. 한국형 12성품교육은 태아, 영유아, 유아, 초등, 청소년, 청년, 부모, 직장인, 노인에 이르기까지 평생교육과정으로 전개된다. 연령에 따라 정신적·심리적·행동적 특성이 다름에서 오는 교육적 과업들을 중시하고, 대상에 따라 교육에 적합한 방법들이 다른 점을 고려하여, 동일한 주제성품을 각각의 연령별 특성에 맞게 제공한다. 긍정심리학은 탄생에서 죽음까지 일어나는 모든 사건과 경험에 있어 좋은 삶이 무엇인지 연구하는 학문으로 인간의 전 생애를 대상으로 연구한다.

이처럼 한국형 12성품교육과 긍정심리학은 공통점을 가지고 있다. 한국형 12성품교육은 교육학적인 관점에서 인간이 행복한 삶을 살 수 있도록 방법을 제시하고, 긍정심리학은 심리학적 관점에서 행복한 삶을 살기 위한 요소와 방법을 제시함으로써 일반인들에게 행복한 삶을 살도록 안내한다.

라. 한국형 12성품교육과 긍정심리학의 대조

한국형 12성품교육과 긍정심리학은 아래와 같은 차이점이 있다.

첫째, 행복에 대한 관점이 다르다. 한국형 12성품교육은 '사람의 생각, 감정, 행동을 변화시켜 그를 행복하게 하는 것'(이영숙, 2011)을 교육의 목적으로 삼는다. 하지만 여기서 말하는 행복은 긍정심리학에서 말하는 삶의 만족도, 삶의 질, 주관적인 안녕이 아니라 성경에서 제시된 수직과 수평의 관계회복을 말한다. 회복이란 'recovery' 혹은 'get back'을 의미하며, 진정한 행복은 자신의 본질로 'get back'할 때 이루어지는 것으로, 이는 근본적 관계회복을 통한 '참 가치', '참 자기다움'의 발견을 의미한다(이영숙, 2011: 이영숙, 2013). 한국형 12성품교육은 성경에서 제시된 수직 관계의 회복을 기점으로 하여 부모와 자녀와의 관계, 이웃과 이웃과의 관계를 회복하고, 보다 폭넓은 관계들을 통해 행복을 추구하는 것을 목적으로 한다.

반면 긍정심리학에서는 인간 중심적인 행복을 말한다. 크리스토퍼 피터슨(Christopher Peterson, 2010)은 그의 저서『긍정심리학 프라이머(A Primer in Positive Psychology)』에서 긍정심리학과 인본주의 심리학, 그리고 실존주의 철학에 대해 비교했다. 긍정심리학은 20세기에 주를 이룬 심리분석이나 행동주의에서 강조한 인간의 본질과는 다르다고 주장했으나 원론적 의미에서는 어쩔 수 없이 인본주의 심리학과 친척관계임을 밝혔다(Christopher Peterson, 2010). 그는 "긍정심리학과 인본주의 심리학은 가까운 친척관계이다"라고 말하면서 개인의 중요성을 강조하는 것, 인간의 의식적인 경험을 중시하고 개인이 가진 복잡한 체계를 개인 속에 내재된 변화능력으로 해결할 수 있다고 보는 것, 인간 활동의 자기조절적 속성 등이 인본주의 심리학과 실존주의 철학의 공통된 요소라고 보았다(Urban, 1983). 긍정심리학은 철학적 근거 위에 과학적 증명으로 인간의 행복을 추구하는 노력을 할 뿐이다.

둘째, 덕목과 강점, 성품을 강조하지만, 한국형 12성품교육과 긍정심리학의 근원은 다르다. 긍정심리학에서 개발한 성격 강점 분류 체계는 심리학 뿐 아니라 정신병 치료법, 청소년 발달, 성격교육, 종교, 철학, 조직 연구에서 좋은 성격을 다루는 관련 연구를 바탕으로 개발되었다. 긍정심리학의 탐구 대상은 철저히 인간중심으로, 인본주의 심리학과 달리 인간에게 좋은 삶과 그렇지 못한 삶이 실제 생활에서 일어날 수 있다는 것을 인정하기는 하지만, 개인의 존엄성과 사적인 자유, 경험과 자기이해의 성장의 중요성, 인간복지와 타인에 대한 도움에 관한 관심을 강조하는 부분에 있어서는 인본주의 심리학과 매우 흡사하다(고영복, 2000). 또한 긍정심리학에서는 종교를 인정하지만 종교를 행복의 요소 중의 하나로 보기 때문에, 이러한 부분은 신이나 자연이 숭배의 대상이 아니라 오직 인간성만이 존귀하다고 믿는 인본주의 사상(교육학용어사전, 1995)에 뿌리를 두고 있음을 알 수 있다.

반면 한국형 12성품교육의 2가지 기본 덕목과 12가지 주제성품은 정초주의 인식관을 바탕으로 성경에서 제시하는 완전한 성품을 기초로 하여 개발되었다. 한국형 12성품교육은 '옳은 기준'을 상정하고 개인이 이 기준을 내재화하도록 하는 교육을 추구하는데, 여기서 '옳은 기준'이란 성경에서 제시하는 완전한 성품인 사랑과 공의의 조화를 의미한다. 사랑은 공감인지능력을 향상하는 교육을 통해 개인의 성품으로의 내재화를 추구하고, 공의는 개인의 분별력을 신장하는 교육을 통해 내재화를 추구한다. 결과적으로 2가지 기본 덕목인 공감인지능력과 분별력이 균형을 이룰 때 진정한 행복을 누릴 수 있다고 본다(이영숙, 2011).

4. 한국형 12성품교육의 9가지 특색

필자는 추상적인 명제로 머물러 있던 성품을 "한 사람의 생각, 감정, 행동의 표현"(이영숙, 2005)으로 정의하고, 성품교육을 생각의 표현, 감정의 표현, 행동의 표현으로 구현하도록 실제적인 교육의 내용과 방법을 정립했다. 필자가 고안한 한국형 12성품교육의 9가지 특색은 〈그림 5〉와 같다.

그림 5. 이영숙 박사의 한국형 12성품교육 –9가지 특색(저작권 제C–2014–008456호)

1) 한국 문화와 한국인의 정신적·심리적·행동적 특성에 맞게 고안된 성품교육

한국형 12성품교육은 한국 문화와 한국인의 성품 특징에 맞게 성품교육의 내용과 방법들을 제시했다. 관계주의 문화와 유교문화를 바탕으로 발달한 심정논리와, 샤머니즘의 영향 및 정(情)과 한(恨)의 정서적 측면을 모두 포괄하여 한국인에게 성품을 실제적으로 가르칠 수 있도록 구체적이고 실천적인 요소들을 교육내용으로 담았다.

특히 유교문화의 영향으로 일상적 관계에서 올바르고 명확한 감정표현이 권장되지 않았던 한국 사회의 문제점을 해결하기 위한 대안으로, 한국형 12성품교육의 기본 덕목 중 하나인 공감인지능력을 기르도록 교육 내용을 제공하고, 심정논리를 기반으로 한 정(情)에 치우쳐 올바른 이성적 판단을 방해하는 부정적 기능을 해결하기 위해, 한국형 12성품교육의 기본 덕목 중 하나인 분별력을 함양하도록 교육 내용을 제공했다. 샤머니즘의 영향으로 외부의 영향과 개입에 의존하여 문제를 해결하던 방식을 지양하고, 다양한 인성체험활동을 통해 근본적으로 자신을 성찰하고 자발적으로 문제해결을 도모하는 좋은 성품을 계발해 나가도록 한국형 맞춤 인성교육을 전개한다.

한국형 12성품교육은 2005년부터 사단법인 한국성품협회 좋은나무성품학교를 통해 전국의 620여개 이상의 유아교육기관과 초·중·고 및 대학교에 보급되었고, 일반인과 학생, 교사, 부모들에게 적용하여 가시적인 효과를 얻었다. 그 구체적인 사례는 좋은나무성품학교의 성품교육에 대한 부모와 교사의 수기 사례 모음집인 『성품, 향기 되어 날다』에서 확인할 수 있다.

2) 성경과 탈무드를 기초로 한 절대 가치를 추구하는 성품교육

한국형 12성품교육은 가치명료화나 인지적 도덕발달론의 한계를 뛰어넘어, 성경과 탈무드를 기초로 한 절대 가치를 추구한다. 자신에게 유익하고 의미있는 것을 가치로 여기는 시대적 흐름과 그에 따라 개인주의 성향이 만연한 현 시점의 혼란을 진단하고, 각자의 유익에 의해 선택되는 이기적인 선이 아니라 인간이 마땅히 지켜야 할 보편적이고 절대적인 선을 강조한다. 한국형 12성품교육은 인류에게 지대한 영향력을 끼쳐온 성경과 탈무드에서 강조하는 변하지 않는 진리를 바탕으로 옳고 그름에 대한 원칙을 분명히 하고, 판단의 기준을 명확하게 제시함으로써 절대 가치에 따른 삶의 원칙과 기준을 가르친다.

3) 태아부터 노인에 이르기까지 평생교육과정으로 진행되는 성품교육

한국형 12성품교육은 태아, 영유아, 유아, 초등, 청소년, 청년, 부모, 직장인, 노인에 이르기까지 평생교육과정으로 전개된다. 연령에 따라 정신적·심리적·행동적 특성이 다름에서 오는 교육적 과업들을 중시하고, 대상에 따라 교육에 적합한 방법들이 다른 점을 고려하여, 동일한 주제성품을 각각의 연령별 특성에 맞게 제공한다. 한국형 12성품교육의 대상 확대는 지속적으로 제기되어 온 '일관성 있고 체계적이며 구체적인' 인성교육에 대한 대안으로서의 성품교육이라는 의의를 가진다.

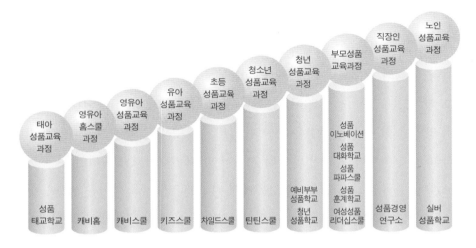

그림 6. 한국형 12성품교육의 평생교육 구조도(저작권 제C-2014-008460호)

4) 인성교육을 통한 좋은 생각, 감정, 행동의 습관화

좋은 생각은 좋은 행동으로 표현되고, 그 행동을 반복할 때 좋은 습관이 되며, 그 습관이 바로 좋은 성품을 만든다. 한국형 12성품교육은 좋은 생각, 좋은 감정, 좋은 행동의 습관화를 통해 균형 잡힌 좋은 성품을 소유하게 한다. "사람의 우수성은 일회성에서 나오는 것이 아니다. 그것은 오랜 세월 동안의 반복적인 습관에서 나온다."고 강조한 아리스토텔레스의 말처럼, 한국형 12성품교육은 갈등과 위기상황에서 더 좋은 생각, 더 좋은 감정, 더 좋은 행동을 선택하도록 배우고 훈련함으로써 좋은 성품의 태도를 몸에 배게 한다.

5) 주제성품 정의(definition)를 One point lessen으로 실천하여 부모
   교육·교사교육 강화

추상적인 성품의 영역에 대해 분명한 정의를 만들고, 주제성품의 특색을
밝혀 주제성품마다 교육목표를 명확히 제시하는 교육을 실천함으로써 분
명한 평가가 이루어지도록 한 것이 한국형 12성품교육의 특징이다.

지난 9년 동안 한국형 12성품교육의 효과가 극대화될 수 있었던 것은,
학생들에게 가르치는 성품의 정의를 부모와 교사들에게도 동일하게 주제
성품 정의(definition)를 통해 성품교육을 선행했기 때문이었다. 학생, 교사,
부모에게 똑같이 흘러내려가는 한국형 12성품교육의 'One point lesson'은
더욱 효과적인 성품교육이 될 수 있도록 결정적인 역할을 해주었다. 특히
한국형 12성품교육은 가정과의 연계를 위한 성품포스터, 성품워크북, 성품
일기, 10분 해피타임, 성품독서활동 등의 다양한 활동을 포함한다.

6) 인간관계를 회복하고 풍성하게 하는 '관계맺기의 비밀-TAPE 요법'
   적용

한국형 12성품교육은 좋은 성품으로 친밀한 인간관계를 회복하고, 관계
의 막힌 담을 헐어 풍성한 관계를 만드는 성품교육을 목표로 고안되었다.
필자가 만든 '관계맺기의 비밀—TAPE 요법'은 자신의 감정과 욕구를 바르
게 전달하여 건강하고 행복한 관계를 형성하고 유지할 수 있도록 돕는다.
감사하기(Thank you), 용서 구하기(Apologize), 요청하기(Please), 내 마음 표현
하기(Express)를 순서대로 적용할 때 성공적인 인간관계를 경험하게 된다.

그림 7. 한국형 12성품교육의 '관계맺기의 비밀—TAPE 요법' 모형(저작권 제C-2014-008459호)

한국형 12성품교육의 '관계맺기의 비밀—TAPE 요법'으로 관계의 단절을 경험했거나 깨진 관계를 회복하고자 하는 부모, 교사, 학생들에게 좋은 성품으로 관계를 풀어내게 하는 해답을 제공한다.

7) 재미있고 흥미 있는 교육방법으로 긍정적인 정서와 논리적이고 풍성한 사고력을 발달시키는 성품교육

'올바른' 가치에 근거한 '올바른' 성품이라는 다소 경직된 내용을 주제로 하기 때문에, 한국형 12성품교육은 긍정적인 정서를 기반으로 한 즐겁고 흥미로운 교육이 되도록 내용을 구성한다. 앞서 설명한 인지적, 정서적, 행동적 측면의 변화를 도모하는 한국형 12성품교육은 인지적 능력을 향상시키는 긍정적 정서를 바탕으로, 교육의 방법적 측면뿐만 아니라 내용적 측면에서의 흥미를 고려했다. 한국형 12성품교육은 전 연령이 흥미롭게 배울 수 있도록 성품워크북, 성품음악, 성품뮤지컬, 성품애니메이션 등의 다양한 자료와 미디어를 활용하여 성품을 가르치고 배우도록 내용이 구성되어 있다.

8) 기본생활습관과 일상생활에 적용할 수 있는 경험과 체험 중심의 성품교육

한국형 12성품교육은 한국 인성교육의 역사에서 한계로 지적된, 지식위주의 주지주의 인성교육의 한계를 극복하고 교육해야 할 좋은 성품을 전인격적으로 접하며 경험할 수 있도록 구성하였다. 특히 한국형 12성품교육은 직접적 배움이 일어나는 교실 현장뿐만 아니라 가정, 사회와의 연계를 통한 생활에서의 경험을 통해 성품교육이 이루어지도록 한다는 데 의의가 있다.

9) 분명한 목표를 가지고 평가가 가능하도록 고안된 성품교육

교육은 계획, 실천, 평가의 과정을 거쳐 지속적으로 수정하고 보완해 나가야 한다. 한국형 12성품교육은 그동안 인성교육의 한계로 지적된 성품 개념의 추상성을 극복하기 위해, 성품을 "한 사람의 생각, 감정, 행동의 표현" 즉 생각, 감정, 행동의 총체적 표현으로 정의하고(이영숙, 2005), 가시적인 행동으로 드러나는 표현으로서의 성품 변화를 측정할 수 있도록 성품 진단평가지를 개발했다(이영숙, 2011). 박갑숙(2009), 이영숙(2011)은 한국형 12성품교육에서 개발한 성품 진단평가지를 사용하여 성품연구논문을 발표한 바 있다.

 이영숙 박사의 성품칼럼

소치 올림픽에서 배운 한국인의 성품

소치 올림픽에서 러시아에 메달 네 개를 선사한 빅토르 안, 안현수 선수가 러시아의 영웅으로 부상했다. 8년 전 토리노 올림픽에서 대한민국에 금메달 세 개를 선사했던 그의 러시아 귀화는 이번 올림픽에서 빼놓을 수 없는 이슈였다. 귀화한 이유를 묻는 질문에 안현수는 "파벌 싸움 때문에 귀화를 결심한 것은 아니다."라고 말했지만, 여론은 대한빙상연맹의 파벌 싸움 때문이라고 우려하는 분위기이다. 그러자 대통령까지 나서서 이 문제를 지적하기도 했다.

파벌주의(派閥主義)의 사전적인 의미는 같은 사회적 조건을 공유하는 구성원들이 자기 집단의 이익을 극대화하기 위해 동류의식을 가지고 집단 외부 사람들에게 배타적인 활동을 하는 행동양식이다. 우리 사회의 파벌주의는 정치계와 경제계, 교육계에도 깊숙이 뿌리 내리고 있는 '사회악'이기도 하다.

국민의 성품은 그 나라의 독특한 문화적 환경을 반영한다. 필자는 〈한국형 12성품교육론〉을 쓰면서 한국인의 성품이 한국의 문화적 특징을 기반으로 형성되었다는 사실을 깨달았다. 그래서 다섯 가지 한국 문화와 그에 따른 한국인의 심리적 특징을 분석했다.

Chapter 2 한국형 12성품교육의 정의와 배경   151

첫째, 한국인의 성품은 동양의 관계주의 문화권에 영향을 받아 개인보다 공동체를 중시하고 관계 속에서 정서적 만족을 얻는다. 둘째, 유교문화의 영향으로 일상생활에서 자신의 생각과 감정을 표현하는 데 익숙하지 않다. 셋째, 정(情)을 중시하여 정이라는 감정을 통해 마음을 주고받으며 관계를 맺는다. 넷째, 자신의 감정을 표현하기보다는 '참고 삭히는 것'이 더 가치 있다고 여김으로써 한(恨)의 문화가 나타난다. 다섯째, 한국적 샤머니즘의 영향 때문에 개인의 부정적인 감정을 외부에 의존하여 해소하려고 한다.

그중 '정'을 중시하는 한국인의 심리적 특징은 집단 구성원들의 거리감을 좁혀주고, 가족처럼 의지하게 만든다는 점에서 순기능적으로 볼 수도 있지만, 잘못하면 부조리를 눈감아 주거나 '우리끼리'가 아니면 배제하는 역기능으로 작용하기도 한다.

빙상연맹 내부에는 이른바 '한체대(한국체육대학교) 파'와 '비한체대 파'의 파벌이 있는 모양인데, 안현수 귀화 사태는 아마도 이런 파벌 내부에서 '정'을 중시한 한국인의 심리적 특징이 반영되어 빚어진 비극으로 보인다. 같은 학교 출신 선수들끼리 '우리끼리'의 정을 강조함으로써 이성적 판단이 방해를 받고, 공정한 경쟁을 막았던 셈이다. 안현수 선수는 자신에게 닥친 부조리나 부당함을 마음의 상처와 '한'으로 남긴 채 조국을 포기하고 '귀화'의 방식을 선택했다. 이는 갈등과 위기가 닥쳤을 때 자신의 감정이나 아픔을 드러내서 문제를 해결하기보다 참고 삭히며 관계를 끊어버리거나 체념, 또는 '분노'로 표출해 버리는 한국인의 특징이 반영된 것이다.

실제로 한 조사기관이 "안현수와 한국 국가대표가 쇼트트랙 경합을 벌이면 누구를 응원할 것인가?"라고 질문하자 무려 70%가 "안현수"라고 응답했는데, 이 또한 자신의 감정을 올바르게 표현하여 적극적으로 문제를 해결하는 모습보다 아픔을 끌어안고 관계의 단절을 결정한 안현수 선수의 선택이 적절했다고 평가하는 것이어서 아쉬움을 남긴다.

좋은 성품이란 "갈등과 위기상황에서 더 좋은 생각, 더 좋은 감정, 더 좋은 행동으로 문제를 해결하는 능력"(이영숙, 2010)이다. 상황이 복잡하고 어려울 때 문제를 잘 풀어내는 능력인 셈이다. 국가대표로 올림픽에 출전하는 재능 있는 선수가 되기까지 왜 어려움이 없었겠나? 그러나 선수 개인의 전문적 기량을 갖추는 것도 올림픽의 중요한 부분이지만 좋은 성품으로 자신의 안타까운 상황들을 뛰어넘어 잘 해결하는 능력 또한 중요한 기량이다.

문제에 대한 잘잘못을 따지자는 게 아니라 한국인의 성품을 바라보는 관점에서 근본적인 해결점이 필요하다. 지금까지의 관습을 답습하거나 체념하기보다 새로운 대한민국을 만들기 위해 구석구석 풀리지 않는 숨은 우리들의 문제들을 이제 좋은 성품으로 풀어 보는 노력들이 절실하다. '안현수 사태'를 통해 우리 국민이 함께 좋은 성품에 대해 생각하며 좋은 생각과 좋은 감정, 좋은 행동으로 더 좋은 가치를 선택함으로써 범국민적인 화해와 용서가 일어나는 계기로 삼으면 좋겠다.

칼럼 발췌 : 조선일보 학부모 전문가 칼럼 2014.03.04.
경기신문 오피니언 칼럼 2014.03.05.
월간 좋은성품 신문 성품칼럼 제63호(2014년 3월)

한국형 12성품교육이란 "이영숙이 2005년에 고안한 인성교육으로, '성품'이라는 단어를 최초로 교육에 접목시키고, 한국 문화와 한국인의 정신적 · 심리적 · 행동적 특성을 고려하여 한국인에 맞게 태아부터 노인에 이르기까지 평생교육과정으로 고안한 인성교육 프로그램"이다. _ 이영숙, 2011

chapter **3**

한국형 12성품교육의
내용

1. 한국형 12성품교육의 2가지 기본 덕목

한국형 12성품교육의 2가지 기본 덕목은 공감인지능력(Empathy)과 분별력(Conscience)으로, 공감인지능력과 분별력의 조화를 통해 개인이 균형 잡힌 성품을 갖추도록 하는 것을 교육의 목표로 삼는다. 2가지 기본 덕목이 균형을 이룬다는 말은 타인의 감정을 공감하는 능력과 선악을 분별하는 능력이 조화를 이룬 상태를 의미한다. 궁극적으로 한국형 12성품교육은 공감인지능력과 분별력의 균형과 조화를 추구한다.

1) 공감인지능력(Empathy)

(1) 공감인지능력이란

공감인지능력(Empathy)이란 "다른 사람의 기본적인 정서, 즉 고통과 기쁨, 아픔과 슬픔에 공감하는 능력으로 동정이 아닌 타인에 대한 이해를 바탕으로 하여 정서적 충격을 감소시켜주는 능력"(이영숙, 2005)이다. 한국형 12성품교육의 기본 덕목인 공감인지능력은 대상의 내적인 자존감과 정서적·사회적 발달을 위해 필요한 경청(Attentiveness), 긍정적인 태도(Positive attitude), 기쁨(Joyfulness), 배려(Caring), 감사(Gratefulness), 순종(Obedience)의 6가지 주제성품으로 구체화된다.

첫째, 경청(Attentiveness)이란 "상대방의 말과 행동을 잘 집중하여 들어 상대방이 얼마나 소중한지 인정해 주는 것"(좋은나무성품학교 정의)이다. 경청은 대인관계 의사소통과 사회성 증진을 위한 가장 기본적이고 심리적인 기술로서, 대인관계를 형성하고 유지하는 데 핵심적인 태도이다(김계현, 2002).

둘째, 긍정적인 태도(Positive attitude)란 "어떠한 상황에서도 가장 희망적인 생각, 말, 행동을 선택하는 마음가짐"(좋은나무성품학교 정의)이다. 긍정적인 태도는 어떤 일의 미래나 결과에 대해 좌절과 고통 가운데서도 희망과 긍정적인 기대를 잃지 않는 태도로서, 긍정적인 태도가 강할수록 욕구좌절에 대한 내인성, 자기효능감을 갖추게 되며 아동기, 청소년기와 성인기의 일상생활뿐만 아니라 신체건강에도 긍정적인 영향을 미친다(한규석, 2009; Segerstrom, 2001).

셋째, 기쁨(Joyfulness)이란 "어려운 상황이나 형편 속에서도 불평하지 않고 즐거운 마음을 유지하는 태도"(좋은나무성품학교 정의)이다. 기쁨은 전통적인 덕목인 소망(wish)과 관계가 깊다. 대상의 기쁨이 증진될수록 욕구좌절에 대한 내인성이나 자존감도 함께 증진된다(Fredrickson, 2005; Wynne & Kevin Ryan, 1993).

넷째, 배려(Caring)란 "나와 다른 사람 그리고 환경에 대하여 사랑과 관심을 갖고 잘 관찰하여 보살펴 주는 것"(좋은나무성품학교 정의)이다. 배려 역시 전통적으로 중요하게 거론되어 온 개념으로서, 자신뿐 아니라 주변 사람들에게 관심을 갖고 베풀어 주는 행동이다. 배려는 다른 사람과 주변 사회를 배려해 주고 적절히 관계를 맺는 이타주의(altruism)와 사회적 자기효능감(social self-efficacy)과 관계가 깊다(Josephson, 1992; Lickona, 1991b; Vincent, 1999).

다섯째, 감사(Gratefulness)란 "다른 사람이 나에게 어떤 도움이 되었는지 인정하고 말과 행동으로 고마움을 표현하는 것"(좋은나무성품학교 정의)이다. 감사는 미국 성품교육 프로그램에서 중요하게 다뤄지는 성격에 대한 다섯 가지 요인 이론 중 온정성(agreeableness)과 관련이 있으며, 사회적 협동과 조화를 중요시하고 잘 발휘하는 능력이다(Graziano & Eisenberg, 1997; Hunter, 1998).

여섯째, 순종(Obedience)이란 "나를 보호하고 있는 사람들의 지시에 좋은 태도로 기쁘게 따르는 것"(좋은나무성품학교 정의)이다. 순종은 미국 전국학교연합회뿐 아니라 우리의 전통에서도 중요시해 온 개념이다. 권위에 대해 건강하게 순응하는 태도로서, 순종은 윗사람이나 사회적 권위에 대한 긍정적인 태도와 적절한 순응(submission)을 증진시켜 사회화를 촉진시킨다(엄기영, 2003; Kenrick, Li, & Butner, 2003; Scotter, 1991).

(2) 공감인지능력을 계발하는 성품교육법

공감인지능력을 계발하기 위해서는, 다른 사람의 기분을 이해하도록 구체적인 방법을 가르쳐줌으로써 다른 사람과 정서적으로 교감하는 능력을 갖게 하고, 정서적인 충격을 피하며 무례하게 행동하지 않도록 성품을 가르치는 것이 중요하다.

공감인지능력을 계발하는 성품교육법은 크게 여섯 가지로 요약할 수 있다.

첫째, 부모와 교사가 먼저 감정을 경청해 준다. 공감인지능력을 기르기 위한 효과적인 방법은, 부모와 교사가 먼저 학생들의 감정을 잘 경청해 주는 것이다. 실제로 자녀의 감정을 수용해 주고 조절해 주는 부모 밑에서 자란 아이들은, 더 안정적이고 스트레스도 적으며 건강하게 자라고, 다른 사람의 감정을 공감해 주는 공감인지능력이 높아진다.

감정을 경청하는 첫 번째 방법은, 학생들이 말할 때 조용히 경청해 주는 것이다. 경청이란 "상대방의 말과 행동을 잘 집중하여 들어 상대방이 얼마나 소중한지 인정해 주는 것"(좋은나무성품학교 정의)이다. "정말?", "아, 그래?", "오~", "저런" 등의 공감하는 말과 행동으로 학생들의 감정을 지지해 주는 것이 중요하다.

감정을 경청하는 두 번째 방법은, 학생들의 기분을 알아맞히고 그 기분의 원인을 파악해서 말로 표현해 주는 것이다. 학생들은 부모와 교사가 자신의 기분을 이해해 주고 있다는 것만으로도 문제해결능력이 높아진다. "기분이 나빠 보이는구나.", "짜증났니?", "실망했니?"와 같이 기분을 말로 표현해 줌으로써 자신의 감정을 알아차리도록 도와준다.

둘째, 감정어휘 능력을 계발시킨다. 모든 부모와 교사는 학생들이 다른 사람의 감정에 민감하고 인정이 많은 사람이 되기를 바란다. 그러나 많은 학생들이 감정을 확인하고 표현하는 능력이 없기 때문에 공감하는 능력도 부족해진다. 학생들은 다른 사람의 고통과 기쁨, 불안, 걱정, 자부심, 행복, 분노에 대한 인식이 부족하기 때문에 다른 사람을 이해하는 것을 상당히 어려워한다.

이런 학생들에게 필요한 것은 다양한 감정을 나타내는 어휘를 가르치는 일이다. 일단 학생들이 감정에 대해 좀 더 많이 알게 되고 자신의 기분을 이해하게 되면 공감인지능력도 함께 계발되어 다른 사람의 고민과 욕구를 훨씬 더 잘 이해하고 느낄 수 있게 된다.

감정어휘 능력을 계발시키는 첫 번째 방법은, 감정 상태를 묻는 질문을 많이 하는 것이다. 학생들의 감정어휘 능력을 강화하기 위해서는 다른 사람의 생각을 알게 하는 단어를 활용해 질문하는 것이 효과적이다. "뭔가 걱정이 되나 보구나. 무슨 일 있니?", "네 친구가 아주 불행해 보이는데, 무엇 때문이라고 생각하니?"와 같은 유형의 질문을 자주 건넨다. 그러고 나서 학생이 감정어휘를 다양하게 활용할 수 있을 때 "기분이 어때?", "그 아이 기분은 어떨까?"와 같은 포괄적인 질문을 건네는 것이 좋다.

감정어휘 능력을 계발시키는 두 번째 방법은, 하루 일과 후에 가족 또는 학급 구성원들이 모여 그날의 감정에 대해 이야기하는 시간을 갖는 것이다. 이 활동은 가족 또는 학급 구성원들이 서로의 대화에 경청하고 동시에 자신의 감정을 표현하는 방법을 배우도록 도와준다. 각 구성원들이 하루 동안 겪었던 감정에 대해 이야기함으로써 감정을 이해하는 시간을 갖고 상대방을 공감하는 경험을 갖게 된다.

감정어휘 능력을 계발시키는 세 번째 방법은, 감정카드를 만들어 보는 것이다. 수첩 크기의 색인카드를 만들고, 각 카드 위에 가장 많이 쓰는 감정어휘를 적어 본다. 처음에는 종류가 몇 가지 안 되는 것 같지만 점점 다양한 어휘를 사용하면서 감정카드의 수도 늘어난다. 저학년일 경우에는 다섯 가지 기본 감정(행복, 슬픔, 놀람, 무서움, 미움)만을 이용하고, 그 후에 잡지나 컴퓨터를 통해 각각의 감정을 나타내는 그림이나 사진을 찾아서 다양한 감정어휘카드를 만들어 본다. 완성 후에는 플래시카드처럼 활용해도 효과적이다.

셋째, 상대방의 감정에 반응하는 감수성을 강화시킨다. 학생들 중에는 다른 아이보다 좀 더 민감한 아이들이 있는데, 이 아이들은 사람들의 정서적 단서인 말투나 행동, 얼굴표정을 정확하게 판단하는 능력을 가지고 있다. 반면 이러한 능력이 없는 아이들은 다른 사람의 욕구에 제대로 반응하기를 어려워하며 어떻게 행동해야 할지 몰라 소심하고 불안해한다. 그러므로 일찍부터 다른 사람의 감정에 반응하는 감수성을 강화시키면 자신감 있게 다른 사람을 배려하는 성품으로 성장하게 된다.

감수성을 강화시키는 첫 번째 방법은, 섬세하고 친절한 행동을 칭찬하는 것이다. 모든 행동을 강화시키는 가장 간단하고 효과적인 방법은, 그 행동을 하자마자 그 행동에 대해 칭찬해 주는 것이다. 학생들이 자상하고 사려 깊게 행동하는 것을 볼 때마다 그런 행동이 상대방을 얼마나 기쁘게 하는지 알려주는 것은 감수성을 강화시키는 효과적인 방법이다.

감수성을 강화시키는 두 번째 방법은, 감수성의 결과를 보여주는 것이다. 아무리 사소한 일이라도 자상하고 친절한 행동은 살아가면서 매우 중요하다. 그러므로 "유종아, 네가 할아버지한테 선물 주서서 감사하다고 말했을 때 할아버지께서 아주 기뻐하시더구나."와 같이 자신의 행동이 만든 결과를 학생들이 인지할 수 있도록 행동을 구체적으로 언급해 주는 것이 좋다.

감수성을 강화시키는 세 번째 방법은, "그 사람 기분이 어떨까?"라고 자주 물어보는 것이다. 학생들의 감수성을 기르는 가장 쉬운 방법은, 다른 사람의 기분이 어떤지 잘 생각해 보게 하는 것이다. 실제 생활뿐만 아니라 책, TV, 영화에 나오는 상황을 이용해서 자주 그런 질문을 던져본다. 각각의 질문은 학생들이 잠깐 동작을 멈추고 다른 사람의 고민에 대해 생각해 보는 계기가 되고, 그들의 욕구를 파악함으로써 감수성이 계발된다.

감수성을 강화시키는 네 번째 방법은, 감정과 그 뒤에 숨겨진 욕구를 추측해 보게 하는 것이다. 학생들이 사람들의 감정에 관심을 가질 만한 기회를 찾아서 다른 사람의 욕구와 감정을 찾아내도록 도움을 주는 질문을 해본다. "이 사진에서 울고 있는 아이의 기분이 어떨 것 같니?", "어떻게 해 주어야 이 아이가 행복하게 될 것 같니?"와 같이 감정을 치료하기 위해 그 사람에게는 무엇이 필요할지 학생들에게 추측해 보게 한다.

감수성을 강화시키는 다섯 번째 방법은, 왜 그런 감정을 느끼는지 이유를 이야기하게 하는 것이다. "아~ 오늘은 정말 행복해. 아빠가 용돈을 주셨거든.", "오늘은 좀 피곤해. 너무 많이 걸었거든."과 같이 어떤 상황이 발생하자마자 그 상황을 활용하여 그것을 어떻게 생각하는지, 그 이유가 무엇인지 설명해 주는 것도 좋은 방법이다.

넷째, 상대방의 입장에 서서 생각해 보는 훈련을 시킨다. 다른 사람의 입장을 바꾸어 생각함으로써, 자신이 모르는 것을 짐작할 수 있도록 도와준다.

상대방의 입장에서 생각해 보도록 훈련하는 첫 번째 방법은, 역할을 바꿔 보는 것이다. 갈등이 생기면 모두 행동을 잠시 멈추고, 서로 역할을 바꾸어 상대방의 기분이 어떨지 생각해 보자고 요청한다. 서로 다른 입장에서 생각해 볼 때 진정으로 상대방의 감정을 이해하게 된다. 예를 들어 짐을 많이 들고 가시는 선생님을 보면서 "이 짐을 하나 들어 드리면 선생님 기분이 좋아지시겠지?"라고 생각해 보는 것도 도움이 된다. 이 방법은 곤란한 상황에서 각자가 상대방의 생각을 알 수 있도록 도와주는 효과적인 방법임과 동시에, 결과적으로 상대방의 입장이 되어 생각함으로써 학생들의 공감인지능력을 강화하는데 도움을 준다.

상대방의 입장에서 생각해 보도록 훈련하는 두 번째 방법은, 상대방의 기분을 상상하게 하는 것이다. 학생들이 다른 사람의 기분을 공감하도록 도와주기 위해서는, 어떤 특별한 상황에서 상대방의 기분이 어떨지 학생들에게 상상해 보게 하는 것이 중요하다. 예를 들어 "친구에게 생일선물을 받고 감사카드를 보냈는데, 네가 친구라면 기분이 어떨까?"라고 상대방의 기분을 상상하게 해 본다.

다섯째, 부모와 교사가 학생의 무례한 행동에 일관되게 반응한다. 부모와 교사가 학생들의 나쁜 행동 때문에 피해를 입은 사람의 기분에 초점을 맞춰서, 일관되게 반응해야 아이들의 공감인지능력을 더 잘 계발할 수 있다. 다음은 학생들이 무례한 행동을 고치고 다른 사람의 감정과 욕구에 민감해지도록 부모와 교사가 도와줄 수 있는 네 가지 방법이다.

학생들의 무례한 행동을 감소시키는 첫 번째 방법은, 무례한 행동을 즉시 지적하는 것이다. 학생들의 무례한 행동을 보는 즉시 그 행동을 지적하여 같은 행동이 반복되고 습관화되지 않게 미연에 방지한다. 부모와 교사가 '옳지 않은' 태도와 행동에 엄격히 반응하는 태도를 가지면 학생 스스로 행동을 변화시킬 가능성이 높아진다.

학생들의 무례한 행동을 감소시키는 두 번째 방법은, 학생들에게 "어떻게 생각하니?"라고 자주 질문하는 것이다. 부모와 교사의 질문은 학생들이 생각을 정리하게 하는데 매우 효과적이다. 지시하거나 강요하는 어휘보다는 다른 사람의 무례한 행동을 보고 학생들이 느끼는 점을 스스로 찾아 이야기하도록 질문한다. 예를 들어 어떤 학생이 별명을 부르며 놀려대는 모습을 보았다면 "유종아, 만약 하종이가 너한테 별명을 부르면서 '돼지'라고 소리쳤다면 넌 어떤 기분이 들겠니?"라고 질문해 본다.

학생들의 무례한 행동을 감소시키는 세 번째 방법은, 자신이 한 행동의 결과를 알게 하는 것이다. 학생들이 다른 누군가의 입장이 되어 무례한 대접을 받으면 어떤 기분이 들지 생각하도록 도와준다. 다른 사람의 입장을 생각하는 것은 쉽지 않은 일이지만, 교사는 통찰력 있는 대화를 통해 학생들이 상대방의 감정을 고려하도록 친절하게 안내해 줄 수 있다.

학생들의 무례한 행동을 감소시키는 <u>네 번째 방법은,</u> 무례한 행동은 용납할 수 없다고 말해주고 그 이유를 설명하는 것이다. 교사가 염려하는 무례한 행동의 부정적인 결과와 그에 대한 느낌을 학생이 이해할 수 있는 언어로 이야기한다. "그렇게 말하는 것은 친절한 말이 아니란다. 다른 사람들이 그렇게 말하는 네 모습을 보면 네가 아주 무례한 아이라고 생각할거야." 라고 걱정스러운 부분을 말해 준다. 또한 자신에게만 집중되어 있는 관심을 다른 사람과 공동체로 확장하여, 자신의 행동이 남에게 어떤 영향을 주는지에 대해서도 생각하도록 도와준다.

<u>여섯째, 공감인지능력을 갖지 못하는 원인을 찾아본다.</u> 공감인지능력을 상실하는 가장 큰 원인은 빠르게 변화하는 현대사회 속에서 부모와 교사들이 학생들과 정서적으로 교감을 나누는 경우가 극히 드물기 때문이다. 또한 일반적으로 학생들은 관찰한 경험을 모방함으로써 행동을 습득하는데, 잔인하고 폭력적인 영상매체의 영향으로 학생들이 잔인한 행동을 모방하고 결과적으로 공감인지능력을 저해하는 양상을 가져온다. 그러므로 학생들에게 공감인지능력을 가르치기 위해서는, 교사들이 직접 공감하는 모습을 보여 모델링(modeling)의 대상이 되어야 한다. 학생들이 많은 시간을 보내는 가정과 학교에서 부모와 교사가 공감하는 모습을 보여주는 것이 학생들에게 공감인지능력을 가르치는 가장 좋은 방법이다.

2) 분별력(Conscience)

(1) 분별력이란

분별력(Conscience)이란 "인간의 기본적인 양심을 기초로 하여 선악을 구별하는 능력으로, 올바른 생활과 건강한 시민정신, 도덕적인 행동을 위한 토대가 되는 덕목"(이영숙, 2005)이다. 한국형 12성품교육의 기본 덕목인 분별력은 선악을 적절히 분별하는 능력이며 아동의 건강한 사회화와 규범준수를 위해 필수적인 덕목으로서, 인내(Patience), 책임감(Responsibility), 절제(Self-control), 창의성(Creativity), 정직(Honesty), 지혜(Wisdom)의 6가지 주제성품으로 구체화된다.

첫째, 인내(Patience)란 "좋은 일이 이루어질 때까지 불평 없이 참고 기다리는 것"(좋은나무성품학교 정의)이다. 인내는 종교적, 철학적인 전통에서 중요시해 온 기본적 가치이다(Wynne & Ryan, 1993). 어려운 환경이나 욕구좌절의 상황에서 화를 내거나 부적절한 방법으로 부정적인 감정을 표출하지 않고, 적절히 참고 인내하면서 중요한 일을 지속적이고 장기적으로 꾸준히 노력하는 태도이다(Stevens, Hallinan, & Hauser, 2005).

둘째, 책임감(Responsibility)이란 "내가 해야 할 일들이 무엇인지 알고 끝까지 맡아서 잘 수행하는 태도"(좋은나무성품학교 정의)이다. 책임감 역시 사회생활 적응을 위해 전통적으로 중시해 온 기본적인 개념이며(Josephson, 1992; Lickona, 1991; Vincent, 1999), 건강한 자존감을 바탕으로 다른 사람의 관점이나 입장을 잘 이해하고 사회적인 갈등과 문제해결에까지 관여할 수 있는 능력이다(Adler, 1964).

셋째, 절제(Self-control)란 "내가 하고 싶은 대로 하지 않고 꼭 해야 할 일을 하는 것"(좋은나무성품학교 정의)이다. 절제는 미국뿐 아니라 한국 전통에서도 매우 중요한 가치로서 현대 아동들이 중점적으로 훈련하고 연습해야 한다(Lickona, 1991). 절제는 자신의 사고, 정서, 행동을 자기 스스로 통제하는 능력을 의미하며, 자기조절 및 의사결정에서의 효율성 등과 밀접한 관계가 있다(Hyten, Madden, & Field, 1994).

넷째, 창의성(Creativity)이란 "모든 생각과 행동을 새로운 방법으로 시도해 보는 것"(좋은나무성품학교 정의)이다. 창의성은 새로운 생각이나 개념, 기존의 관념들을 새롭게 조합하는 능력으로, 아동의 사고 고유성(originality)과 적절성(appropriateness)을 증진시켜 새로운 환경에서의 적응은 물론 일상생활에서 보다 새롭고 효율적으로 적응 및 수행할 수 있는 능력을 증진시킨다(Boden, 2004).

다섯째, 정직(Honesty)이란 "어떠한 상황에서도 생각, 말, 행동을 거짓 없이 바르게 표현하여 신뢰를 얻는 것"(좋은나무성품학교 정의)이다. 정직은 진실하고 공정하게(with fairness) 의사소통하고 행동하는 것으로, 진실(truth)을 가장 큰 가치로 여긴다. 정직은 자기 자신뿐 아니라 타인과의 관계에서도 중요한 개념이며 상호 신뢰와 친밀함의 기초가 된다(안범희, 2003; Lickona, 1991).

여섯째, 지혜(Wisdom)란 "내가 알고 있는 지식을 나와 다른 사람들에게 유익이 되도록 사용할 수 있는 능력"(좋은나무성품학교 정의)이다. 지혜는 사람, 사물, 주변 상황에 대해 깊은 이해와 통찰을 갖는 낙관적인 태도이며,

최소한의 시간과 비용으로 최선의 결과를 얻을 수 있는 능력이다(Orwoll, L., Perlmutter, M., 1990; Sternberg, 1985).

(2) 분별력을 계발하는 성품교육법

분별력을 계발하기 위해서는, 학생들이 옳고 그름을 판단하는 기준을 배울 수 있도록 돕고, 선에 반하는 힘에 대항할 수 있는 확고한 판단력을 세워주며, 유혹을 받는 환경에서도 올바르게 행동할 수 있도록 내면에 깃들어 있는 양심의 기능을 강화해 주어야 한다. 성품은 배우고 훈련하는 것이기 때문에 학생들에게 올바른 분별력을 심어주기 위해서는 일상적인 실례와 말을 통해 지속적인 연습이 필요하다.

분별력을 계발하는 성품교육법은 크게 여섯 가지로 요약할 수 있다.

첫째, 부모와 교사가 좋은 모범을 보여준다. 하버드대학교의 로버트 콜스(Robert Coles) 교수는 "어린 자녀가 인지하는 것은 매일매일 일상에서 보는 짧은 단서들이다"라고 강조했다. 학생들에게 매일 옳고 그름을 가르칠 수 있는 사람은 부모와 교사이며, 학생들은 항상 부모와 교사의 행동을 포함하여 주변에서 일어나는 일들을 유심히 보면서 옳고 그름을 배운다.

둘째, 학생과의 친밀한 관계를 유지한다. 많은 연구 결과, 학생들은 애착을 느끼고 존경하는 사람에게서 가장 강력한 영향을 받는다고 밝혀졌다. 학생들은 자신이 좋아하는 사람의 인생 스타일, 패션, 취미, 그리고 도덕적인 신념까지 모방한다. 그러므로 학생들의 친밀한 대상이 부모와 교사가 될 때 가장 영향력 있게 성품을 가르칠 수 있다.

셋째, 부모와 교사의 가치관을 자주 이야기해 준다. 학생들에게 부모와 교사의 가치와 신념을 자주 말해주는 것 자체가 직접적인 성품교육이 된다. TV나 뉴스, 학교나 집에서 일어나는 사건들 속에서 적합한 문제의 자료를 구해 자주 대화하면서, 부모와 교사가 이 문제에 대해 어떻게 생각하는지를 말하고 학생들의 의견을 듣는 것이 좋다.

넷째, 학생들에게 좋은 행동을 기대하고 요청한다. 학생들은 부모와 교사가 요청하는 대로 행동할 가능성이 높기 때문에, 어떤 행동을 기대하고 요청하는지가 학생들에게 큰 영향을 미친다. 마빈 버코위츠 박사(Marvin Berkowitz)는 "도덕적 기대치가 높은 부모 밑에서 자라는 아이가 모든 도덕적 가치를 따르는 것은 무리가 있지만 그 핵심적인 뜻은 아이에게 전달된다"라고 강조했다. 도덕적으로 행동하는 부모에게서 양육 받은 아이가 도덕적인 행동을 할 확률이 높은 것이다.

교사의 경우도 마찬가지다. 교사가 학기 초에 학생들에게 "우리 학급에서 너희들이 이렇게 해주기를 바란다"라고 말하며 기대하고 요청할 때, 학생들은 훨씬 더 좋은 성품으로 성장하고 기대에 부응하려고 노력한다.

다섯째, 질문을 사용한다. 토머스 리코나(Thomas Lickona)는 학생들의 분별력을 강화시키는 데에는 질문이 아주 중요한 비중을 차지한다고 강조한다. "이렇게 행동하면 어떤 일이 일어날까?", "넌 그 문제를 어떻게 해결하고 싶은데?", "혹시 네가 생각하는 더 좋은 행동이 있니?", "더 좋은 생각이 없을까?"와 같이 자신의 행동을 논리적으로 생각해 보고 스스로 문제의 해결책을 찾도록 사고를 확장시키는 질문을 사용하는 것이 중요하다.

여섯째, 규칙과 방침을 설명해 준다. 부모와 교사가 가정과 학교의 규칙에 대해 구체적인 이유를 들어 설명해 주면, 학생들은 부모와 교사의 생각을 이해하고 그 기준을 따르기가 쉬워진다. 학생들에게 올바르게 행동하길 원하는 이유를 분명히 알려주면 학생들의 분별력은 더욱 강화된다.

한국형 12성품교육의 2가지 기본 덕목인 공감인지능력과 분별력을 정리하면 〈표 5〉와 같다.

표 5. 한국형 12성품교육의 2가지 기본 덕목

내용 기본 덕목	주요 내용
공감인지능력 (Empathy)	"다른 사람의 기본적인 정서, 즉 고통과 기쁨, 아픔과 슬픔에 공감하는 능력으로 동정이 아닌 타인에 대한 이해를 바탕으로 하여 정서적 충격을 감소시켜주는 능력"(이영숙, 2005)이다. 다른 사람의 기분을 공감하는 구체적인 방법을 교육함으로써 상대방과 정서적으로 교감하는 능력을 갖게 하여 정서적 충격을 피하고, 잔인하게 행동하지 않도록 가르친다. 관련된 주제성품은 경청, 긍정적인 태도, 기쁨, 배려, 감사, 순종이다.
분별력 (Conscience)	"인간의 기본적인 양심을 기초로 하여 선악을 구별하는 능력으로, 올바른 생활과 건강한 시민정신, 도덕적인 행동을 위한 토대가 되는 덕목"(이영숙, 2005)이다. 선과 악을 분별하는 능력을 길러줌으로써 옳고 그름의 세계를 알고, 올바른 길로 자신을 이끌어갈 수 있도록 내면의 기준을 강화시킨다. 관련된 주제성품은 인내, 책임감, 절제, 창의성, 정직, 지혜이다.

한국형 12성품교육의 공감인지능력과 분별력은, 각각 분리된 개념으로 가르치기보다는 서로 밀접하게 연관지어 가르치는 것이 중요하다. 뿐만 아

니라 경청, 긍정적인 태도, 기쁨, 배려, 감사, 순종, 인내, 책임감, 절제, 창의성, 정직, 지혜의 12가지 주제성품 역시 공감인지능력과 분별력을 보다 명확하게 이해할 수 있도록 구체화한 것이므로, 각각의 주제성품도 긴밀하게 연관지어 가르쳐야 한다.

한국형 12성품교육의 교육목표는 공감인지능력과 분별력을 바탕으로 12가지 주제성품을 삶 속에 실천하여 좋은 성품의 리더십을 극대화시키는 데 있다. 월터 C. 라이트는 리더십을 "한 사람이 다른 사람의 태도, 비전, 가치에 영향을 미칠 때 그들 사이에 형성되는 관계"라고 말한다. 필자는 성품을 "한 사람의 생각, 감정, 행동의 총체적 표현"(이영숙, 2005)으로 정의하고, 성품리더십이란 "한 사람의 성품이 다른 사람과의 관계 속에서 영향을 끼쳐 그 사람의 생각, 감정, 행동을 긍정적으로 변화시키는 영향력"(이영숙, 2009)이라고 정의를 내렸다. 성품은 나와 다른 사람들과 관계를 맺어 나가는 데 가장 강력한 영향을 끼치는 리더십이다.

따라서 한국형 12성품교육은 성품 좋은 개인의 능력을 극대화시킴으로써 공감인지능력과 분별력을 조화롭게 실천하게 한다. 다음으로, 좋은 성품을 갖춘 개인이 타인에게 영향을 끼치고, 공동체가 나아가야 할 비전을 품도록 교육한다. 이런 과정을 통해 좋은 성품을 갖춘 개인의 지속적인 영향이 주위 사람들에게 긍정적인 변화를 일으키도록 하는, 성품리더십의 발휘를 교육의 궁극적인 목표로 삼는다.

2. 한국형 12성품교육의 12가지 주제성품

한국형 12성품교육은 공감인지능력과 분별력의 2가지 기본 덕목을 구체
화한 12가지 주제성품을 바탕으로 교육모형을 정립하고, 각 주제성품에 따
라 교육내용을 구성했다. 한국형 12성품교육의 공감인지능력과 분별력 성
품교육 모형은 〈그림 8〉과 같다.

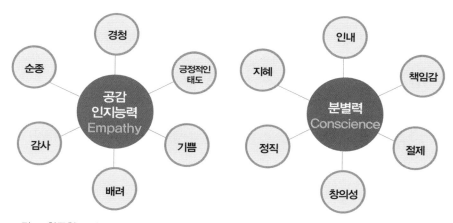

그림 8. 한국형 12성품교육의 공감인지능력과 분별력 성품교육 모형(저작권 제C-2014-008457호)

1) 경청(Attentiveness)

한국형 12성품교육에서 상정하는 경청의 정의는 "상대방의 말과 행동을
잘 집중하여 들어 상대방이 얼마나 소중한지 인정해 주는 것"(좋은나무성품학
교 정의)이다.

경청의 성품 교육목표는 다음과 같이 요약할 수 있다. 첫째, 경청이 무엇인지 아는 인지능력이 향상된다. 둘째, 타인의 정서에 반응하고 적절한 자기 정서를 표현할 수 있다. 셋째, 자신과 타인의 정서를 인식하고 정서적 안정감과 신뢰를 표현하도록 공감인지능력을 계발한다. 넷째, 언어적·비언어적 의사소통능력을 확장하여 언어영역의 발달을 이룬다. 다섯째, 바른 언어 태도를 습관화한다.

2) 긍정적인 태도(Positive Attitude)

한국형 12성품교육에서 상정하는 긍정적인 태도의 정의는 "어떠한 상황에서도 가장 희망적인 생각, 말, 행동을 선택하는 마음가짐"(좋은나무성품학교 정의)이다.

긍정적인 태도의 성품 교육목표는 다음과 같이 요약할 수 있다. 첫째, 긍정적인 태도가 무엇인지 아는 인지능력이 향상된다. 둘째, 긍정적인 자아개념을 형성하고, 갈등을 긍정적인 방향으로 해결한다. 셋째, 건강한 또래관계와 어른들과의 안정적인 관계맺기를 통해 사회성 발달과 정서지능이 향상된다.

3) 기쁨(Joyfulness)

한국형 12성품교육에서 상정하는 기쁨의 정의는 "어려운 상황이나 형편 속에서도 불평하지 않고 즐거운 마음을 유지하는 태도"(좋은나무성품학교 정의)이다.

기쁨의 성품 교육목표는 다음과 같이 요약할 수 있다. 첫째, 기쁨의 정의가 무엇인지 아는 인지능력이 향상된다. 둘째, 자아이해 발달 및 정체성을 형성하고, 자기 존중감이 발달한다. 셋째, 자신의 장점과 강점을 계발할 수 있다. 넷째, 갈등을 적극적으로 참여하고 해결하기 위해 노력하는 태도를 갖고 타인과의 안정적인 관계를 형성할 수 있다. 다섯째, 질서를 존중하고 사회성 발달을 이룬다.

4) 배려(Caring)

한국형 12성품교육에서 상정하는 배려의 정의는 "나와 다른 사람 그리고 환경에 대하여 사랑과 관심을 갖고 잘 관찰하여 보살펴 주는 것"(좋은나무성품학교 정의)이다.

배려의 성품 교육목표는 다음과 같이 요약할 수 있다. 첫째, 배려가 무엇인지 아는 인지능력이 향상된다. 둘째, 인간, 사물, 환경 탐색하기, 원인과 결과 알기, 문제 해결하기, 관찰 및 정보 수집하기를 통한 인지능력이 발달한다. 셋째, 자신과 타인에 대한 정서 인식과 반응하는 능력이 발달하고, 상황이나 대상에 맞는 정서 반응하기와, 조절하여 표현하는 능력을 키워 사회성 향상 및 정서능력이 향상된다. 넷째, 다른 사람의 필요를 도와줄 수 있는 자아 효능감 계발로 인한 자존감이 향상된다.

5) 감사(Gratefulness)

한국형 12성품교육에서 상정하는 감사는 "다른 사람이 나에게 어떤 도움이 되었는지 인정하고 말과 행동으로 고마움을 표현하는 것"(좋은나무성품학교 정의)이다.

감사의 성품 교육목표는 다음과 같이 요약할 수 있다. 첫째, 감사가 무엇인지 아는 인지능력이 향상된다. 둘째, 원인과 결과를 탐색하고 알아가는 과정에서 감사라는 창의적인 감정을 발견하여 표현해 봄으로써 인지능력이 발달한다. 셋째, 언어적, 비언어적 의사소통 활용방법을 터득하여 언어사용능력이 발달한다. 넷째, 감사를 표현해 봄으로써 얻게 되는 타인에 대한 신뢰감 및 정서적 안정감을 형성한다. 다섯째, 타인의 정서를 인식하고 자기 정서를 표현해 보는 사회성이 발달한다.

6) 순종(Obedience)

한국형 12성품교육에서 상정하는 순종의 정의는 "나를 보호하고 있는 사람들의 지시에 좋은 태도로 기쁘게 따르는 것"(좋은나무성품학교 정의)이다.

순종의 성품 교육목표는 다음과 같이 요약할 수 있다. 첫째, 부모, 교사, 법과 질서 등 자신을 보호하고 있는 대상과의 관계에서 공감인지능력을 계발한다. 둘째, 지시에 순응하는 태도를 통해 자신을 보호하는 능력을 키우고 지혜롭게 대인 관계를 발전시키는 사회성이 발달한다. 셋째, 사회정서능력을 함양하고, 자기통제능력이 발달한다. 넷째, 자기정서 인식 및 표현능력이 향상된다.

7) 인내(Patience)

한국형 12성품교육에서 상정하는 인내의 정의는 "좋은 일이 이루어질 때까지 불평 없이 참고 기다리는 것"(좋은나무성품학교 정의)이다.

인내의 성품 교육목표는 다음과 같이 요약할 수 있다. 첫째, 즉각적인 만족보다 장기적인 만족을 추구할 수 있는 자기 통제 능력이 향상된다. 둘째, 좋은 일이 이루어질 때까지 참아낼 수 있는 분별력을 키워 더 큰 만족과 행복을 기대할 수 있는 능력을 계발한다.

8) 책임감(Responsibility)

한국형 12성품교육에서 상정하는 책임감의 정의는 "내가 해야 할 일들이 무엇인지 알고 끝까지 맡아서 잘 수행하는 태도"(좋은나무성품학교 정의)이다.

책임감의 성품 교육목표는 다음과 같이 요약할 수 있다. 첫째, 책임감이 무엇인지 아는 인지능력이 발달한다. 둘째, 내가 무엇을 해야 하는지 아는 자아이해력과 정체성이 향상된다. 셋째, 맡은 일을 끝까지 완수함으로써 오는 자신과 타인에 대한 신뢰감을 형성한다. 넷째, 해야 할 일과 하지 말아야 할 일을 분별할 수 있는 도덕적 분별력이 향상된다.

9) 절제(Self-control)

한국형 12성품교육에서 상정하는 절제의 정의는 "내가 하고 싶은 대로 하지 않고 꼭 해야 할 일을 하는 것"(좋은나무성품학교 정의)이다.

절제의 성품 교육목표는 다음과 같이 요약할 수 있다. 첫째, 자신의 정서를 인식하고 올바르게 자신의 감정을 표현하는 능력을 키운다. 둘째, 감정 조절 및 충동을 억제하는 능력을 키운다. 셋째, 양심의 기능을 살려 옳은 것을 선택할 수 있는 분별력을 계발한다.

10) 창의성(Creativity)

한국형 12성품교육에서 상정하는 창의성의 정의는 "모든 생각과 행동을 새로운 방법으로 시도해 보는 것"(좋은나무성품학교 정의)이다.

창의성의 성품 교육목표는 다음과 같이 요약할 수 있다. 첫째, 매일 접하는 상황 속에서 새로운 생각과 방법들을 찾아본다. 둘째, 많은 새로운 생각들 중에서 나와 다른 사람에게 유익이 되는 것들을 선택하는 분별력을 키운다.

11) 정직(Honesty)

한국형 12성품교육에서 상정하는 정직의 정의는 "어떠한 상황에서도 생각, 말, 행동을 거짓 없이 바르게 표현하여 신뢰를 얻는 것"(좋은나무성품학교 정의)이다.

정직의 성품 교육목표는 다음과 같이 요약할 수 있다. 첫째, 갈등이 있는 상황에서 정직하게 말하고 행동하는 표현능력을 키운다. 둘째, 양심의 기능을 살려 도덕적인 가치를 선택할 수 있는 분별력을 키운다.

12) 지혜(Wisdom)

한국형 12성품교육에서 상정하는 지혜의 정의는 "내가 알고 있는 지식을 나와 다른 사람들에게 유익이 되도록 사용할 수 있는 능력"(좋은나무성품학교 정의)이다.

지혜의 성품 교육목표는 다음과 같이 요약할 수 있다. 첫째, 배움이 즐거운 것이라는 것을 체험하고 필요한 지식과 정보를 자신의 것으로 만들어가는 방법들을 터득한다. 둘째, 자신이 갖고 있는 지식들이 나와 다른 사람들에게 유익하게 사용될 수 있도록 선택하는 분별력을 키운다.

한국형 12성품교육의 12가지 주제성품의 정의와 교육목표를 정리하면 〈표 6〉과 같다.

표 6. 한국형 12성품교육의 12가지 주제성품 정의와 교육목표

주제성품		내용	목표 심리특성
경청 Attentiveness	주제 성품 정의	상대방의 말과 행동을 잘 집중하여 들어 상대방이 얼마나 소중한지 인정해 주는 것 Being thoughtful to the words and actions of others, to show you care about them	의사소통 기술, 사회성 발달
	교육 목표	−경청이 무엇인지 아는 인지능력이 향상된다. −타인의 정서에 반응하고 적절한 자기 정서를 표현할 수 있다. −자신과 타인의 정서를 인식하고 정서적 안정감과 신뢰를 표현하도록 공감인지능력을 계발한다. −언어적, 비언어적 의사소통능력을 확장하여 언어영역의 발달을 이룬다. −바른 언어 태도를 습관화한다.	

주제성품		내용	목표 심리특성
긍정적인 태도 Positive Attitude	주제 성품 정의	어떠한 상황에서도 가장 희망적인 생각, 말, 행동을 선택하는 마음가짐 Always choosing to have the best thoughts about something or someone	욕구좌절 내인성, 자존감, 자기효능감
	교육 목표	−긍정적인 태도가 무엇인지 아는 인지능력이 향상된다. −긍정적인 자아개념을 형성하고, 갈등을 긍정적인 방향으로 해결한다. −건강한 또래 관계와 어른들과의 안정적인 관계맺기를 통해 사회성 발달과 정서지능이 향상된다.	
기쁨 Joyfulness	주제 성품 정의	어려운 상황이나 형편 속에서도 불평하지 않고 즐거운 마음을 유지하는 태도 Always having a happy heart without complaints	욕구좌절 내인성, 자존감,
	교육 목표	−기쁨의 정의가 무엇인지 아는 인지능력이 향상된다. −자아이해 발달 및 정체성을 형성하고, 자기 존중감이 발달한다. −자신의 장점과 강점을 계발할 수 있다. −갈등을 적극적으로 참여하고 해결하기 위해 노력하는 태도를 갖고 타인과의 안정적인 관계를 형성할 수 있다. −질서를 존중하고 사회성 발달을 이룬다.	
배려 Caring	주제 성품 정의	나와 다른 사람 그리고 환경에 대하여 사랑과 관심을 갖고 잘 관찰하여 보살펴 주는 것 Giving love and attention to the world around me	이타심, 사회적 자기효능감
	교육 목표	−배려가 무엇인지 아는 인지능력이 향상된다. −인간, 사물, 환경 탐색하기, 원인과 결과 알기, 문제 해결하기, 관찰 및 정보 수집하기를 통한 인지능력이 발달한다. −자신과 타인에 대한 정서 인식과 반응하는 능력이 발달하고, 상황이나 대상에 맞는 정서 반응하기와, 조절하여 표현하는 능력을 키워 사회성 향상 및 정서능력이 향상된다. −다른 사람의 필요를 도와줄 수 있는 자아 효능감 계발로 인한 자존감이 향상된다.	

주제성품		내용	목표 심리특성
감사 Gratefulness	주제 성품 정의	다른 사람이 나에게 어떤 도움이 되었는지 인정하고 말과 행동으로 고마움을 표현하는 것 Showing thanks for a helpful hand or a kind gesture	온정성 (agreeableness), 감성적 의사소통
	교육 목표	-감사가 무엇인지 아는 인지능력이 향상된다. -원인과 결과를 탐색하고 알아가는 과정에서 감사라는 창의적인 감정을 발견하여 표현해 봄으로써 인지능력이 발달한다. -언어적, 비언어적 의사소통 활용방법을 터득하여 언어사용능력이 발달한다. -감사를 표현해 봄으로써 얻게 되는 타인에 대한 신뢰감 및 정서적 안정감을 형성한다. -타인의 정서를 인식하고 자기 정서를 표현해 보는 사회성이 발달한다.	
순종 Obedience	주제 성품 정의	나를 보호하고 있는 사람들의 지시에 좋은 태도로 기쁘게 따르는 것 Following the instructions of others with a good attitude	권위에 대한 건강한 태도, 적절한 사회화
	교육 목표	-부모, 교사, 법과 질서 등 자신을 보호하고 있는 대상과의 관계에서 공감인지능력을 계발한다. -지시에 순응하는 태도를 통해 자신을 보호하는 능력을 키운다. -지혜롭게 대인 관계를 발전시키는 사회성이 발달한다. -사회정서능력을 함양하고, 자기통제능력이 발달한다. -자기정서 인식 및 표현능력이 향상된다.	
인내 Patience	주제 성품 정의	좋은 일이 이루어질 때까지 불평 없이 참고 기다리는 것 Waiting in peace for a good thing to happen	욕구좌절 내인성, 만족지연능력, 지속성
	교육 목표	-즉각적인 만족보다 장기적인 만족을 추구할 수 있는 자기 통제 능력이 향상된다. -좋은 일이 이루어질 때까지 참아낼 수 있는 분별력을 키워 더 큰 만족과 행복을 기대할 수 있는 능력을 계발한다.	

주제성품		내용	목표 심리특성
책임감 Responsibility	주제 성품 정의	내가 해야 할 일들이 무엇인지 알고 끝까지 맡아서 잘 수행하는 태도 Knowing what my tasks are and doing them the best I can	자존감, 적절한 사회화
	교육 목표	−책임감이 무엇인지 아는 인지능력이 발달한다. −내가 무엇을 해야 하는지 아는 자아이해력과 정체성이 향상된 다. −맡은 일을 끝까지 완수함으로써 오는 자신과 타인에 대한 신뢰 감을 형성한다. −해야 할 일과 하지 말아야 할 일을 분별할 수 있는 도덕적 분별 력이 향상된다.	
절제 Self-control	주제 성품 정의	내가 하고 싶은 대로 하지 않고 꼭 해야 할 일을 하는 것 Choosing to do what is right even if it's not what I want	자기통제, 자기조절
	교육 목표	−자신의 정서를 인식하고 올바르게 자신의 감정을 표현하는 능 력을 키운다. −감정 조절 및 충동을 억제하는 능력을 키운다. −양심의 기능을 살려 옳은 것을 선택할 수 있는 분별력을 계발 한다.	
창의성 Creativity	주제 성품 정의	모든 생각과 행동을 새로운 방법으로 시도해 보는 것 Trying different ways with new ideas	유연한 사고, 생산성
	교육 목표	−매일 접하는 상황 속에서 새로운 생각과 방법들을 찾아본다. −많은 새로운 생각들 중에서 나와 다른 사람에게 유익이 되는 것 들을 선택하는 분별력을 키운다.	

주제성품		내용	목표 심리특성
정직 Honesty	주제 성품 정의	어떠한 상황에서도 생각, 말, 행동을 거짓 없이 바르게 표현하여 신뢰를 얻는 것 Winning the trust of others by always telling the truth	자기통제, 적절한 사회화
	교육 목표	-갈등이 있는 상황에서 있는 그대로 정직하게 말하고 행동하는 표현능력을 키운다. -양심의 기능을 살려 도덕적인 가치를 선택할 수 있는 분별력을 키운다.	
지혜 Wisdom	주제 성품 정의	내가 알고 있는 지식을 나와 다른 사람들에게 유익이 되도록 사 용할 수 있는 능력 Using what I have and what I know to help others	이타주의, 통합 및 조절 능력
	교육 목표	-배움이 즐거운 것이라는 것을 체험하고 필요한 지식과 정보를 자신의 것으로 만들어 가는 방법들을 터득한다. -자신이 갖고 있는 지식들이 나와 다른 사람들에게 유익하게 사 용될 수 있도록 선택하는 분별력을 키운다.	

한국형 12성품교육에서는 각 주제성품의 정의를 피교육자의 연령과 정신적·심리적 특성에 따라 1단계와 2단계로 나누어 선택하고 훈련하게 한다. 특히 위의 주제성품 정의들은 한국형 12성품교육의 2단계 정의로서, 교육대상이 0~5세 아이들이거나 성품에 대한 개념이 부족한 경우에는 정신적·심리적 발달에 따른 성숙도를 고려하여 1단계 정의로 주제성품의 개념을 가르친다. 이는 교육의 상황과 특성에 따라 교육자가 자유롭게 선택하거나 연계하여 가르치게 한다. 한국형 12성품교육의 1단계와 2단계 정의를 정리하면 〈표 7〉과 같다.

표 7. 한국형 12성품교육의 1단계, 2단계 주제성품 정의(저작권 제C-2014-008458호)

기본 덕목	주제성품	좋은나무성품학교 성품 정의 1 (Goodtree Character School First-step definition)	좋은나무성품학교 성품 정의 2 (Goodtree Character School Second-step definition)
공감인지 능력 Empathy	경청 Attentiveness	귀를 쫑긋쫑긋, 고개는 끄덕끄덕, 말하는 사람의 눈을 보고 잘 듣는 것 Twinkle eyes, open ears, look and listen	상대방의 말과 행동을 잘 집중하여 들어 상대방이 얼마나 소중한지 인정해 주는 것 Being thoughtful to the words and actions of others, to show you card about them
	긍정적인 태도 Positive Attitude	언제나 좋은 생각, 언제나 좋은 행동, 언제나 좋은 말을 선택하는 것 Thinking acting and speaking in a good way	어떠한 상황에서도 가장 희망적인 생각, 말, 행동을 선택하는 마음가짐 Always choosing to have the best thoughts about somethings or someone
	기쁨 Joyfulness	내가 얼마나 소중한지 알고 즐거워하는 것 Being joyful by knowing how precious I am	어려운 상황이나 형편 속에서도 불평하지 않고 즐거운 마음을 유지하는 태도 Always having a happy heart without complaints
	배려 Caring	다른 사람이 행복할 수 있도록 잘 관찰하여 도와주는 것 Giving others my attention to help them	나와 다른 사람 그리고 환경에 대하여 사랑과 관심을 갖고 잘 관찰하여 보살펴 주는 것 Giving love and attention to the world around me
	감사 Gratefulness	고마운 마음을 말과 행동으로 표현하는 것 Showing that I am thankful through words and actions	다른 사람이 나에게 어떤 도움이 되었는지 인정하고 말과 행동으로 고마움을 표현하는 것 Showing thanks for a helpful hand or a kind gesture
	순종 Obedience	엄마 아빠 말씀에 기쁘게 따르는 것 Doing as my parents say happily	나를 보호하고 있는 사람들의 지시에 좋은 태도로 기쁘게 따르는 것 Following the instructions of others with a good attitude
분별력 Conscience	인내 Patience	좋은 일이 이루어질 때까지 잘 참고 기다리는 것 Waiting untill good things happen	좋은 일이 이루어질 때까지 불평 없이 참고 기다리는 것 Waiting in peace for a good thing to happen
	책임감 Responsibility	내가 해야 할 일을 끝까지 하는 것 Doing my best to finish what I have to do	내가 해야 할 일들이 무엇인지 알고 끝까지 맡아서 잘 수행하는 태도 Knowing what my tasks are and doing them the best I can
	절제 Self-control	내 맘대로 하고 싶을 때 Stop! 멈추고 좋은 행동을 하는 것 When I want to things my way, stop and behave	내가 하고 싶은 대로 하지 않고 꼭 해야 할 일을 하는 것 Choosing to do what is right even if it's not what I want
	창의성 Creativity	생각은 반짝반짝, 행동은 통통통, 새롭게 해 보는 것 Shine my thoughts, Tong-Tong-Tong my behaviors, I try new things	모든 생각과 행동을 새로운 방법으로 시도해 보는 것 Trying different ways with new ideas
	정직 Honesty	있는 그대로 솔직하게 표현하는 것 Showing things as they are	어떠한 상황에서도 생각, 말, 행동을 거짓 없이 바르게 표현하여 신뢰를 얻는 것 Winning the trust of others by always telling the truth
	지혜 Wisdom	나와 다른 사람들에게 기쁨을 주는 행동을 하는 것 Acting to make others joyful	내가 알고 있는 지식을 나와 다른 사람에게 유익이 되도록 사용할 수 있는 능력 Using what I have and what I know to help others

* 본 정의는 저작권법 제2조에 의해 법적인 보호를 받는 저작물로서, 무단전재 및 무단복제를 금합니다.

'좋은 성품'이 최고의 스펙이다

스펙이란 무엇일까? '스펙'이란 본래 제품이나 모델의 상세 사양을 의미하는 'specification'의 줄임말이었으나 언젠가부터 '학창시절 동안 자신이 확보할 수 있는 외적 조건'을 총칭하는 개념이 되었다. 출신학교, 학점, 토익점수, 자격증, 인턴은 물론 '스펙의 꽃'이라 불리는 해외연수 등이 그것이다. 불과 10년 전만 해도 학창시절은 열심히 공부해서 시험만 잘 보면 된다고 생각했지만 이제는 학창시절에 반드시 갖추어야 할 외적 조건, 이런 것들이 있어야 당당하게 사회에서 성공할 수 있다고 믿게 되었다.

어떻든 스펙만 쌓으면 합격이라는 인식이 문화 저변에 확대되면서 남녀노소 불문하고 스펙경쟁의 노예가 돼버렸다. 좀 더 좋은 스펙, 화려한 스펙을 위해 혈안인 부모와 어른들 때문에 우리 아이들도 덩달아 무분별한 사교육과 과도한 스펙 쌓기 경쟁에 시달리고 있다.

얼마 전 신문에 방학이 싫다며 몸서리치는 아이들이 보도되었다. 방학이 되면 컴퓨터 자격증과 선행학습을 위한 학원뺑뺑이가 시작되고 수백만 원을 호가하는 캠프, 봉사활동, 어학점수를 높이기 위한 데일리플랜 때문에 오히려 개학이 더 반갑단다. 학창시절의 일거수일투족이 스펙이 되는 시대에 살고 있으므로 방학조차 학기의 연장이 돼버렸다.

지난해 교육과학기술부가 한국학술교육정보원에 의뢰해 전국 초중고 교생 3만 1,000여 명을 대상으로 조사한 결과, 42%가 성적 스트레스 때문에 학교를 그만두고 싶다고 했다. 특히 그 비율은 초등학생 28.8%, 중학생 40.9%, 고교생 48.6%로 갈수록 높아졌다. 입시를 위한 학업과 스펙경쟁이 과열됨으로써 아이들에게 고통을 주는 셈이다.

그렇다면 치열한 스펙경쟁의 결과, 우리 아이들에게 어떤 일들이 일어날까? 하버드 의대 심리학자인 스티브 버글래스(Steven Berglas)는 아이들이 이러한 성공증후군에 시달리면 네 가지 증세 중 적어도 한 가지 이상을 겪는다고 한다. 매우 거만해지거나, 외로움에 시달리거나, 건강한 모험이 아닌 파괴적인 모험을 추구하고, 간음을 한다는 것이다. 스티브 버글래스는 결론적으로 "엄청난 성취감을 얻었더라도 그것을 지탱할 성품이 없다면 파멸로 향한다"고 강조했다.

성품이란 "한 사람의 생각, 감정, 행동의 총체적 표현"(이영숙, 2005)이다. 우리 자녀들에게 계속적으로 성공을 강조하지만, 사실 그 성공을 유지할 수 있는 기본적인 성품이 뒷받침되지 않으면 아이들은 한순간에 고통스런 파멸로 치닫는다. 그래서 우리 자녀들이 학창시절에 쌓아야 할 가장 중요하고도 좋은 스펙은 바로 좋은 성품이다.

좋은 성품이란 "갈등과 위기상황에서 더 좋은 생각, 더 좋은 감정, 더 좋은 행동으로 문제를 해결하는 능력"(이영숙, 2005)이다. 미래학자인 덴마크의 롤프 옌센(Rolf Jensen)은 "앞으로 세상은 인간 중심의 감동사회가 될 것이다. 이때 가장 중요한 것은 누군가를 감동시킬 수 있는 능력이다"라고 말했다.

그 어떤 자격증보다 더 중요한 것이 다른 사람을 감동시키는 능력이란다. 우리는 살면서 무엇에 감동하는가? 그 사람의 자격증에? 아니다. 그 사람의 성품, 곧 위기상황에서 좋은 성품으로 영향력을 끼치는 태도와 문제해결능력을 보며 감동한다. 결국 성품 좋은 사람이 미래에는 성공하는 지도자가 되는 셈이다.

인생에서 무엇보다 필요한 건 좋은 성품이다. 좋은 성품이 가장 좋은 스펙이다. 아이들이 가장 좋은 스펙으로 좋은 성품을 준비할 수 있도록 우리 사회가 환경을 만들고 교사와 부모들이 도와야 한다.

칼럼 발췌 : 조선일보 학부모 전문가 칼럼 2013.11.04.
　　　　　경기신문 오피니언 칼럼 2013.05.15.
　　　　　월간 좋은성품 신문 성품칼럼 제53호(2013년 5월)

2부

한국형 12성품교육의 실제

/
공감인지능력이란 "다른 사람의 기본적인 정서, 즉 고통과 기쁨, 아픔과 슬픔에 공감하는 능력으로 동정이
아닌 타인에 대한 이해를 바탕으로 하여 정서적 충격을 감소시켜 주는 능력"이다.
_ 이영숙, 2005(저작권 제C-2014-008457호)

chapter 1

한국형 12성품교육의
모형

1. 한국형 12성품교육의 연령별 모형

필자가 2005년 고안한 한국형 12성품교육은, 태아 · 영유아 · 유아 · 초등 · 청소년 · 청년 · 부모 · 직장인 · 노인에 이르기까지 각각의 연령과 세대별 특징 및 발달과업에 따라 평생교육과정으로 전개되고 있다. 한국형 12성품교육의 평생교육 구조도는 〈그림 9〉와 같다.

1) 태내기 특징과 성품교육

태내기는 수정과 착상이 일어나는 배란기, 수정란이 자궁벽에 착상하기까지의 기간인 배아기, 태아의 급속한 성장이 일어나는 태아기로 구분된다. 배아기는 배란기를 통해 수정된 후 2주부터 8주까지의 기간으로, 이 시기에는 신체의 주요 기관과 조직이 형성되고 분화된다. 수정 후 3주경부터 심장이 형성되고 8주 말에는 손, 발, 귀와 같은 기관들이 모두 형성된다. 태

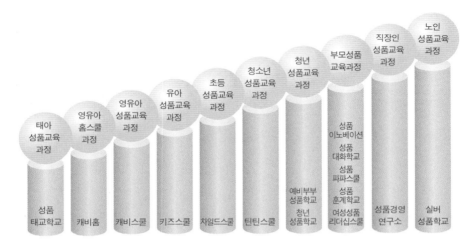

그림 9. 한국형 12성품교육의 평생교육 구조도(저작권 제C-2014-008460호)

<u>아기는</u> 배아기에 형성된 기관들이 급속하게 성장하는 시기로, 4개월 말부터 임부는 태아의 움직임을 감지할 수 있다. 5개월 말에는 태아의 뇌의 반구에서 새로운 분화가 발생하고 새로운 신경 세포가 나타난다.

수정란이 착상하고 태아의 모습으로 성장하는 데에는 태내환경을 조성하는 모체의 상태가 결정적인 영향을 미친다. 임부로부터 받는 올바른 영양 공급을 비롯해 약물, 흡연, 음주와 같은 위험 요인에 대한 실제적인 주의도 중요하지만, 모체의 정서 상태 또한 태내환경을 조성하는 요인이 되어 태아에게 직접적인 영향을 끼친다. 예를 들어 모체가 공포감을 느끼면 아드레날린이 분비되어 자궁으로 피가 유입되는 것을 막음으로써 태아에

게 공급되는 산소의 양이 줄어드는 결과를 초래한다.

한국형 12성품교육은 이처럼 태아에 미치는 모체의 결정적인 영향을 감안하여, 임부를 대상으로 태아성품교육인 '좋은성품태교학교'를 진행한다. '좋은성품태교학교'의 태아성품교육은 임신 준비기에 해당하는 수정에서 0개월에는 지혜의 성품으로 임신 준비하기, 임신 1개월에는 정직의 성품으로 부모 돌아보기를 교육내용으로 한다. 임신 초기에 해당하는 임신 2개월에는 기쁨, 3개월은 책임감, 4개월은 경청의 성품을 내용으로 하며, 임신 중기에 해당하는 임신 5개월에는 순종, 6개월은 창의성, 7개월은 절제의 성품을 교육내용으로 한다. 임신 후기인 임신 8개월에는 긍정적인 태도와 9개월에는 인내를 다루고, 출산 전인 임신 10개월에는 감사의 성품을 교육내용으로 하여, 임부가 더 좋은 생각, 더 좋은 감정, 더 좋은 행동으로 태아와 교감하며 태아와의 만남을 행복하게 준비하도록 돕는다.

2) 영아기 특징과 성품교육

에릭슨(Erik Erikson)은 영아기의 주요 발달과업을 자율감이라고 설명했다. 신생아기를 지난 영아는 자신의 신체를 조절하고 주위 환경을 통제할 수 있게 되고, 스스로의 의지대로 행동하며 원하는 바를 성취하려고 한다.

그러나 영아기는 여전히 대부분의 생활을 타인, 곧 주 양육자에게 의존해야 하는 시기로, 영아가 자신의 의지대로 행동하고자 하는 경향인 자율성도 이 시기에는 타인의 반응에 의해 영향을 받는다. 즉 영아의 자율적 행동이 바람직하지 않은 경우 주 양육자 등의 외부로부터 통제를 받게 된다.

생후 1년 이후부터는 개인의 기질도 뚜렷하게 나타나기 시작하는데, 기질에 따라 외부로부터 자율성을 통제 받을 때의 반응도 각각 다르게 나타난다(조복희, 1999).

영아기 아동이 자율성이라는 발달 과업을 올바로 수행하지 못할 경우, 영아는 수치심과 회의감을 갖게 되어 이후 해당 연령에서 수행해야 할 발달과업의 성취에 부정적인 영향을 미치게 된다. 그러므로 자율성을 획득하는 영아기 아동에게는 자율성에 대한 긍정적인 반응과 옳지 못한 행동에 대한 적절한 통제가 필요하다.

말러(Margaret Mahler)는 에릭슨의 이론을 정교화하여 아동의 자아발달을 설명한다. 생후 2개월이 지나면 영아는 공생(symbiosis)단계의 자아인식이 시작되기 때문에 자신과 주위 환경을 일체로 인식한다. 특히 대부분의 시간을 공유하는 주 양육자에게 일체감을 느끼게 된다. 이후 아동이 자신의 신체를 조절할 수 있게 되면서 분리-개별화(separation-individuation)가 시작된다. 다시 말해 분리-개별화 시기의 아동은 주 양육자로부터 자신을 분리하여 독립된 개인으로 인식하게 되고 이 시기에 자아를 형성하게 된다.

자신에 대한 인식이 확고해지는 영아기의 성품교육은 가정에서 가르치는 영유아 홈스쿨 성품놀이교육인 '캐비홈(Caby Home : Character Baby Homeschool)'과 영유아 성품놀이교육인 '캐비스쿨(Caby School : Character Baby School)'의 교육과정으로 진행한다. 이 시기에는 영아의 신체, 곧 오감을 활용하여 기쁨, 긍정적인 태도, 배려를 주제로 하는 '하하하 행복해요', 경청, 순종, 책임감을 주제로 하는 '네네네 사랑해요', 절제, 인내, 정직을 주제로 하는 '꼭꼭꼭 약속해요', 창의성, 감사, 지혜를 주제로 하는 '통통통 축복해요'를 교육내용으로 학습한다. 자기표현이 중시되고 명확해지는 영아기에 자신의 신체를 활용하는 교육방법을 통해 올바른 성품을 접하는 경험은 신체 활용뿐만 아니라 자아 인식의 측면에서도 의의가 있고, 자아가 확고해지는 영아기에 '올바른' 성품을 접하는 경험은 옳고 그름에 대한 인지적 측면뿐만 아니라 옳은 가치를 선호하도록 정의적 측면에서의 발달에도 긍정적인 영향을 미친다.

3) 유아기 특징과 성품교육

주 양육자로부터 자신을 분리시키고 개별화하는 영아기 이후의 유아기 아동은 독립심이 강해진다. 영아기에 양육자와 형성했던 애착감정은 강도가 약해지면서 유아기에 이르러 의존심으로 발전한다. 영아기 아동이 자신의 의도대로 행동하고자 했다면, 유아기 아동은 타인의 도움 없이 스스로 목표한 바를 성취하려는 시도를 하게 된다. 에릭슨은 이렇게 목표를 스스로 성취하려는 욕구를 주도성이라고 명명하고 유아기 아동이 주도성을 획득하는 발달과업을 수행하지 못했을 경우, 주도성을 나타내던 유아의 행동들에서 죄책감을 갖게 된다고 설명한다.

유아기 아동은 사회화 과정을 통해 성장하는데, 이때의 사회화 과정에는 개인적 요인, 미시적 환경, 거시적 환경이 영향을 미친다(조복희, 1999). 개인적 요인은 기질, 인성, 지능 등이고, 미시적 환경은 가족, 친구 등이다. 거시적 환경은 국가, 문화와 같은 요인으로 개인의 사회화에 근본적인 영향을 미친다. 사회화 과정을 통해 유아는 사회에 필요한 가치관이나 행동방식을 습득하게 되는데, 성역할에 대한 인식, 도덕적 기준, 친사회적 행동의 발달 등이 사회화를 통해 습득되는 구체적인 가치관이다(Zimmermann & Witnov, 1990. 재인용).

유아는 사회화를 통해 가치관을 습득하는 과정에서 도덕성 즉 옳고 그름을 구별할 수 있는 능력이 발달한다. 도덕성 발달은 개인이 속한 문화의 도덕적 가치에 따라 행동하도록 배울 뿐만 아니라 그 가치를 내재화하여 자신의 가치로 받아들이는 과정이다. 유아기를 거치면서 자신에게만 국한되어 있던 인식이 외부로 확장되며, 유아기 이전에는 개인의 필요와 내적욕구를 기준으로 행동을 선택하던 것이 유아기에 사회화를 거치면서 판단의 기준이 개인의 내적욕구에만 국한되지 않는다는 사실을 인식하게 된다.

자아가 확고해지고 주도성을 발휘하며, 옳고 그름을 판단하는 기준을 습득하게 되는 이 시기에는 유아성품교육인 '좋은나무 키즈스쿨'(GKS : Goodtree Character Kids School)을 통해 경청, 긍정적인 태도, 기쁨, 배려, 감사, 순종, 인내, 책임감, 절제, 창의성, 정직, 지혜의 좋은나무성품학교 12가지 주제성품을 연령별·단계별로 훈련한다. 유아성품교육은 아동이 적절한 범위에서 주도성을 발휘하고 타인을 공감할 줄 아는 능력과 올바른 판단의 기준을 접하도록 한다는 데 교육적 의의가 있다.

4) 아동기 특징과 성품교육

학교라는 새로운 환경을 접하게 되면서 시작되는 아동기는 학동기라고

도 명명한다. 초등학교에 입학한 아동은 또래관계, 학교생활규칙 준수, 과제수행과 같은 새로운 과업에 당면하게 되는데, 에릭슨은 학동기 아동의 주요 발달과업을 근면성이라 규정하고, 이 근면성은 학업과제수행이나 또래관계에서 필요한 인내력을 바탕으로 획득된다고 설명한다. 반면 학업이나 또래관계 등에서 끈기 있게 과제를 수행하는 경험이 부족한 아동은 열등감을 가지게 된다.

주요 생활공간이 가정에서 학교로 이행되는 아동기에는 교사, 또래와의 관계가 아동의 도덕성 발달에 큰 영향을 미친다. 특별히 타인과 더불어 지내기 위해 필요한 규칙들을 접하고 실천하며 학교생활규칙을 준수하는 경험은 아동이 사회적 존재로서 타인과 더불어 살아가는 삶의 바탕이 된다. 또한 또래관계가 중요해지는 아동기는 반사회적 행동(antisocial behavior)의 반대 개념으로 사회와 다른 사람을 이롭게 하는 행동인 친사회적 행동(prosocial behavior)을 형성하는 시기이므로 한국형 12성품교육의 2가지 기본 덕목, 곧 공감인지능력과 분별력의 계발이 필수적이다.

아동기 성품교육은 초등성품교육인 '좋은나무 차일드스쿨'(GCS : Goodtree Character Child School)을 통해 한국형 12성품교육의 12가지 주제성품을 가르친다. 학교마다 학년별로 주제를 선정하여 초등학교 기간인 6년 동안 12가지 주제성품을 나누어 교육할 수도 있고, 다른 연령의 교육처럼 한 주제성품을 2달(60일)동안 집중적으로 교육하여 성품을 더 좋은 생각, 감정, 행동의 습관으로 옮길 수 있도록 교육하는 방법도 있다.

5) 청소년기 특징과 성품교육

에릭슨(Erik Erikson)은 청소년기 주요 발달과업을 자아정체감으로 규정한다. 사춘기에 접어들면서 청소년은 자신의 '존재'의 의미를 탐색하는 시간을 갖는다. 버크(Berk, 2007)는 청소년기 자아정체감을 형성하는 과정은 청소년이 "내적 영혼을 찾아가는 과정"으로, 아동기 때 정의한 자아 특성을 가려내어 그것들을 새로 출현하는 특질, 능력 및 갈등을 해결하려는 시도와 결합시키게 되며, 이 과정에서 "성숙한 자아정체감의 기반이 되는 내적인 핵심"을 획득하게 된다고 설명한다.

청소년은 자신의 장점과 단점을 파악하고, 그 장점과 단점이 구체적인 상황에서 어떻게 작용하는지를 이해하면서 자기의 개념을 형성해 나간다. 버크(Berk, 2007)는 청소년은 "우호적이고 사려가 깊고 친절하고 협력적인 것과 같은 사회적 미덕을 더 중요하게 여기는 경향이 있다"고 강조한다(Damon & Hart, 1988. 재인용). 이러한 사회적 미덕을 중시하는 경향은 청소년들이 타인의 시선과 타인과의 관계 속에서의 자기에 초점을 두는 현상을 반영한 것이다.

자아정체감을 형성하는 과정에서의 핵심은 '탐색'과 '해결을 위한 시도'이다(Berk, 1988). 자아정체감은 추구하고자 하는 가치와 목표를 탐색하고, 그 가치와 목표를 추구하기 위한 다양한 시도를 통해 형성된다. 특히 청소년기의 발달과업인 자아정체감 확립은 추상적인 개념인 가치 혹은 목표를 핵심주제로 삼는 과정으로, 가시적인 현상이나 물질을 다루지 않기 때문에 가치와 목표에서의 '올바른' 기준이 필요하다.

청소년성품교육은 '좋은나무 틴틴스쿨'(Goodtree Character Teen-teen School)을 통해 진행한다. 청소년을 대상으로 하는 한국형 12성품교육의 모형은 올바른 가치를 탐색하고 그 가치를 추구하여 실천하는 데 필요한 태도와 행동을 적용하도록 한다. 이 과정을 통해 긍정적인 자기 이해의 핵심이 되는 생각, 감정, 행동의 표현으로서의 좋은 성품을 형성하고, 긍정적인 자기 이해를 바탕으로 자아정체감을 형성하도록 한다는 데 발달적 · 교육적 의의를 가진다.

6) 청년기 특징과 성품교육

일반적으로 청년기란 20대까지의 연령으로 구성된 만 18세부터 29세를 말한다(Zastrow, 2001). 우리나라의 경우 고등학교를 졸업하는 시기를 시작으로, 직업을 갖고 결혼생활을 통해 부모로부터 독립하는 시기까지를 청년기로 보는데, 보통은 대학교 시기의 젊은이들을 '청년'이라고 명명한다(장휘숙, 2004).

청년기는 발달단계상 인생을 준비하는 중요한 시기이다. 이 시기의 젊은 이들은 교육과 직업의 선택, 사회적 독립과 같은 다양한 사회적 요구에 직면하게 되고, 발달과업을 성취하기 위해 개인적으로 많은 변화를 경험한다. 그래서 사회학자들은 일생 중 스트레스가 가장 많은 시기로 청년기를 꼽기도 한다.

이 기간 동안 청년은 나와 다른 사람, 그리고 자신이 속한 공동체를 잘 이해함으로써 깊이 있는 내면의 성찰과 도덕적 판단능력을 갖추어야 한다(박창호, 1997). 또한 성취단계(achieving stage)에 접어듦으로써 다양한 선택의 결과를 고려하여 의사결정을 할 수 있는 역량도 계발해야 한다(K. W. Schaie).

한국형 12성품교육은 이 시기의 젊은이들이 좋은 성품으로 자신의 발달과업을 수행하고 역량을 개발하여, 개인의 인생에서 나아가 사회와 국가를 이끌어가는 미래 지도자의 역할을 담당하도록 좋은나무성품학교의 12가지 주제성품을 기반으로 교육과정을 펼친다. 특히 대학생을 대상으로 하는 '자아발견 청년성품리더십캠프'와 청년취업연계프로그램인 '성성매너스쿨'(성공하는 사람들을 위한 성품매너), 청년들의 좋은 성품 계발을 위한 '청년성품 Basic세미나', 결혼을 준비하는 청년들을 위한 '예비부부성품학교'의 교육과정들을 통해 더 좋은 생각, 더 좋은 감정, 더 좋은 행동을 구체적으로 훈련하게 한다.

7) 성인기 특징과 성품교육

에릭슨(Erik Erikson)의 심리사회발달이론에 따르면 성인기의 발달과업은 친밀감으로, 친밀한 관계를 유지하지 못하는 성인은 고립감을 느끼게 된다. 친밀감과 고립감 사이에서 일어나는 심리적 갈등은 친밀한 배우자에게 영원히 전념하겠다는 생각과 감정에 반영되어, 성인기 초기에는 배우자와의 친밀한 관계가 심리적 안정감에 큰 영향을 미치는 핵심적 요인이 된다.

성인기 이후 중년기에 접어들면 성인의 관심은 다음 세대와 사회의 발전으로 초점이 옮겨지고, 중년기 성인의 주요 발달과업은 생산성 획득이 된다. 에릭슨(Erik Erikson)은 중년기 성인이 겪는 심리적 갈등은 생산성과 자기 침체감 사이에서 일어난다고 설명한다. 버크(Berk, 2007)는 "생산적인 성인은 개인의 목표를 보다 큰 사회적 세상의 복지와 통합시키므로, 자기표현 욕구를 친구들의 욕구와 결합시킨다"고 강조한다(McAdams & Logan, 2004. 재인용).

성인기와 중년기는 모두 친밀한 관계를 바탕으로 일상생활을 지속한다. 곧 성인기에는 배우자와의 관계를, 중년기에는 자녀, 주변 사람들, 사회와의 관계를 바탕으로 친밀감과 생산성이라는 발달과업을 수행한다.

한국형 12성품교육은 성인기와 중년기 성인을 대상으로 하는 부모성품교육과정인 '성품대화학교, 성품훈계학교, 성품이노베이션, 성품파파스쿨-아버지성품학교'와 여성을 위한 '여성성품리더십스쿨', 직장인을 위한 '직장인성품경영스쿨'을 통해 올바른 관계 정립과 좋은 성품의 계발을 목표로 한다.

'성품대화학교(SCC : School of Character Communication)'는 다른 사람의 생각, 마음, 행동을 수용하여 마음을 열고 친밀한 관계를 유지하도록 좋은 성품의 대화를 실제적으로 가르치고 훈련하는 과정으로, "성품교육이란 무엇인가", "성품대화의 준비1", "성품대화의 준비2", "성품대화의 기술", "성품대화를 통한 성품계발", "연령별 발달수준에 맞는 성품대화법"을 주제로 진행한다.

'성품훈계학교(SCD : School of Character Discipline)'는 성품 좋은 자녀를 양육하기 위한 부모의 바른 훈계법을 배우고 부모가 자녀의 진로를 행복하게 열어주도록 하는 부모 역할 효능감 증진 프로그램으로, 자녀에 대한 바른 가치관과 인식을 심어주고 적절한 훈계 기술을 제시한다. '성품훈계학교'

는 "자녀란 누구입니까?", "훈계란 무엇입니까?", "훈계의 구체적인 기술", "교정과 보상에 대하여", "좋은 성품으로 키우기 위한 다양한 자녀훈계법", "훈계를 통한 관계맺기의 행복"을 주제로 진행한다.

'성품이노베이션(SCI : School of Character Innovation)'은 스스로의 성품을 진단하고 힐링 집중교육을 통해 인성을 계발하는 부모 자가진단-힐링 프로그램으로, "성품으로 새롭게 시작하기(감사)", "성품으로 나를 찾아 떠나기(기쁨)", "성품으로 나를 사랑하기(긍정적인 태도)", "성품으로 배우자 사랑하기(인내, 책임감, 절제)", "성품으로 자녀 사랑하기(순종, 지혜, 창의성)", "성품으로 세상을 향해 나아가기(배려, 경청)"를 주제로 한다.

'성품파파스쿨—아버지성품학교(CPS : Character Papa School)'는 좋은 성품의 아버지상을 정립하고 역할을 회복하여, 가정 내에서 신뢰받는 남편, 존경받는 아버지로 거듭날 수 있도록 지원하는 아버지 성품교육 프로그램으로, 올바른 아버지상의 정립, 성품의 의미와 중요성의 이해 및 실천, 자녀와의 관계 회복을 목표로 한다. '성품파파스쿨—아버지성품학교'는 "감사의 성품으로 자녀관계 회복하기", "책임감의 성품으로 부부관계 회복하기", "기쁨으로 배려하는 행복한 가족 축제", "인내의 성품으로 자녀 사랑하기" 등의 주제로 진행한다.

'여성성품리더십스쿨'은 좋은 성품으로 여성의 정체성과 비전을 회복하고, 행복한 세상으로 변화시키도록 돕는 여성을 위한 힐링과 행복의 치유 프로그램이다. 성품리더십을 함양하고 싶은 전국의 모든 여성을 대상으로 힐링코스는 "여성의 탄생—창의성 리더십", "여성의 정체성과 리더십—기쁨

리더십, 순종 리더십", "여성의 비밀−긍정적인 태도 리더십, 감사 리더십", "여성의 역할−인내 리더십"을 주제로 한다. 행복코스는 "여성의 역할−배려 리더십", "여성의 태도−지혜 리더십, 절제 리더십", "여성의 사명과 비전−정직 리더십, 책임감 리더십", "세상을 향한 여성의 사랑−경청 리더십"을 주제로 진행한다.

'직장인성품경영스쿨'은 사람의 생각, 감정, 행동을 바람직한 방향으로 변화시켜 개인, 가정, 직장을 행복하게 만들어 성공적인 경영을 하도록 돕는 직장인 성품교육과정이다. 성품경영이란 한국형 12성품을 기초로 한 소통성품 · 책임성품 · 긍정성품으로 개인, 가정, 직장, 사회의 변화와 성공을 이끌어내는 것이며, 직장인 성품교육과정은 신입사원, 경력사원, CEO, 예비 사회인을 대상으로 하여 "소통성품경영", "긍정성품경영", "책임성품경영"을 주제로 진행한다.

8) 노년기 특징과 성품교육

에릭슨(Erik Erikson)은 54세 이후를 노년기로 보고 이 시기의 주요 발달과업을 자아통합이라고 제시했다. 자아통합이란 자신이 살아온 인생을 있는 그대로 의미 있게 받아들이고, 아버지(어머니), 남편(아내), 자식, 친구, 직장인 등 자신이 수행해 온 역할을 하나로 통합하여 만족감을 얻는 것이다.

그러나 1951년 국제 노년학회의 정의에 따르면 '노인'은 첫째, 환경의 변화에 적절히 적응할 수 있는 자체 조직에 결손이 있고 둘째, 자신을 통합하려는 능력이 감퇴되어 가며 셋째, 인체기관 및 조직, 기능에 쇠퇴현상이 일어나고 넷째, 생활체 적응성이 정신적으로 결손되어 가고 다섯째, 조직 및 기능 저장의 소모로 적응 감퇴현상을 겪는 특징이 있다.

결과적으로 이러한 신체적·정신적 변화로 인해 노년기가 되면 자신의 역할을 상실하고 가족이나 사회로부터 고립을 자초하는 경우가 많다. 자아통합의 발달과업을 이루어야 할 시기에 불안감과 무력감에서 헤어 나오지 못하고 그동안의 성취를 평가절하하거나 수동적인 삶의 태도를 보이기도 한다.

한국형 12성품교육에서는 노인인구 증가로 인한 한국 사회의 고령화 추세를 고려하여 노년기에 접어든 조부모들이 손자녀 성품양육을 통해 '조부모 성품격대교육'을 실천하도록 노인성품리더십 프로그램을 진행한다. 조부모 성품격대교육이란 "성품 좋은 손자녀로 키우기 위해 조부모가 좋은 생각, 좋은 감정, 좋은 행동으로 손자녀들을 돌보아 기르는 것"(이영숙, 2010)이다. 조부모는 세월의 경험에서 축적한 지혜와 경륜으로 손자녀들을 안정감 있게 양육할 수 있다. 더욱이 부모들이 겪는 시행착오와, 자녀에 대한 과도한 욕심에서 비롯된 잘못된 양육에서 한 발 물러나 손자녀에게 좋은 생각, 좋은 감정, 좋은 행동을 균형 있게 가르칠 수 있다는 점에서 육아의 탁월한 조력자가 된다.

가정에서 할아버지·할머니가 건네는 따뜻한 말 한 마디는 손자녀의 좋은 성품을 자라게 한다. 또한 할아버지·할머니와 생애 초기부터 친밀하고 밀접한 관계를 경험한 손자녀들은, 핵가족화에서 비롯되는 정서적 문제인 고독감을 완화시킬 수 있고, 손자녀의 양육에 참여하는 조부모들은 인생의 지혜와 경험을 가족에게 제공함으로써 스스로 삶의 의미를 찾고 성취감을 느끼게 된다.

조부모를 위한 노인성품리더십과정은 조부모와 손자녀 간의 행복한 성품대화법을 통해 할아버지, 할머니, 자녀, 손자, 손녀 모두 행복한 가정과 가문을 이루도록 "황금세대를 위한 성품세미나"의 형태로 진행한다.

태내기, 영아기, 유아기, 아동기, 청소년기, 청년기, 성인기와 노년기의 연령별 시기에 과업목표와 각 단계에 해당하는 한국형 12성품교육의 프로그램을 정리한, 한국형 12성품교육의 연령별 모형은 다음 〈표 8〉과 같다.

표 8. 한국형 12성품교육의 연령별 성품교육

연령별 시기	과정명	특징	세부 전개
태내기 성품교육	좋은성품태교학교	행복한 임산부와 태아의 좋은 성품을 만드는 태아성품교육	임신준비기(2개월)와 임신기간(10개월)의 총 12개월로 진행함
영아기 성품 놀이교육	캐비홈 캐비스쿨	엄마와 영아의 건강한 애착 및 친밀감 형성을 위한 아기성품놀이교육	0~4세 영아와 부모 · 교사가 함께하는 놀이식 성품교육으로 진행함
유아기 성품교육	좋은나무 키즈스쿨	유아의 자율성 및 건강한 자존감 형성, 사회정서 함양을 목표로 한 유아성품리더십교육	5~7세 유아를 대상으로 전문 유아교육기관에서 실천함

연령별 시기	과정명	특징	세부 전개
아동기 성품교육	좋은나무 차일드스쿨	성실하게 자신의 역할을 탐구하고 확장하도록 구성된 초등성품리더십교육	8~13세 초등생을 대상으로 초등학교 정규수업시간 및 방과 후 교실에서 진행함
청소년기 성품교육	좋은나무 틴틴스쿨	건강한 자아인식 및 정체성 확립을 돕는 청소년성품리더십교육	13세 이후 청소년을 대상으로 중고등학교 정규수업시간 및 방과 후 교실에서 진행함
청년기 성품교육	자아발견 청년성품리더십캠프 청년취업연계프로그램 -성성매너스쿨 청년성품 Basic세미나 예비부부성품학교	자신의 성품을 변화시키고 역량을 계발하여 미래 지도자의 덕목을 갖추도록 구성된 청년성품리더십교육	대학생, 취업준비생, 예비부부 등 청년을 대상으로 대학교 및 유관기관에서 진행함
성인기 성품교육	성품대화학교 성품훈계학교 성품이노베이션 성품파파스쿨-아버지성품학교 여성성품리더십스쿨 직장인성품경영스쿨	인생에서 행복한 성공자가 되도록 돕는 실제적이고 경험적인 부모성품교육 및 직장인성품리더십교육	부모 및 직장인을 대상으로 학교, 기업, 공공기관에서 진행함
노년기 성품교육	황금세대를 위한 성품세미나	조부모의 좋은 성품으로 행복한 손자녀를 돌보아 기르도록 구성된 조부모성품격대교육	예비 조부모, 맞벌이 가정의 조부모, 50세 이상 손자녀 교육에 관심있는 조부모를 대상으로 진행함

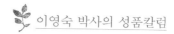

지식과 지혜의 차이

알프레드 노벨(Alfred Nobel, 1833~1896)은 어느 날 신문을 읽다가 깜짝 놀랐다. 멀쩡하게 살아 있는 자신이 사망했다는 기사였다. "죽음의 장사꾼, 숨지다"(The merchant of death is dead)라는 제목의 이 부고기사는 다이너마이트를 발명한 자신을, 전쟁터에서 수많은 사람들의 목숨을 앗아간 대가로 부자가 된 '죽음의 장사꾼'으로 비하하고 있었다.

노벨은 자신의 지식을 축적해 오랫동안 심혈을 기울여 만든 다이너마이트가 아까운 생명들을 죽이는 살상무기가 된 사실에 큰 충격을 받고 다이너마이트를 발명한 것을 후회하기 시작했으며, 결국 자신의 전 재산을 노벨재단의 전신인 스웨덴과학아카데미에 기부함으로써 노벨상이 탄생하였다. 노벨상은 무엇보다 자신의 지식으로 세상에 유익을 끼친 '지혜로운 지식인'들을 기리고 격려하는 상으로 지금까지 내려온다.

지혜는 지식과 다르다. 지혜란 "내가 알고 있는 지식을 나와 다른 사람들에게 유익이 되도록 사용할 수 있는 능력"(좋은나무성품학교 정의)인 데 반해 지식은 사물이나 사건에 대한 객관적인 인식 또는 정보 그 자체이다. 그러니 지혜는 타인을 생각하는 따뜻한 마음이 피처럼 흐르는 아름다운 지식인 셈이다. 아무리 많은 정보와 해박한 지식을 가진 사람이라도 그 지식이 다른 사람에게 유익을 끼치거나 긍정적인 영향력을 줄 수 없다면 그런 사람은 지혜로운 사람이 아니다. 지혜로운 사람은 자신의 지식으로 다른 사람들에게 유익을 준다.

아프리카에 '스프링폭스'라는 산양이 사는데, 이들은 아무 이유 없이 한꺼번에 몰려서 달리다가 벼랑 끝으로 떨어져 몰사하는 '알 수 없는 동물'로 더 유명했다. 동물학자들의 연구 결과 그 이유가 밝혀졌는데, 스프링폭스는 수백에서 수천 마리가 떼를 지어 살기 때문에 뒤쪽에 있는 양들은 앞쪽에 있는 양들이 풀을 다 먹어버리거나 밟고 지나가 버려서 늘 양식이 부족하여 어떻게든 앞으로 나서려는 본능이 생겨났다고 한다. 그런데 문제는, 수천 마리가 앞을 가로막고 있어서 조급한 마음에 앞의 양을 밀게 되는데, 앞으로 밀린 양들은 걸음이 빨라지다가 급기야 뛰기 시작하고, 그러면 뒤에 있는 양들은 앞의 양들이 뛰는 것을 보며 불안감을 느낀 나머지 '한가하게 풀이나 뜯고 있을 수 없다'고 판단하여 본래의 목적을 상실한 채 덩달아 뛰어간다. 그러다가 벼랑 끝에 다다르면 이때는 이유도 없는 경주를 멈추지 못하여 모두가 떨어지고 만다는 것이다.

우리 시대의 교육을 보고 있으면 마치 스프링폭스의 안타까운 경주를 보는 듯 하여 답답해진다. 어려서부터 지식을 쌓느라 몰두하지만 왜 지식이 필요하며 타인에게 어떤 유익을 줄 수 있을지 성찰하지 않고, 그저 이데올로기가 되어버린 성공과 물질만능주의를 좇아 헛헛한 경주를 하고 있는 것 같다. 분별하는 지혜가 없어서다. 분별력은 "인간의 기본적인 양심을 기초로 하여 선악을 구별하는 능력으로, 올바른 생활과 건강한 시민정신, 도덕적인 행동을 위한 토대가 되는 덕목"(이영숙. 2005)이며, 이런 옳고 그른 지식을 분별하는 능력이 바로 지혜이다. 그러므로 나와 다른 사람들에게 유익을 줄 수 있는 지식을 분별하여 기르는 힘이 바로 지혜의 성품에서 시작된다.

그동안 우리는 새로운 지식만 강조하는 '지식공화국'에 살았다. 많은 지식으로 좋은 스펙을 쌓고, 그 스펙이 다시 좋은 직장을 보장하는 성공의 지름길이라고 생각하며 달렸다. 그 결과 세계에서 우울증 환자가 가장 많은 나라, OECD국가 중 청소년 자살률이 가장 높고, 행복지수가 꼴찌인 나라, 최근에는 황혼이혼율 1위, 패륜 범죄율 1위라는 오명을 쓴 나라를 만들었다.

지식에 사명이라는 본질을 부여하지 않았기 때문이다. 지식을 가진 사람이라면 세상에 유익을 끼치는 길이 무엇인지 고민하는 좋은 성품을 갖추어야 한다. 이런 사람을 우리는 지혜의 성품을 가진 지도자라고 말한다. 지혜는 어렵고 추상적인 것이 아니라 우리 눈에 보이는 것이다. 성인(聖人)이나 갖추는 거창한 성품이 아니라 내 주변을 나의 지식으로 좀 더 행복하게 밝히려고 노력하는 태도가 바로 지혜이다.

우리 주변에는 비록 적은 지식으로도 많은 사람들을 행복하게 만드는 소중한 지혜의 사람들이 많다. 그런 좋은 성품의 사람들이 바로 우리 시대의 진정한 '지혜자'이다.

칼럼 발췌 : 조선일보 학부모 전문가 칼럼 2014.04.07.
　　　　　　 경기신문 오피니언 칼럼 2014.04.02.
　　　　　　 월간 좋은성품 신문 성품칼럼 제64호(2014년 4월)

/
분별력이란 "인간의 기본적인 양심을 기초로 하여 선악을 구별하는 능력으로, 올바른 생활과 건강한
시민정신, 도덕적인 행동을 위한 토대가 되는 덕목"이다. _ 이영숙, 2005(저작권 제C-2014-008457호)

chapter 2

한국형 12성품교육의
실천편

1. 태아 성품교육과정

1) 좋은성품태교학교

좋은성품태교학교는 '좋은 성품으로 행복한 출산 문화 만들기'를 목표로 하여, 엄마와 태아가 좋은 성품으로 행복한 만남을 준비하도록 돕는 태아 성품교육과정이다. 엄마 뱃속에서부터 시작되는 아이의 첫 성품교육으로, 임산부가 좋은 생각, 좋은 감정, 좋은 행동으로 태아와 교감하도록 시기별 특징에 맞춰 진행한다.

① **프로그램 개요 :** 임신 준비기부터 출산 후까지 엄마가 12가지 주제성품으로 태아에게 좋은 생각, 좋은 감정, 좋은 행동의 영향력을 끼치도록 돕는 프로그램

② **교육목표**

　가. 성품태교의 중요성을 이해하고 뱃속에서부터 시작되는 아이의 첫 성품 교육을 통해 태아의 좋은 성품을 계발한다.

나. 성품태교를 통해 임부가 시기별로 좋은 생각, 좋은 감정, 좋은 행동을 훈
　　련하고 부모로서의 좋은 성품을 훈련한다.

　다. 성품태교를 통해 태아와 적극적이고 긍정적으로 교감한다.

③ 교육대상 : 좋은 성품으로 임신과 출산을 준비하고자 하는 일반인 및 예비
　부모

④ 교육과정 : 임신 준비기부터 출산 후까지 진행되는 좋은성품태교학교의 교
　육과정 내용은 〈표 9〉와 같다.

표 9. 태아성품교육 '좋은성품태교학교'의 교육과정

구분	임신기간	주제성품	교육내용
임신 준비기	0개월	지혜	지혜의 성품으로 임신을 준비해요
	1개월	창의성	창의성의 성품으로 아기 맞을 준비를 해요
임신 초기	2개월	기쁨	기쁨의 성품으로 아기를 환영해요
	3개월	책임감	책임감의 성품으로 아기를 지켜요
	4개월	순종	순종의 성품으로 따라요
임신 중기	5개월	경청	경청의 성품으로 사랑을 나눠요
	6개월	정직	정직의 성품으로 몸과 마음을 건강하게 해요
	7개월	절제	절제의 성품으로 몸에 좋은 음식을 먹어요
	8개월	긍정적인 태도	긍정적인 태도로 아기의 미래를 꿈꿔요
임신 후기	9개월	인내	인내의 성품으로 아기를 기다려요
	10개월	감사	말과 행동으로 감사를 표현해요
출산 후 성품양육		배려	배려의 성품으로 아기를 맞이해요

⑤ 교재 : 『이영숙 박사가 들려주는 태교를 위한 성품동화』(이영숙, 2012) 및 좋
　은성품태교학교 워크북

2. 영유아 성품교육과정

1) 캐비홈(Caby Home : Character baby Homeschool)

캐비홈은 12가지 주제성품을 가정에서 가르치는 성품놀이학교로서, 영유아의 발달에 맞는 맞춤형 성품교육을 통해 어릴 때부터 더 좋은 생각, 더 좋은 감정, 더 좋은 행동을 하도록 훈련하는 영유아 홈스쿨 성품놀이교육과정이다.

① **프로그램 개요** : 부모가 12가지 주제성품을 가정에서 자녀에게 가르치면서 부모-자녀 간의 건강한 애착을 형성하고 자녀의 좋은 성품을 계발하도록 돕는 프로그램

② **교육목표**

가. 영유아의 정신적 · 심리적 · 행동적 발달을 고려한 맞춤형 성품놀이교육을 통해 공감인지능력과 분별력을 기르는 12가지 주제성품을 균형 있게 발달시킨다.

나. 부모가 홈스쿨링 성품교육 전문교사가 되어 자녀의 좋은 성품을 실생활에서 구체적으로 계발한다.

다. 좋은 성품의 부모가 되는 성품양육법을 훈련하여 부모의 12가지 주제성품을 계발한다.

라. 친근한 캐릭터와 함께하는 성품교재, 성품교구를 활용해 자녀의 오감을 자극하고 학습능력, 언어능력, 재능과 감수성을 키운다.

마. 부모와의 행복한 경험을 통해 건강한 애착과 친밀감을 형성하고, 부모-
자녀 간의 좋은 관계를 맺음으로써 자신감 있는 어린이로 양육한다.

③ **교육대상** : 5세 미만의 0~3세 영유아

④ **교육기간** : 12가지 주제성품을 한 성품당 2개월 과정(8주 혹은 60일)으로 교육

⑤ **교육과정** : 영유아 홈스쿨 성품놀이교육인 캐비홈의 교육과정 내용은 〈표
10〉과 같다.

표 10. 영유아 홈스쿨 성품놀이교육 '캐비홈'의 교육과정

구분	주제성품	부모	영유아
1	기쁨	기쁨의 성품으로 자존감 있는 자녀 키우기	소중한 나를 기뻐해요
2	인내	인내의 성품으로 성공하는 자녀 키우기	잘 참고 잘 기다릴 수 있어요
3	경청	경청의 성품으로 좋은 성품의 자녀 키우기	잘 보고 잘 들을 수 있어요
4	책임감	책임감의 성품으로 리더십 있는 자녀 키우기	내가 할 일을 잘 할 수 있어요
5	긍정적인 태도	긍정인 태도의 성품으로 좋은 관계를 맺는 자녀 키우기	좋은 생각, 좋은 행동, 좋은 말을 선택할래요
6	절제	절제의 성품으로 내 자녀 감성 계발하기	Stop! 좋은 행동을 할 수 있어요
7	배려	배려의 성품으로 사랑받는 자녀 키우기	나와 다른 사람을 사랑할래요
8	창의성	창의성의 성품으로 개성 있는 특별한 자녀 키우기	새롭게 생각하고 행동해요
9	감사	감사의 성품으로 행복한 자녀 키우기	고마운 마음을 잘 표현할래요
10	정직	정직의 성품으로 믿음직스런 자녀 키우기	솔직하게 내 마음을 표현할래요

11	순종	순종의 성품으로 좋은 부모-자녀 관계 회복하기	엄마 아빠의 말을 잘 따를래요
12	지혜	지혜의 성품으로 행복한 부모-자녀 관계맺기의 비밀	나와 다른 사람에게 기쁨을 줄래요

⑥ **교재** : 캐비홈 영유아용 워크북, 캐비홈 동화책, 캐비홈 성품교육용 CD &
DVD, 좋은성품 부모 매거진

2) 캐비스쿨(Caby School : Character baby School)

캐비스쿨은 일생을 좌우하는 영유아기에 12가지 주제성품으로 부모와
교사·자녀가 하나 되어 행복한 성품놀이교육을 경험하도록 돕는 영유아
성품놀이교육과정이다. 인격형성의 뼈대가 되는 5세 미만의 0~3세 영유아
발달 시기에 맞춰 감성지수, 학습능력, 행동변화를 계발하도록 탁월하고
재미있는 맞춤형 성품놀이교육을 체계적으로 진행한다.

① **프로그램 개요** : 영유아기에 맞는 성품놀이교육을 통해 가정과 기관에서 12
가지 주제성품을 통해 공감인지능력과 분별력을 계발하도록 돕는 프로그램
② **교육목표**

가. 영유아의 발달과정을 고려한 맞춤형 성품놀이교육 프로그램을 통해 재
미있고 탁월하게 좋은 성품을 계발한다.

나. 좋은나무성품학교 1단계 정의와 즐거운 활동들을 통해 12가지 주제성품
을 배우고, 생활 속에서 Caby 약속(baby sign)을 통해 언어습득과 사고력

확장을 강화시킨다.

다. 재미있는 스토리와 오감을 자극하는 음률, 놀이, 신체, 조작활동을 통해 좋은 성품의 태도를 배우고 감성지능을 계발한다.

라. 충분한 스킨십과 적절한 상호작용을 통해 자녀와 부모, 아이와 교사 간의 신뢰와 애착관계를 형성한다.

마. 캐비스쿨 부모-교사용 가이드북, 오리고 뜯고 붙여 쓸 수 있는 캐비스쿨 영유아용 워크북, 즐겁고 신나는 캐비 음악CD, 10분 캐비타임을 통해 온 가족이 창의적인 활동으로 행복한 경험을 한다.

③ 교육대상 : 5세 미만의 0~3세 영유아

④ 교육기간 : 12가지 주제성품을 한 성품당 2개월 과정(8주 혹은 60일)으로 교육

⑤ 교육과정 : 영유아 성품놀이교육인 캐비스쿨의 교육과정 내용은 〈표 11〉과 같다.

표 11. 영유아 성품놀이교육 '캐비스쿨'의 교육과정

교육주제	12가지 주제성품
하하하 행복해요	기쁨, 긍정적인 태도, 배려
네네네 사랑해요	경청, 순종, 책임감
꼭꼭꼭 약속해요	절제, 인내, 정직
통통통 축복해요	창의성, 감사, 지혜

⑥ 교재 : 캐비스쿨 영유아용 워크북, 캐비스쿨 부모-교사용 가이드북, 캐비음악 CD

⑦ 실천적 적용

좋은나무평생교육원에서는 영유아 성품전문지도자과정을 매분기 개설하여, 0~3세 아이들의 좋은 성품을 키우는 역량 있는 지도자를 양성한다. 캐비문화센터에서는 캐비스쿨 엄마랑반, 캐비스쿨 쿠킹, 캐비스쿨 아트, 캐비스쿨 부모교육 과정을 진행하여 일찍부터 가르치는 좋은 성품의 효과를 극대화한다.

영유아 성품놀이교육 '캐비스쿨'은 전국적으로 194개 어린이집과 문화센터에서 영유아를 위한 인성교육으로 펼쳐지고 있으며, 2014년 4월을 기준으로 영유아 성품놀이교육 '캐비스쿨'을 실천하는 어린이집과 문화센터는 다음의 〈표 12〉와 같다.

표 12. 2014년 4월 기준 영유아 성품놀이교육 '캐비스쿨' 실천기관

구분	파트너십
서울 · 강원 지역	청암어린이집 외 31개 기관
경기 · 인천 지역	경기 엘림어린이집 외 74개 기관
대전 · 충북 · 충남 · 세종 지역	공주 샛별어린이집 외 26개 기관
전북 · 전남 · 전주 · 광주 대구 · 부산 · 경북 · 경남 지역	셀라어린이집 외 34개 기관
제주 지역	예심원어린이집 외 21개 기관
국외 지역	할렐루야아기학교 외 중국 2개 기관
캐비 문화센터	2001아울렛 미금점, NC백화점 송파점, NC백화점 야탑점
전국 총 194개 기관	

3. 유아 성품교육과정

1) 좋은나무 키즈스쿨(GKS : Goodtree character Kids School)

좋은나무 키즈스쿨은 5~7세 유아를 대상으로 12가지 좋은 성품을 다양한 프로그램과 유아용 성품리더십 워크북을 활용하여 재미있게 배우도록 고안한 유아 성품리더십교육과정이다. 특별히 유아기부터 성품교육을 통해 좋은 생각·좋은 감정·좋은 행동을 습관화함으로써 행복한 성공자로 자라도록 돕는다.

① **프로그램 개요** : 유아기에 맞는 단계별 인성교육을 통해 기관에서 12가지 주제성품을 통해 공감인지능력과 분별력을 계발하도록 돕는 프로그램

② **교육목표**

가. 유아의 연령별 발달과정을 고려한 단계별 인성교육 프로그램을 통해 좋은 성품을 재미있고 탁월하게 배운다.

나. 좋은나무성품학교 2단계 정의와 즐거운 활동들을 통해 12가지 주제성품을 배우고 공감인지능력과 분별력을 조화롭게 발달시킨다.

다. 누리교육과정과의 통합교육을 재미있는 스토리와 오감을 자극하는 음악, 놀이, 신체, 조작활동으로 전개하여 학습능력 및 감성지능을 계발한다.

라. 관계맺기 연습을 통해 적절한 상호작용을 훈련하고 생활 속에서 성품법칙을 통해 좋은 성품의 태도를 연습한다.

마. 가정과 연계된 유아용 성품리더십 워크북, 10분 해피타임을 통해 온 가

족이 창의적인 활동으로 행복한 경험을 한다.

③ 교육대상 : 8세 미만의 5~7세 유아

④ 교육기간 : 12가지 주제성품을 한 성품당 2개월(8주 혹은 60일) 과정으로 진행

⑤ 교육과정 : 유아 성품리더십교육인 좋은나무 키즈스쿨의 교육과정 내용은 〈표 13〉과 같다.

표 13. 유아 성품리더십교육 '좋은나무 키즈스쿨'의 교육과정

교육주제		교육 프로그램
공감인지능력	분별력	
경청	인내	유아 성품리더십교육(Character Leadership) 성품을 키우는 음악(Character Music) 성품을 키우는 영어(GIS Character English)
긍정적인 태도	책임감	
기쁨	절제	
배려	창의성	
감사	정직	
순종	지혜	

⑥ 교재 : 유아용 성품리더십 워크북, 성품음악 CD, 좋은성품 기본생활습관 놀이판

⑦ 실천적 적용

좋은나무성품학교에서는 성공적인 유아 성품리더십교육을 위해 두 달에 1번씩 서울 · 경기 · 대전 · 전주 · 부산 · 제주 등 전국 6개 시 · 도에서 1,500여 명 교사들을 대상으로 '교사들을 위한 성품실기세미나'를 개최하여 한국형 12성

품교육을 효과적으로 실천하도록 돕는다.

유아 성품리더십교육 '좋은나무 키즈스쿨'은 전국의 373개 어린이집과 유치원
에서 유아 · 유치를 위한 인성교육으로 펼쳐지고 있으며, 2014년 4월을 기준으
로 유아 성품리더십교육 '키즈스쿨'을 실천하고 있는 국 · 공립, 사립 어린이집
과 유치원들은 다음의 〈표 14〉와 같다.

표 14. 2014년 4월 기준 유아 성품리더십교육 '좋은나무 키즈스쿨' 실천기관

구분	파트너십
서울 지역	잠실밀알유치원 외 39개 유치원, 31개 어린이집
경기 · 강원 지역	밀알유치원 외 59개 유치원, 70개 어린이집
인천 지역	성광유치원 외 11개 유치원, 4개 어린이집
충북 · 충남 지역	소망어린이집 외 9개 유치원, 25개 어린이집
대전 지역	동심유치원 외 11개 유치원, 3개 어린이집
전북 · 전남 지역	고창중앙유치원 외 8개 유치원, 13개 어린이집
전주 지역	제이그림나라유치원 외 6개 유치원, 5개 어린이집
경북 · 경남 지역	오천영광어린이집 외 8개 유치원, 7개 어린이집
부산 · 대구 · 울산 지역	조은유치원 외 9개 유치원, 6개 어린이집
제주 지역	에덴어린이집 외 27개 어린이집
국외 지역	상해엘림유치원 외 미주 11개 기관
전국 총 373개 기관	

4. 초등 성품교육과정

1) 좋은나무 차일드스쿨(GCS : Goodtree character Child School)

좋은나무 차일드스쿨은 초등학생을 위한 성품리더십교육을 통해 행복한 학교, 행복한 공동체, 행복한 문화를 만들고 미래 사회의 탁월한 인재를 양성하도록 고안된 초등 성품리더십교육과정이다.

① 프로그램 개요 : 아동기의 발달 및 성장과정을 고려하여 초등학교와 지역아동센터, 방과 후 교실 등의 기관에서 12가지 주제성품을 통해 공감인지능력과 분별력을 계발하도록 돕는 프로그램

② 교육목표

가. 아동기의 발달과업과 정신적 · 심리적 · 행동적 특성을 고려한 인성교육 프로그램을 통해 좋은 성품을 재미있고 탁월하게 배운다.

나. 좋은나무성품학교 2단계 정의와 조별활동, 프로젝트 수업 등을 통해 12가지 주제성품을 배우고 공감인지능력과 분별력을 조화롭게 발달시킨다.

다. 아동에게 잠재되어 있는 성품을 발견하고 계발하여 나와 다른 사람을 비롯한 가정과 사회에서 긍정적인 영향력으로 리더십을 발휘한다.

라. 관계맺기 연습을 통해 적절한 상호작용을 훈련하고 생활 속에서 성품법칙을 통해 좋은 성품의 태도를 연습한다.

마. 학습능력 및 감성지능을 계발하여 자기계발과 역량을 강화한다.

③ 교육대상 : 1~6학년 초등학생

④ 교육기간 : 12가지 주제성품을 한 성품당 8차시(40분) 수업으로 진행

⑤ 교육과정 : 초등 성품리더십교육인 좋은나무 차일드스쿨의 교육과정 내용은 〈표 15〉와 같다.

표 15. 초등 성품리더십교육 '좋은나무 차일드스쿨'의 교육과정

교육주제		주제성품별 특성화 교육	교육형태
공감인지능력	분별력		
경청	인내	기쁨을 통한 나의 진로 찾기 (진로교육 프로그램), 학교폭력 예방을 위한 배려 성품교육 (학교폭력 예방교육) 등	정규 성품수업 또는 강의·워크숍·공연·공동체 활동·자 기성찰 활동 등의 다양한 프로그램이 연계된 성품캠프
긍정적인 태도	책임감		
기쁨	절제		
배려	창의성		
감사	정직		
순종	지혜		

⑥ 교재 : 서울특별시교육청 승인 인정도서(교육과정과-1505호)

⑦ 실천적 적용

좋은나무평생교육원에서는 초등 성품전문지도자과정을 매분기 개설하여, 아동기 아이들의 좋은 성품을 키우는 역량 있는 지도자를 양성하고, 초등학교·지역아동센터·방과 후 초등교실을 통해 좋은성품교육 확산에 앞장선다.

초등 성품리더십교육은 2014년 4월을 기준으로 전국의 30여 개 초등학교에서 진행되고 있다. 2009년부터 사단법인 한국성품협회를 통해 초등 성품전문지도사 자격증과정을 이수함으로써 배출한 700여 명의 성품 전문지도사들이 정규과정(창의적 체험활동 시간)과 지역아동센터, 방과 후 초등교실에서 초등학생

들을 대상으로 성품을 가르치고 있다.

2014년도 4월을 기준으로 초등 성품리더십교육을 실천한 국·공립, 사립초등학교들은 다음의 〈표 16〉과 같다.

표 16. 2014년 4월 기준 초등 성품리더십교육 실천학교

| 전국 총 30개 초등학교 | 서울 계상초등학교
서울 문현초등학교
서울 세종초등학교
서울 영풍초등학교
서울 풍성초등학교
경기 늘푸른초등학교
경기 도암초등학교
경기 배영초등학교
경기 월곶초등학교
경기 한얼초등학교
인천 서림초등학교
인천 창영초등학교
전북 고산초등학교
서울 서대문지역아동센터 옹달샘
인천 어깨동무지역아동센터 | 서울 둔촌초등학교
서울 선유초등학교
서울 신가초등학교
서울 포이초등학교
경기 각골초등학교
경기 도덕초등학교
경기 미원초등학교
경기 서정초등학교
경기 의정부초등학교
경기 호곡초등학교
인천 서흥초등학교
대전 매곡초등학교
전주 덕일초등학교
서울 홍제지역아동센터
대전 매곡지원아동센터 등 |

5. 청소년 성품교육과정

1) 좋은나무 틴틴스쿨(Goodtree character Teen-teen School)

좋은나무 틴틴스쿨은 청소년기에 자아정체성을 확립하고 좋은 인성을 계발하여 행복한 학교문화를 창조하고, 사회와 국가에 필요한 지도자들을

세우도록 고안된 청소년 성품리더십교육과정이다.

① **프로그램 개요** : 청소년기의 발달 및 성장과정을 고려하여 중·고등학교와 청소년문화센터, 방과 후 교실 등의 기관에서 4가지 주제성품을 통해 공감 인지능력과 분별력을 계발하도록 돕는 프로그램

② **교육목표**

　가. 청소년기의 발달과업과 정신적·심리적·행동적 특성을 고려한 인성교육 프로그램을 통해 좋은 성품을 재미있고 탁월하게 배운다.

　나. 좋은나무성품학교 2단계 정의와 조별활동, 프로젝트 수업 등을 통해 4가지 주제성품을 배우고 공감인지능력과 분별력을 조화롭게 발달시킨다.

　다. 학생에게 잠재되어 있는 성품을 발견하고 계발하여 나와 다른 사람을 비롯한 가정과 사회에서 긍정적인 영향력으로 리더십을 발휘한다.

　라. 관계맺기 연습을 통해 적절한 상호작용을 훈련하고 생활 속에서 성품법칙을 통해 좋은 성품의 태도를 연습한다.

　마. 학습능력 및 감성지능을 계발하여 자기계발과 역량을 강화한다.

③ **교육대상** : 중·고등학생

④ **교육기간** : 4가지 주제성품을 한 성품당 8차시(45~50분) 수업으로 진행

⑤ **교육과정** : 청소년 성품리더십교육인 좋은나무 틴틴스쿨의 교육과정 내용은 〈표 17〉과 같다.

표 17. 청소년 성품리더십교육 '좋은나무 틴틴스쿨'의 교육과정

교육주제 공감인지능력	분별력	주제성품별 특성화 교육	교육형태
기쁨 배려 감사	인내	기쁨을 통한 나의 진로 찾기 (진로교육 프로그램), 학교폭력 예방을 위한 배려 성품교육 (학교폭력 예방교육) 등	정규 성품수업 또는 강의 · 워크숍 · 공연 · 공동체 활동 · 자기성찰 활동 등의 다양한 프로그램이 연계된 성품캠프

⑥ 교재 : (사)한국성품협회 청소년성품리더십 교재 '틴틴스쿨'

⑦ 실천적 적용

사단법인 한국성품협회에서는 학교폭력 · 왕따 문화 · 인터넷 중독 · 교단의 권위 훼손과 같은 공교육의 일상화된 문제들을 해결하기 위해, 4가지 좋은 성품으로 지속가능한 성품교육을 교육부—시도교육청—일선 학교들과 유기적으로 펼쳐 나가고 있다. 좋은나무평생교육원에서는 청소년 성품전문지도자과정을 매분기 개설하여, 청소년들의 좋은 성품을 키우는 역량 있는 지도자를 양성하는 일에 주력한다.

사단법인 한국성품협회 좋은나무성품학교는 전국의 20여 개 중 · 고등학교에서 청소년 성품리더십교육을 진행하여, 실천적 인성교육의 효과를 거뒀다. 2014년도 4월을 기준으로 청소년 성품리더십교육을 실천한 중 · 고등학교들은 다음의 〈표 18〉과 같다.

표 18. 2014년 4월 기준 청소년 성품리더십교육 실천학교

| 전국 총 20개 중·고등학교 | 중학교 | 서울 방산중학교 서울 오금중학교 서울 정의여자중학교 서울 한영중학교 경기 신길중학교 경기 와부중학교 강원 신남중학교 전북 남원용북중학교 | 서울 서연중학교 서울 정원여자중학교 서울 풍성중학교 경기 서호중학교 경기 신성중학교 대전 정림중학교 강원 인제중학교 전북 칠보중학교 등 |
| | 고등학교 | 경기 관양고등학교 경기 하남고등학교 | 경기 안양여자상업고등학교 충남 강상고등학교 등 |

6. 청년 성품교육과정

1) 자아발견 청년성품리더십캠프

　자아발견 청년성품리더십캠프는, 좋은 인성을 계발하여 행복하고 보람
찬 대학생활을 할 수 있도록 강의·워크숍·공연·공동체 활동·자기성
찰 활동 등의 체계적이고 다양한 프로그램이 연계되어 있다.

　① 프로그램 개요 : 청년기의 발달과업을 고려하여 자신의 성품을 변화시키고
　　역량을 개발하며, 사회와 국가를 이끌어나가는 미래 지도자를 양성하는 성
　　품리더십을 계발하도록 돕는 프로그램
　② 교육목표
　　가. 성품리더십을 통해 자신에 대한 정확한 인지능력을 키우고, 자기존중감

을 발전시켜 행복한 정체성을 갖게 한다.

　나. 자신 안의 갈등 문제들을 해결하고 자신의 지난 삶 속에서의 아픔들을 치유하여 극복하는 능력을 키워 자신감 있는 대학생활을 시작하게 한다.

　다. 자신의 장단점을 발견하여 강점을 키우는 대학생활이 되게 하고, 건강한 직장인으로서의 준비와 좋은 성품으로 타인과의 관계를 성숙시키는 사회성을 발달시킨다.

③ 교육대상 : 대학 신입생 및 재학생, 청년

④ 교육기간 : 3일 과정으로 진행

⑤ 교육과정 : 청년 성품리더십교육인 자아발견 청년성품리더십캠프의 교육과정 내용은 〈표 19〉와 같다.

표 19. 청년 성품리더십교육 '자아발견 청년성품리더십캠프'의 교육과정

구분	교육주제	교육내용	기쁨의 단계	교육형태
1일차	I'm Special	있는 그대로의 나를 사랑하는 기쁨	기쁨의 1단계 정의. 내가 얼마나 소중한지 알고 즐거워하는 것(좋은나무성품학교 정의)	대그룹 및 소그룹
2일차	You're Special	관계 회복을 위한 소통의 기쁨	기쁨의 2단계 정의. 어려운 상황이나 형편 속에서도 불평하지 않고 즐거운 마음을 유지하는 태도(좋은나무성품학교 정의)	
3일차	We're Special	세상을 기뻐하는 행복 찾기		

⑥ 교재 : (사)한국성품협회 청년성품리더십 교재 '청년 성품리더십-기쁨'

⑦ 실천적 적용

2013년 2월 26~28일, 충남 건양대학교에서 신입생 330명을 대상으로 '자아발견 청년성품리더십 캠프'를 진행했다.

3일 동안 진행된 자아발견 청년성품리더십 캠프에는 글로벌경영학부, 금융국제학과, 건설환경공학과, 국방경찰행정학부, 군사학과, 기계공학과, 나노바이오화학과, 디지털콘텐츠학과, 사회복지학과, 세무학과, 시각디자인학과, 심리상담치료학과, 아동보육학과, 운동처방학과, 유아교육과, 융합IT학부, 의공학부, 의료IT공학과, 의료공간디자인학과, 의료뷰티학과, 의약바이오학부, 재활퍼스널트레이닝학과, 정보보호학과, 제약생명공학과, 중국일본학부, 중등특수교육과, 초등특수교육과, 패션디자인산업학과, 호텔관광학부, Global Frontier School의 30여개 학과 신입생들이 참여하여 존재에 대한 기쁨을 회복하고, 자존감 향상 및 진로 코칭의 긍정적인 효과를 얻었다.

2) 청년취업연계프로그램 – 성성매너스쿨(성공하는 사람들을 위한 성품매너)

　성성매너스쿨은 '성공하는 사람들을 위한 성품매너' 프로그램으로, 대학생들을 위한 청년취업연계프로그램이다. 좋은 성품으로 나와 다른 사람과 좋은 관계를 맺도록 예의와 몸가짐을 연습하고, 12가지 주제성품에 따라 구체적이고 실제적인 상황별 태도와 자세를 배운다.

① 프로그램 개요 : 12가지 주제성품을 바탕으로 한 성품매너를 훈련하는 프로그램

② 교육목표

　가. 좋은 성품의 정의와 중요성을 이해한다.

　나. 좋은 성품의 얼굴, 미소, 자세를 훈련한다.

　다. 관계 회복을 위한 성품매너를 익힌다.

　라. 성성법칙(성공하는 사람들을 위한 성품매너 법칙)을 실생활에 적용하고 습
　　　관화한다.

③ 교육대상 : 대학생, 취업준비생 및 좋은 성품매너를 연습하기 원하는 청년

④ 교육과정 : 청년 취업연계프로그램인 성성매너스쿨(성공하는 사람들을 위한
　　　성품매너)의 교육과정 내용은 〈표 20〉과 같다.

표 20. 청년 취업연계프로그램 '성성매너스쿨(성공하는 사람들을 위한 성품매너)'의 교육과정

단원	교육주제	교육내용	교육형태
I	성품이 성공이다	좋은 성품의 정의와 중요성	대그룹 및 소그룹
II	성품은 매너이다	관계 회복을 위한 성품매너	
III	성품은 행복이다	행복을 만드는 성성법칙	

⑤ 교재 : (사)한국성품협회 청년성품리더십 교재 '성성매너스쿨'

⑥ 실천적 적용

성성매너스쿨은 2010년 2학기부터 2011년 1학기까지 혜천대학 유아교육과 2
학년 31명, 3학년 45명 재학생을 대상으로 진행되었다. 또한 2011년 12월 5일부
터 2012년 1월 18일까지 안산대학교 국제비서학부 재학생 64명을 대상으로 성
성매너스쿨을 진행했다. 2013년 11월에는 한양여자대학교 유아교육과 2, 3학년

재학생 30명을 대상으로 과정을 진행하여 좋은 성품매너교육을 전개했다.

3) 청년성품 Basic세미나

청년성품 Basic세미나는 한국형 12성품교육의 이론적 배경과 성품교육 기초 실기를 대학에서 가르치는 성품교육 입문과정이다.

① **프로그램 개요** : 한국형 12성품교육의 이론적 배경과 12가지 주제성품 실기 교육을 통해 한국형 12성품교육의 기초적인 이해와 적용을 돕는 프로그램

② **교육목표**

　가. 한국형 12성품교육의 중요성과 교육원리를 알고 2가지 기본 덕목인 공감인지능력과 분별력의 교육내용을 이해한다.

　나. 한국형 12성품교육에서 가르치는 12가지 주제성품의 구체적인 교육방법을 이해한다.

　다. 한국형 12성품교육을 이론적 배경으로 하는 성품음악교육을 통해 재미있고 탁월하게 주제성품을 배우는 원리를 이해한다.

③ **교육대상** : 대학생, 한국형 12성품교육의 기초를 배우기 원하는 청년

④ **교육과정** : 청년 성품리더십교육인 청년성품 Basic세미나의 교육과정 내용은 〈표 21〉과 같다.

표 21. 청년 성품리더십교육 '청년성품 Basic세미나'의 교육과정

단원	교육주제	교육내용
1		한국형 12성품교육의 중요성
2		한국형 12성품교육의 교육원리
3	한국형 12성품교육의 이론	한국형 12성품교육의 기본 덕목 – 공감인지능력
4		한국형 12성품교육의 기본 덕목 – 분별력
5		한국형 12성품교육의 교육방법 및 특성
6		한국형 12성품교육의 주제성품별 교육모형(1)
7		한국형 12성품교육의 주제성품별 교육모형(2)
8		한국형 12성품교육의 주제성품별 교육모형(3)
9		한국형 12성품교육의 주제성품별 교육모형(4)
10	한국형 12성품교육의 실제	한국형 12성품교육의 실제 – 성품음악교육
11		한국형 12성품교육의 주제성품별 교육모형(5)
12		한국형 12성품교육의 주제성품별 교육모형(6)
13		한국형 12성품교육의 주제성품별 교육모형(7)
14		한국형 12성품교육의 주제성품별 교육모형(8)
15		평가 및 시험

⑤ 교재 : (사)한국성품협회 청년성품리더십 교재 '청년성품 Basic'

⑥ 실천적 적용

청년성품 Basic세미나는 2010년 2학기부터 2011년 1학기까지 혜천대학 유아
교육과 2학년 31명, 3학년 45명 재학생을 대상으로 진행되었고, 한국형 12성품
교육의 이론과 실제에 대한 구체적이고 체계적인 교육내용을 제공했다.

7. 부모 성품교육과정

1) 성품대화학교(SCC : School of Character Communication)

성품대화학교(SCC)는 좋은 성품의 대화를 실제적으로 가르치고 훈련하는 부모성품교육과정으로, 일반과정은 온라인과 오프라인 과정으로 나누어 진행된다. 학교폭력의 시작은 언어폭력에서부터 시작된다. 언어폭력에서 학생들을 해방시킬 수 있는 방법은, 가정에서 부모들이 자녀에게 들려주는 말들이 변하면 가능해진다. 모든 갈등은 대화로 풀려질 때 가장 행복한 관계가 되고 성숙한 성품을 소유하게 된다.

① **프로그램 개요** : 다른 사람의 생각, 감정, 행동을 수용하여 마음을 열고 친밀한 관계를 유지하도록 좋은 성품의 대화를 실제적으로 가르치고 훈련하는 프로그램

② **교육목표**

가. 가정이 성품을 가르치는 최초의 학교임을 이해하고 성품대화로 자녀의 좋은 성품을 계발한다.

나. 성품대화를 통해 발달 수준에 맞는 좋은 성품의 정의와 태도를 자녀에게 일깨운다.

다. 좋은 성품을 계발하여 가정과 공동체 안에서 건강하고 성공적인 관계를 맺게 한다.

라. 자신과 자녀, 가정, 이웃과 사회를 좋은 성품으로 변화시키도록 훈련한다.

③ 교육대상 : 좋은 성품의 자녀로 키우기 원하는 전국의 초중고 학부모를 대상으로 진행하되 학교폭력에 노출된 가해자 및 피해자 학부모를 우대하는 것을 원칙으로 한다.

④ 교육기간 : 오프라인과정은 6주 과정(주 1회 2시간), 온라인과정은 총 12강으로 진행한다.

⑤ 교육과정 : 성품대화학교(SCC)의 온라인 및 오프라인 교육과정 내용은 〈표 22〉와 같다.

표 22. 성품대화학교(SCC)의 오프라인 및 온라인 교육과정

오프라인 과정	1주 : 성품교육이란 무엇인가 2주 : 성품대화의 준비1 3주 : 성품대화의 준비2 4주 : 성품대화의 기술 5주 : 성품대화를 통한 성품계발 6주 : 연령별 발달수준에 맞는 성품대화법
온라인 과정	1강 : 성품대화란 무엇인가? 2강 : 성품대화를 위한 준비 – 존중하는 마음 3강 : 성품대화를 위한 준비 – 관찰하는 태도 4강 : 성품대화를 위한 준비 – 느낌과 욕구를 표현하는 마음 5강 : 성품대화를 위한 준비 – 요청하는 마음 6강 : 생각을 바꾸는 기술 – 질문법 7강 : 감정을 열게 하는 기술 – 경청법 8강 : 행동을 바꾸는 기술 1 – 긍정적인 피드백 9강 : 행동을 바꾸는 기술 2 – 성품으로 자녀 칭찬하기와 훈계하기 10강 : 성품대화를 통한 성품계발 11강 : 연령별 성품대화의 특징 12강 : 성품대화로 자녀와 좋은 관계맺기

⑥ 교재 : 『성품 좋은 자녀로 키우는 부모의 말 한마디』(이영숙, 2009) 및 성품대
화학교 워크북

2) 성품훈계학교(SCD : School of Character Discipline)

성품훈계학교(SCD)는 성품 좋은 자녀를 양육하기 위한 부모의 바른 훈계
법을 배우고, 부모가 자녀의 진로를 행복하게 열어 주도록 하는 부모 역할
효능감 증진 프로그램이다.

① **프로그램 개요** : 자녀에 대한 바른 가치관과 인식을 심어주고 훈계에 대한
구체적인 방법을 제시하여 부모·자녀의 올바른 관계를 형성하고 성공적인
자녀를 기르도록 돕는 프로그램

② **교육목표**

가. 자녀의 기질과 특성을 파악하여 자녀에 대한 바른 가치관을 갖는다.

나. 자녀에 대한 바람직한 훈계법을 통해 관계를 회복하고 성공적인 자녀로
키울 수 있도록 훈련한다.

다. 바람직한 훈계를 통하여 자녀를 좋은 성품으로 키울 수 있도록 한다.

라. 자신과 자녀, 가정, 이웃과 사회를 좋은 성품으로 변화시키도록 훈련한다.

③ **교육대상** : 좋은 성품의 자녀로 키우기 원하는 전국의 초중고 학부모를 대상
으로 진행하되 학교폭력에 노출된 가해자 및 피해자 학부모를 우대하는 것
을 원칙으로 한다.

④ **교육기간** : 오프라인과정은 6주 과정(주 1회 2시간), 온라인과정은 총 6강으

로 진행한다.

⑤ **교육과정** : 성품훈계학교(SCD)의 교육과정 내용은 〈표 23〉과 같다.

표 23. 성품훈계학교(SCD)의 교육과정

구분	교육주제
1주	자녀란 누구입니까? – 올바른 자녀관 정립
2주	훈계란 무엇입니까? – 올바른 인성을 키우는 훈계의 이해
3주	훈계의 구체적인 기술 – 올바른 인성을 키우는 훈계의 실제(1)
4주	교정과 보상에 대하여 – 올바른 인성을 키우는 훈계의 실제(2)
5주	좋은 성품으로 키우기 위한 다양한 자녀훈계법 – 올바른 인성을 키우는 훈계의 방법
6주	훈계를 통한 관계맺기의 행복 – 올바른 인성을 키우는 훈계의 적용

⑥ **교재** : 『성품 좋은 자녀로 키우는 자녀훈계법』(이영숙, 2010) 및 성품훈계학교 워크북

3) 성품이노베이션(SCI : School of Character Innovation)

성품이노베이션(SCI)은 부모가 스스로의 성품을 진단하고, 힐링 집중교육을 통해 자신의 좋은 성품을 계발하는 부모 자가진단–힐링 프로그램이다.

① **프로그램 개요** : 나와 자녀, 가정과 이웃을 행복하게 만들어갈 성품 좋은 성인이 되도록 성품으로 나를 찾아 여행을 떠나는 치유와 회복의 프로그램

② 교육목표

　가. 성품치유 프로그램을 통해 나쁜 성품의 원인을 찾고 자신 안에 있는 좋
　　　은 성품을 발견한다.

　나. 내면의 상처를 치유하고 건강한 삶을 세워간다.

　다. 좋은 성품을 계발하여 가정과 공동체 안에서 건강하고 성공적인 관계를
　　　맺게 한다.

　라. 자신과 자녀, 가정, 이웃과 사회를 좋은 성품으로 변화시키도록 훈련한다.

③ 교육대상 : 좋은 인성의 부모가 되기 원하는 전국의 초중고 학부모를 대상으
　로 진행하되 학교폭력에 노출된 가해자 및 피해자 학부모를 우대하는 것을
　원칙으로 한다.

④ 교육기간 : 오프라인 6주 과정(주 1회 2시간)으로 진행한다.

⑤ 교육과정 : 성품이노베이션(SCI)의 교육과정 내용은 〈표 24〉와 같다.

표 24. 성품이노베이션(SCI)의 교육과정

구분	교육주제
1주	성품으로 새롭게 시작하기(감사)
2주	성품으로 나를 찾아 떠나기(기쁨)
3주	성품으로 나를 사랑하기(긍정적인 태도)
4주	성품으로 배우자 사랑하기(인내, 책임감, 절제)
5주	성품으로 자녀 사랑하기(순종, 지혜, 창의성)
6주	성품으로 세상을 향해 나아가기(배려, 경청)

⑥ 교재 : 『나를 찾아 떠나는 여행, 성품』(이영숙, 2008) 및 성품이노베이션 워크북

4) 성품파파스쿨—아버지성품학교(CPS : Character Papa School)

성품파파스쿨—아버지성품학교(CPS)는 좋은 성품의 아버지상을 정립하고 역할을 회복하여, 가정 내에서 신뢰받는 남편, 존경받는 아버지로 거듭날 수 있도록 지원하는 아버지 성품교육프로그램이다.

① **프로그램 개요** : 가정 안에서 성품 좋은 아버지의 영향력을 극대화하도록 정체성과 긍정적인 역할을 회복하고, 좋은 성품으로 가정 내의 행복한 관계맺기를 실현하도록 돕는 프로그램

② **교육목표**

가. 성품 좋은 아버지의 영향력을 알고, 올바른 아버지상을 정립할 수 있다.

나. 아버지와 함께 하는 다양한 활동을 통해 좋은 성품의 의미와 중요성을 알고, 활동 속에서 실천할 수 있다.

다. 아버지와 자녀가 주제성품을 경험하는 활동을 통해 서로의 존재에 대해 감사하고, 좋은 성품으로 가족 간의 관계를 회복한다.

③ **교육대상** : 전국의 아버지 또는 아버지 역할을 담당하는 조부모와 좋은 인성의 자녀로 키우기 원하는 학부모들을 대상으로 진행하되 학교폭력에 노출된 가해자 및 피해자 학부모를 우대하는 것을 원칙으로 한다.

④ **교육기간** : 회차별 2~3시간으로 진행한다.

⑤ **교육과정** : 3회차 또는 1회차의 두가지 모형으로 진행되는 성품파파스쿨—아버지성품학교(CPS) 교육과정 내용은 〈표 25〉와 같다.

표 25. 성품파파스쿨-아버지성품학교(CPS)의 교육과정

3회차	1회 감사의 성품으로 자녀관계 회복하기 2회 책임감의 성품으로 부부관계 회복하기 3회 기쁨으로 배려하는 행복한 가족 축제
1회차	1회 인내의 성품으로 자녀 사랑하기

⑥ 교재 : 주제성품별 성품파파스쿨-아버지성품학교 워크북

5) 여성성품리더십스쿨

여성성품리더십스쿨은 좋은 성품으로 여성의 정체성과 비전을 회복하고, 행복한 세상으로 변화시키도록 돕는 여성을 위한 힐링과 행복의 치유 프로그램이다.

① **프로그램 개요** : 12가지 주제성품으로 여성의 정체성과 역할, 비전을 회복하고 가정과 세상에 여성으로서의 행복한 영향력을 끼치도록 돕는 프로그램

② **교육목표**

　가. 여성의 근원적인 비전을 회복하고 여성으로서의 긍정적인 이미지를 발견한다.

　나. 자기용납을 통해 억눌리고 부정적이었던 생각, 감정, 행동을 창조적으로 변화시킨다.

　다. 12가지 주제성품의 긍정적인 영향력을 이해하고, 공감의 리더십, 분별의 리더십을 발휘한다.

라. 나와 가정, 세상을 행복하게 만드는 여성으로서의 역할을 이해하고 실천한다.

③ 교육대상 : 성품리더십을 함양하고 싶은 전국의 모든 여성

④ 교육기간 : 힐링코스 6주(주 1회 3시간), 행복코스 6주(주 1회 3시간)의 총 12주 과정으로 진행한다.

⑤ 교육과정 : 여성성품리더십스쿨 힐링코스와 행복코스의 교육과정 내용은 〈표 26〉과 같다.

표 26. 여성성품리더십스쿨 힐링코스와 행복코스의 교육과정

구분	주	주제성품	교육주제
힐링코스	1주	창의성 리더십	여성의 탄생
	2주	기쁨 리더십	여성의 정체성과 리더십
	3주	순종 리더십	
	4주	긍정적인 태도 리더십	여성의 비밀
	5주	감사 리더십	
	6주	인내 리더십	여성의 역할
행복코스	1주	배려 리더십	여성의 역할
	2주	지혜 리더십	여성의 태도
	3주	절제 리더십	
	4주	정직 리더십	여성의 사명과 비전
	5주	책임감 리더십	
	6주	경청 리더십	세상을 향한 여성의 사랑

⑥ 교재 : 『여성성품리더십』(이영숙, 2013) 및 여성성품리더십스쿨 힐링코스 워크북, 행복코스 워크북

⑦ 실천적 적용

사단법인 한국성품협회 좋은나무성품학교의 여성성품리더십스쿨은 2014년 4월을 기준으로 사단법인 한국성품협회 수원본부에서 4기째 진행되고 있으며, 총 130여 명의 여성들의 삶을 치유하고 회복시켰다.

8. 직장인 성품교육과정

1) 직장인성품경영스쿨

성품경영이란 "한국형 12성품을 바탕으로 한 소통성품 · 책임성품 · 긍정성품을 통해 개인, 가정, 직장, 사회의 변화와 성공을 이끌어내는 것"(김기열, 2012)이다. 직장인성품경영스쿨은 한 사람의 생각, 감정, 행동을 바람직한 방향으로 변화시켜서 개인과 가정, 직장을 행복하게 만들고 성공적인 경영을 하도록 돕는다.

① **프로그램 개요** : 개인이 좋은 성품으로 변화되어 가정과 직장 내에서 소통성품경영, 긍정성품경영, 책임성품경영의 리더십을 발휘하도록 돕는 프로그램

② **교육목표**

가. 개인의 생각, 감정, 행동에 바람직한 변화를 주어 자신의 인생을 주도적

으로 행복하게 이끌어 나가도록 한다.

　나. 개인의 좋은 성품으로 기업 문화에 바람직한 변화를 주어 행복한 기업, 일하기 좋은 기업, 지속적으로 성장하는 기업이 되도록 성품경영의 영향력을 확대한다.

③ 교육대상 : 신입사원, 경력사원, CEO, 예비 사회인

④ 교육과정 : 직장인 성품교육과정인 직장인성품경영스쿨의 교육과정 내용은 〈표 27〉과 같다.

표 27. 직장인 성품교육과정 '직장인성품경영스쿨'의 교육과정

성품경영체계	교육내용	한국형 12성품
소통성품경영	열린 마음을 가지고 상대를 이해하고 수용하고, 함께 공동의 유익을 찾는 성품	경청, 배려, 절제, 지혜
긍정성품경영	어려운 상황에서 희망적인 생각, 말로 기업의 분위기와 가치를 높이는 성품	긍정적인 태도, 감사, 기쁨, 창의성
책임성품경영	일을 맡긴 사람에게 신뢰를 주고, 맡은 사람은 성취감을 갖게 하는 성품	책임감, 순종, 인내, 정직

⑤ 실천적 적용

직장인성품경영스쿨은 KCC기업 성품리더십교육(2013. 3. 18/3. 25), 한국GM '좋은 성품으로 자녀와 대화하기' 임직원 성품교육(2012. 11. 30), ㈜뉴젠스 비즈니스 성품경영 12주 교육(2012. 8. 27~11. 19), ㈜지오파트너즈 '성품리더십' 임직원 성품교육(2012. 6. 30) 등 다양한 기업을 대상으로 진행되었다.

9. 노인 성품교육과정

1) 황금세대를 위한 성품세미나

조부모 성품격대교육은 성품 좋은 손자녀로 키우기 위해 조부모가 좋은 생각, 좋은 감정, 좋은 행동으로 손자녀들을 돌보아 기르는 것(이영숙, 2010)이다. 사단법인 한국성품협회는 조부모와 손자녀 간의 행복한 성품대화법을 통해 할아버지, 할머니, 자녀, 손자, 손녀 모두 행복한 가정과 가문을 이루도록 "황금세대를 위한 성품세미나"를 진행한다.

① **프로그램 개요** : 조부모가 좋은 생각, 좋은 감정, 좋은 행동을 훈련하여 좋은 성품으로 손자녀를 돌보아 기르고, 노인성품리더십을 발휘하도록 돕는 프로그램

② **교육목표**

가. 가정에서 손자녀와 함께 나눈 따뜻한 말 한 마디가 손자녀의 성품이 됨을 이해하고, 할아버지·할머니가 보여준 좋은 생각, 좋은 감정, 좋은 행동들이 손자녀의 좋은 성품을 자라게 함을 인지한다.

나. 손자녀들이 할아버지·할머니와 생애 초기부터 친밀하고 밀접한 관계를 경험하게 함으로써, 핵가족화에서 비롯되는 정서적 문제인 고독감을 완화한다.

다. 손자녀의 양육에 참여함으로써 축적된 지혜와 인생 경험을 가족에게 제공하고, 조부모 스스로 삶의 의미를 찾고 성취감을 느낀다.

③ 교육대상 : 예비 조부모, 맞벌이 가정의 조부모, 50세 이상 손자녀 교육에 관심 있는 일반인

④ 실천적 적용

황금세대를 위한 성품세미나는 인구보건복지협회 조부모 49명(2010.3.23.), 중화경로복지관 조부모 40명(2010.4.21.), 김천시청 사회복지관 조부모(2010.4.26.), 인구보건복지협회 경기도지회 조부모 56명(2010.5.26.), 인구보건복지협회 인천지회 83명(2010.6.29.) 등을 대상으로 진행되었다. 더불어 2010년 인구보건복지협회와 공동으로 제작한 조부모 육아교육 및 가이드북은 전국 802곳의 조부모 가정과 노인복지시설에 무료 배포되었다.

학교폭력, 배려의 성품으로 풀어내기

지난 3월 11일 경북 경산시에서 한 고등학생이 학교폭력을 비관해 투신 자살한 사건이 발생하면서 학교폭력의 심각성이 또 다시 도마 위에 올랐 다. 스스로 목숨을 끊은 최군은 상습폭행, 금품갈취, 집단 성희롱 등의 가 혹행위를 중학교 2학년 때부터 당해왔다고 한다.

이 사건이 더욱 논란의 쟁점이 된 이유는, 경찰조사 과정에서 가해학생 들이 보인 '무감각한 태도' 때문이다. 가해자로 지목된 학생들은 폭력 사실 가운데서 일부 혐의만 인정하고 별다른 죄책감을 느끼지 않는 등 무덤덤한 모습으로 일관했다. 심지어 "돈을 빼앗은 게 아니라 다른 학생에게 돈을 빼 앗길까봐 대신 보관하면서 같이 썼다"고 진술하는가 하면, 가해학생 중 한 명이 "사죄합니다. 지은 죄만큼 벌 받고 오겠습니다"라고 올린 카스(카카오 스토리)에 친구들이 "뭘 잘못했는데 니가", "사나이는 한 번쯤 징역 갔다 와 도 된다" 등의 댓글을 달아 논란이 가열되고 있다.

폭력을 휘두르는 것도 문제이다. 그러나 한 사람의 목숨을 앗아갈 만큼 가혹행위와 수치심을 안겨주고도 별다른 문제의식을 느끼지 못하는 것은 더 심각하다. 근본적으로 다른 사람의 고통을 공감하는 능력이나, 옳고 그 름을 분별하는 성품을 가르치지 않은 결과가 제2, 제3의 학교폭력 피해자와 가해자들을 양산하고 있다.

성품이란 "한 사람의 생각, 감정, 행동의 총체적 표현"(이영숙. 2005)이다. 오늘날 학교폭력이 갈수록 심화되고 사회적으로도 큰 파장을 일으키는 이유는 아이들이 어른들로부터 좋은 성품으로 돌보는 경험을 한 적이 없는 데다, 아이들을 입시제도의 무한경쟁 속으로만 내몰았기 때문이다. 그러니 아이들은 지울 수 없는 분노와 상처, 그러니까 분리와 상실, 욕구 좌절, 거절감, 성적 학대나 가정폭력 등을 겪으며 유년시절을 보낼 수밖에 없다. 결국 이들은 자신의 아픔에만 집중하는 이기적인 사람으로 성장함으로써 다른 사람의 고통에는 둔감해지고, 자신의 내면이 아픈 만큼 다른 사람들에게는 파괴적인 방법으로 분노를 표출한다.

더욱이 우리 사회조차 이런 학생들에 대해 관심을 가지고 잘 관찰하여 그 원인을 파악하기보다 그들의 행위에 대해 벌을 주고 징계함으로써 문제를 해결하려는 인식이 더 강하다. 사실 이들은 '나쁜 아이'들이 아니라 '아픈 아이'들이다. 가해자의 프레임으로 고정하기 전에 또 다른 피해자라는 사실을 기억해야 한다. 이들이 학교폭력으로 내면의 분노를 폭발하기까지는, 관심과 사랑을 받고 싶은 마음을 가정과 학교, 사회에 나름대로 수없이 표현했을 것이다.

이렇게 보면 우리는 학교폭력을 예방하고 행복한 학교를 만들기 위해 무엇보다 관심을 갖고 관찰하며 보살펴 주는 '배려'의 성품이 필요하다는 결론에 이르게 된다. 배려란 "나와 다른 사람 그리고 환경에 대하여 사랑과 관심을 갖고 잘 관찰하여 보살펴 주는 것"(좋은나무성품학교 정의)이다. 그러니까 잘못을 비난하고 질책하기 전에, 오히려 분노하는 아이들 속에 도사리고 있는 내면의 욕구에 더욱 공감하면서 품어주고 배려해 주는 사랑이 결국 학교폭력을 예방하는 길인 셈이다.

공감인지능력이란 "다른 사람의 기본적인 정서 즉 고통과 기쁨, 아픔과 슬픔에 공감하는 능력으로 동정이 아닌 타인에 대한 이해를 바탕으로 하여 정서적 충격을 감소시켜 주는 능력"(이영숙. 2005)이다. 학교폭력, 왕따, 우울증, 자살 등의 시대적 난관을 극복하기 위해서는 어른들이 먼저 좋은 성품으로 거듭나야 한다. 내면에 분노를 키우지 않도록 어렸을 때부터 아이들의 숨겨진 의존적 욕구를 충족시켜 주고, 방치되지 않도록 고통의 감정들을 어루만져줘야 한다. 그리고 배려의 성품을 배우고 실천할 수 있도록 교육 현장에 적극적인 성품교육이 도입되어야 한다.

칼럼 발췌 : 조선일보 학부모 전문가 칼럼 2013.10.31.
경기신문 오피니언 칼럼 2013.04.17.
월간 좋은성품 신문 성품칼럼 제52호(2013년 4월)

/
좋은 성품이란 "갈등과 위기상황에서 더 좋은 생각, 더 좋은 감정, 더 좋은 행동으로 문제를 해결하는 능력"
이다. _ 이영숙, 2005(저작권 제C-2014-008455호)

chapter 3

한국형 12성품교육의 효과

1. 한국형 12성품교육의 사례 분석

1) 영아 성품교육과정 적용 사례

영아 성품교육과정 중 영유아 성품놀이교육과정은 2010년부터 시작되어 2014년 4월 현재까지 전국 어린이집, 문화센터 등 200여 개 기관과 시설에 적용해 왔다. 다음은 영유아 성품놀이교육을 통해 긍정적인 태도를 배운 영유아가 긍정적인 태도의 주제성품을 실생활에 적용한 사례이다.

사례 1 | 어느 날 갑자기 발가락에 마비 증상이 왔다. 서있기 조차 힘들어 부랴부랴 찜질하고 마사지도 했지만 차도가 없이 점점 더 아프기만 했다. 병원을 가야 하는데 남편도 퇴근 전이라 세 살 된 아들을 데리고 혼자 병원에 가려니 엄두가 나지 않았다. 그래서 고통을 참아가며 찜질만 하고 있었다.
그런데 그때였다. "엄마, 뭐해?" "응, 엄마 발가락이 아파." "그럼 병원가야지!"

"응….. 그런데 엄마 병원가기 싫다." "엄마, 병원이 무서워? 그래도 아플 땐 병원 가야 해. '병원가면 안 아플 거다'라고 긍정적인 태도로 생각하고 가야 해." 순간 세 살밖에 안된 아들이 맞나 싶을 정도로 야무지게 말하는 아들의 말에 입이 딱 벌어졌다. 다른 아이들보다 말을 빨리 배우고 잘 하는 아들이긴 했지만 그날은 말을 잘하는 아들보다 긍정적인 태도에 대해 잘 이해하고 말하는 아들이 마냥 신기했다. 이제 세 살 된 아들이 영유아 성품놀이교육기관인 캐비스쿨에서 배운 긍정적인 태도를 잘 기억하고 있다는 생각을 하니 머리끝까지 전율이 흘렀다.

사실 아이가 성품을 배우고 있긴 하지만 '세 살 아이들은 아무것도 모른다'고만 생각했기 때문에 큰 기대를 하지 않았다. 그런 나로서는 "언제나 좋은 생각, 언제나 좋은 행동, 언제나 좋은 말을 선택하는 것"이라고 캐비스쿨의 긍정적인 태도 정의를 흥얼거리는 아이가 놀랍지 않을 수 없었다. 아이를 보며 놀라고 있을 때쯤 아들이 마지막으로 이렇게 말했다. "엄마는 소중하니까 내일 기쁜 마음으로 병원 가세요. 내가 손잡고 같이 가줄게." 아들의 야무진 말에 크게 웃으며 아들을 꼭 안아주었다.

아들의 모습을 통해, 영유아 성품놀이교육은 어린 세 살짜리 아이의 마음에도 깊이 스며드는 교육이라는 것을 실감하게 되었다. 어렸을 때부터 가르쳐야 좋은 생각과 습관이 쌓여 결국 좋은 성품이 된다는 것을 다시 한 번 깊이 생각해 보게 되었다.

사례 1에서 영아는 "그래도 아플 땐 병원 가야 해. '병원가면 안 아플 거

제2부 | 한국형 12성품교육의 실제

다'라고 긍정적인 태도로 생각하고 가야 해.", "엄마는 소중하니까 내일 기쁜 마음으로 병원 가세요. 내가 손잡고 같이 가줄게."라고 부모가 선택할 수 있는 긍정적인 행동을 제시하며 부모를 위로했다. 이를 통해 영아가 "언제나 좋은 생각, 언제나 좋은 행동, 언제나 좋은 말을 선택하는" 좋은나무 성품학교의 1단계 긍정적인 태도의 정의를 인지하고 상황에 적절히 적용했음을 알 수 있다.

다음은 28개월 영아를 통해 영유아 성품놀이교육을 경험한 학부모의 수기이다.

사례 2 | 어린이집에 보낼 계획을 가지고 있었던 중에 영유아 성품놀이교육기관인 캐비스쿨에 대해 듣게 되었다. 평소 성적 위주의 교육관에 많은 문제점을 느끼고, 근본을 중요시 여기는 인성교육에 관심을 가지고 있었던 터라 12가지 주제성품을 교육시킨다는 것에 큰 매력을 느껴 28개월 된 희엘이를 보내기로 결정했다.

당시 희엘이는 낯선 환경과 사람들에게 심한 거부감을 가지고 있는 상태였고 엄마와 떨어지는 것에 대해 무척 힘들어 했다. 하지만 영유아 성품놀이교육인 캐비스쿨 선생님의 편안한 성품과 더불어, 희엘이의 눈높이와 기질에 맞는 교육이 희엘이의 내면을 점점 변화시켰다. 희엘이는 수업 때마다 집중하는 모습을 보여주었고, 수업시작 30분 전 자유놀이 시간에 여러 종류의 성품교구를 가지고 놀면서 큰 흥미를 보였다.

캐비스쿨에서 배운 내용들을 집에 와서 따라 하기도 하고, 선생님과 친구들에 대한 좋은 감정을 종종 말로 표현하기도 했다. 당시 가장 염려했던 희엘이의 사회성은 현재 매우 좋아졌고, 긍정적인 언어로 잘 표현하는 모습을 볼 때마다 뿌듯함마저 느낀다. 희엘이와 수업에 함께 참여하면서 캐비스쿨 선생님에게 배운 성품지도법은 희엘이를 양육하는 데에도 많은 도움이 됐다.

사례 2에서 영아는 '낯선 환경과 사람들에게 심한 거부감을 가지고 있는 상태'와 '엄마와 떨어지는 것에 대해 무척 힘들어하는' 분리불안의 반응을 보였다. 영유아 성품놀이교육을 통해 '수업 때마다 집중하는 모습을 보여주었고', '성품교구를 가지고 놀면서 큰 흥미를 보이는' 등 내면이 안정감 있게 변화된 모습을 확인할 수 있다. 교사와 친구에게 긍정적으로 정서를 표현하게 된 것으로 보아 좋은 관계를 맺는 사회성이 발달했음을 알 수 있다.

2) 유아 성품교육과정 적용 사례

한국형 12성품교육 중 유아 성품교육과정은 2005년부터 시작되어 2014년 4월 현재까지 전국 유치원, 어린이집 중 380여 개 기관과 시설에 적용해 왔다. 유아 성품교육과정 사례에서는 경청, 긍정적인 태도, 기쁨, 배려, 감사, 순종, 인내, 책임감, 절제, 창의성, 정직, 지혜의 12가지 주제성품에 대한 효과가 나타났다.

(1) 경청

한국형 12성품교육은 경청을 "상대방의 말과 행동을 잘 집중하여 들어 상대방이 얼마나 소중한지 인정해 주는 것"(좋은나무성품학교 정의)으로 정의하고, 의사소통 기술 향상과 사회성 발달을 교육의 목표로 삼는다. 다음 두 사례는 유아가 성품교육을 통해 배운 경청을 실생활에 적용한 사례이다.

사례 1 | 다빈이는 좋은나무성품학교에서 성품교육을 받은 후 성품이 많이 달라졌다. 그런데 올해 초등학교에 입학한 다빈이를 보면서 나에게 새로운 걱정거리가 하나 생겼다. 그것은 바로 '좋은나무성품학교의 성품교육을 하지 않는 학교에서도 잘 적응하고 성품을 실천하며 지낼 수 있을까?'하는 것이었다. 그러나 내 걱정과 달리 다빈이는 현재 학교에서 적응을 잘할 뿐만 아니라 선생님들과 친구들에게 성품 좋은 친구로 통한다. 수업시간에 잘 경청하고 선생님의 전달사항도 나에게 꼼꼼히 전달해 준다.

한 번은 다빈이가 수업이 끝나고 집에 돌아와 자랑을 했다. "엄마, 오늘 수업시간에 친구들이 떠들어서 '선생님이 말씀하실 때는 경청하는 거야'라고 말해줬더니 친구들이 경청이 뭐냐고 물어봤어요." "어머 그랬구나? 그래서 뭐라고 대답해 줬어?" "응, 그래서 내가 '경청이란 상대방의 말과 행동을 잘 집중하여 들어 상대방이 얼마나 소중한지 인정해 주는 것이야'라고 율동하면서 정의를 말해줬더니, 친구들이 우와~ 하면서 놀라워했어요." "우와~ 정말 대단하다. 앞으로 다빈이가 다른 성품도 친구들에게 알려주면 정말 좋을 것 같구나." 학교에서 다빈이의 성품 실천은 이렇게 시작되었다.

사례 2 | 어느 날 저녁, TV 뉴스에 집중하고 있는 나에게 현기가 다가와 말을

건넸다. 뉴스에 집중하고 있던 나는 현기의 말에 "응, 그랬구나…"라고 건성으로 대답했다. 그런데 그때였다. 듣는 척만 하는 나에게 현기가 자신의 얼굴을 가까이 대더니 "아빠! 대화할 땐 눈을 보면서 이야기를 들어야지! 경청 몰라요, 경청? 경청해야 되는 거야."라고 말하는 것이 아닌가. 순간 깜짝 놀라 정신이 번쩍 들었다. 현기의 눈을 바라보니 눈동자가 예쁘게 빛나며 얼굴은 웃고 있었다. "현기야, 미안해. 아빠가 뉴스 보느라고 현기 말을 잘 못 들었네." "아빠, 경청이란 상대방의 말과 행동을 잘 집중하여 들어 상대방이 얼마나 소중한지 인정해 주는 것이에요. 난 소중한 아들이니까 내 말에 잘 경청해 주세요"라고 말하며 현기는 그날 유치원에서 있었던 일들을 재잘재잘 들려주었다. 순수하기 이를 데 없는 현기의 재잘거림 속에서 느낀 것은, 마냥 어린 아이인줄만 알았던 현기가 좋은나무성품학교의 성품교육을 받고 나더니 더욱 어른스러워졌다는 것이다.

그날 현기의 따끔한 충고를 듣고 난 후로 경청이 무엇인지 다시 한 번 생각하게 되었고, 집에서는 물론 직장에서도 상대방의 말에 잘 집중하여 들으려고 노력하게 되었다. 현기 덕분에 몰랐던 경청의 의미를 알게 되니 마음이 뿌듯했다. 좋은나무성품학교의 성품교육을 시키는 부모로서 내가 좋은 성품의 태도를 갖지 않으면 안 되겠다는 생각을 해 보았다. 더욱 놀란 것은 경청하는 자세로 대화를 나누니 아이를 존중하는 마음으로 대하게 되고 더불어 아이는 부모의 말에 순종한다는 놀라운 사실을 알게 되었다. 그저 아이에게 아빠 말 들으라고 강요하는 것이 아닌, 먼저 아이의 말부터 경청할 줄 아는 부모의 자세가 더욱 중요하다는 것과, 아이와 담을 쌓지 않고 관계를 유지하기 원한다면 부모의 경청하는 자세가 반드시 필요하다는 사실을 깨달았다. "경청만 잘 해줘도 사랑이 싹튼다는 것을 알게 해준 현기야, 고맙다. 앞으로 다른 사람의 말에 잘 경청하는 좋은 성품의 리더가 되길 바란다. 현기야, 사랑해."

의사소통은 화자와 청자의 상호작용이다. 권순희(2007)는 말하기·듣기의 의사소통 과정을 화자와 청자의 상호 협력적인 활동을 통한 관계 형성 과정으로 파악하는 국내 연구의 예로 김진우(1994), 전은주(1998) 등의 연구를 들어 설명한다. 김진우(1994. 재인용)는 화자를 대화의 '산출자'로, 청자를 '능동적 수용자'로 간주하고, 전은주(1998. 재인용)는 의사소통의 '동시적이고 교섭적인 특징'을 설명한다.

사례 1과 사례 2의 유아는 의사소통에서 '잘 듣기', 곧 경청의 개념과 중요성을 명확하게 인지하고 경청의 개념을 실생활에서 적절한 상황에 적용했다. 특히 의사소통 기술은 또래관계를 형성하는 데 가장 기본적인 기술이므로(정계숙 외, 2003) 의사소통 기술의 기본적 단위 중 한 요소인 경청의 개념과 중요성을 인식하고 적용할 수 있는 능력은 사회성 발달에도 중요한 역할을 한다.

(2) 긍정적인 태도

한국형 12성품교육에서 정의하는 긍정적인 태도란 "어떠한 상황에서도 가장 희망적인 생각, 말, 행동을 선택하는 마음가짐"(좋은나무성품학교 정의)이며, 욕구좌절 내인성, 자존감, 자기효능감을 교육목표로 한다. 다음의 두 이야기는 긍정적인 태도를 배운 유아가 긍정적인 태도의 주제성품을 실생활에 적용한 사례이다.

사례 3 | "그 날 여섯 살짜리 제 딸아이 입에서 나온 긍정적인 태도가 아니었다면 지금 제가 어떻게 되어 있을지 아득합니다. 제 아이에게 좋은 성품을 가르쳐 주셔서 감사합니다."
제주도에 있는 좋은나무성품학교를 찾아와 거듭 감사의 인사를 전한 아버지는 제주도에서 양어장을 운영하고 있었다. 어느 날 양어장 산소 기계의 전원이 빠져 있던 것을 뒤늦게 발견한 직원이 다급한 목소리로 이 아버지에게 전화를 걸어 충격적인 소식을 전했다. 양어장의 모든 물고기들이 죽어 물 위에 둥둥 떠올라 있다는 것이다. 이 소식을 들은 아버지는 2억이나 되는 손실을 어떻게 감당해야 할지 난감해 하며 절망하고 있었다.
그때 딸아이가 다가와 말했다. "아빠, 알지? 긍정적인 태도…. 긍정적인 태도란 어떠한 상황에서도 가장 희망적인 생각, 말, 행동을 선택하는 마음가짐이야."
아버지는 딸아이의 또랑또랑한 표정과 말을 들으면서 낙심하고 절망적인 생각을 한 것이 부끄러웠고 다시 기운을 낼 수 있었다. 딸아이가 말한 대로 희망적인 말과 행동으로 모든 일을 처리하고 난 후 곰곰이 생각하니 딸아이가 보여준 긍정적인 태도가 너무 고맙다는 생각이 들었다. 딸아이가 배운 긍정적인 태도 덕분에 절망과 부정적인 생각으로 자신을 망치지 않고 희망적인 생각으로 바꾸어 새롭게 시작할 수 있었다.

사례 4 | 어느 날, 유정이가 놀이터에서 놀다가 코뼈가 부러졌다. 선생님이 놀라 병원으로 데려갔다. 부모님도 놀라서 달려왔다. 수술을 해야 한다는 의사의 말을 듣고 어머니는 화가 많이 나서 선생님을 향해 원망의 목소리로 말했다. "아니! 선생님은 내 아이가 이렇게 코뼈가 부러질 때까지 뭐하고 계셨습니까?" 선생님이 마치 죄인처럼 고개를 숙이고 몸 둘 바를 몰라 하고 있을 때 갑자기 유정이가 엄마에게 크게 외쳤다. "엄마, 저 좀 보세요. 제가 팔뼈가 부러졌나요? 다리뼈가 부러졌나요? 코뼈만 부러졌어요. 이 정도인 게 얼마나 감사해요? 이게 바로 긍정적인 태도예요." 엄마가 놀라 말문을 못 열다가 존경스러운 눈동자로 선생님을 보면서 말했다. "선생님, 어떻게 가르치셨기에 유정이가 이렇게 변했습니까?" 좋은나무성품학교의 성품교육을 통해 긍정적인 태도를 배운 유정이는 수술을 잘 끝낼 수 있었다.

이명희 외(2010)는 김태련(1961)과 Rosezweig(1938)의 정의를 인용하여, 욕구좌절은 "목적지향적인 활동이 전체적으로 또는 부분적으로 차단되거나 방해를 당하고 있는 상황"이라고 설명했다. 사례 3과 사례 4를 통해 외부 조건에 의해 목적지향적인 활동이 차단된 상황에서도 유아가 '희망적인 생각, 말, 행동'을 선택하는 긍정적인 태도의 성품을 갖추었음을 확인할 수 있다.

(3) 기쁨

한국형 12성품교육에서 정의하는 기쁨이란 "어려운 상황이나 형편 속에서도 불평하지 않고 즐거운 마음을 유지하는 태도"(좋은나무성품학교 정의)로,

욕구좌절 내인성과 자존감을 교육목표로 한다. 다음 두 이야기는 기쁨의 성품을 적용한 사례이다.

사례 5 | 최근 '기쁨'의 성품을 배우고 있는 은결이는 오빠의 불평어린 짜증에도 "오빠! 기쁨이란 어려운 상황이나 형편 속에서도 불평하지 않고 즐거운 마음을 유지하는 태도야!"라고 말하면서 엄마, 아빠가 해주어야 할 말을 오빠에게 대신 해준다. 이뿐만이 아니다. 어린이집에서 선생님과 인사할 때처럼 가끔씩 가족들의 이름 앞에 "기쁨의 성품을 가진 엄마!", "기쁨의 성품을 가진 아빠!"란 말을 붙여 듣는 이로 하여금 성품의 중요성을 다시 한 번 생각하게 한다. 너무도 소중한 유아기를 보내는 이 아이들에게 좋은나무성품학교의 성품교육이야말로 아이들의 마음속에 깊이 뿌리내려 정말 힘들고 어려울 때 아이들을 지탱해 줄 든든한 힘이 될 것이라 믿는다.

사례 6 | 며칠 전부터 지독한 감기에 걸려 계속 밤잠을 설친 예은이는 엄마인 내가 보기에도 안쓰러울 정도였다. 예은이가 많이 힘들어 보이니 병원에 가봐야 할 것 같다는 선생님의 말씀을 듣고 병원에서 주사를 맞고 푹 쉬게 했지만, 감기는 여전히 나을 기미가 안보였다. 다음날 아침 업무가 있어 외출을 해야 하는 상황이라 어쩔 수 없이 곤히 자는 예은이를 깨웠다. "예은아, 예은이 어린이집 가야지." 아프고 힘들어서 당연히 짜증내며 안가겠다고 울 것이라 예상했던 것과는 달리 세상에서 가장 사랑스러운 미소를 지으며 눈도 안 뜬 상태에서 벌떡 일어나더니 "엄마, 예은이 어린이집에 갈 거예요."라고 말하는 것이었

다. "예은이 힘들지 않아? 안 피곤해?"하고 물었다. 그런데 예은이의 입에서 뜻밖의 대답이 돌아왔다. "엄마, 기쁨이란 어려운 상황이나 형편 속에서도 불평하지 않고 즐거운 마음을 유지하는 태도예요. 예은이는 기쁜 마음으로 어린이집에 갈 거예요"하며 미소를 지어보이는 것이 아닌가. 이어 "조금 힘들어도 어린이집에 가면 좋아요! 재미있고 친구들도 많고, 선생님도 있고!"라며 어린이집에 가야 하는 이유를 열심히 설명하는 것이었다. 예은이의 조금은 당황스럽기도 하고 사랑스럽기도 한 모습에 웃음이 저절로 났다. 새로운 반에 적응하기 힘들어 했던 예은이의 예전 모습이 떠오르면서 기쁨으로 어린이집에 가겠다는 예은이가 무척 대견했다.

사례 5와 사례 6은 유아가 어려움을 겪는 상황임에도 불구하고 '불평하지 않고 즐거운 마음을 유지하는' 기쁨을 실생활에 적용한 사례로, 두 사례에서 유아는 '불평하지 않고 즐거운 마음을 유지하는 태도'라는 기쁨의 정의를 명확히 인지하고 상황에 맞게 행동에 적절히 적용했다.

(4) 배려

한국형 12성품교육에서 정의하는 배려란 "나와 다른 사람 그리고 환경에 대하여 사랑과 관심을 갖고 잘 관찰하여 보살펴 주는 것"(좋은나무성품학교 정의)으로, 이타심과 사회적 자기효능감을 교육의 목표로 한다.

사례 7 | 우리 반에 욕심꾸러기가 있었다. 남에게 인상을 쓰며 "싫어! 안 해! 너

미워!"라고 미운 말만 하는 아이였다. 그런데 배려의 성품을 배우면서 변화가 생겼다. 욕심을 내기보다 친구에게 "네가 먼저 해."라고 양보하기 시작했다. 그러던 어느 날, 화장실 신발이 가지런히 정리된 것을 발견했다. 그날 하루의 일이겠거니 생각했는데 며칠 동안 계속되었다. 그래서 누가 이렇게 배려의 행동을 잘 실천하는지 유심히 관찰했는데, 욕심꾸러기·장난꾸러기였던 준형이가 아무도 보지 않을 때 가지런히 신발 정리를 하는 것이었다.

배려란 "나와 다른 사람 그리고 환경에 대하여 사랑과 관심을 갖고 잘 관찰하여 보살펴 주는 것"(좋은나무성품학교 정의)이라고 가르쳐 왔는데 아이들이 성품을 배우면서 그 성품을 행동으로 보여주고 있는 것이 놀랍다. 아직 어린 4살이기에 자기중심적인 성향을 보일 수도 있는데 작은 것부터 배려하는 아이들이 참 자랑스러웠다.

전인옥 외(1999)는 Bandura(1986)의 이론을 인용하여 "자기효능감이란 개인이 어떠한 행동이나 활동을 성공적으로 수행할 수 있다고 믿는 자신의 능력에 대한 신념을 의미하며, 어떠한 활동을 선택하고 선택된 목표를 향해 노력을 기울이게 하고, 장애에 직면할 경우 그 활동을 지속하게 하는 역할을 한다"고 설명한다. 사회적 자기효능감이란 자기 효능감을 사회적 관계라는 영역에서 발휘하는 경우를 뜻하며, 사회적 자기효능감을 가진 유아는 자신이 타인과의 관계를 성공적으로 수행할 수 있는 자신의 능력에 대한 신념을 가지고, 행동을 선택하고 지속적으로 수행할 수 있는 감각을 지닌다. 사례 7에서 유아는 '배려'의 성품을 실제 또래관계에 적용하여 또래와의 관계맺음에서 자신은 '배려할 수 있는 사람'이란 신념을 가지고 행동했다.

(5) 감사

한국형 12성품교육에서 정의하는 감사란 "다른 사람이 나에게 어떤 도움이 되었는지 인정하고 말과 행동으로 고마움을 표현하는 것"(좋은나무성품학교 정의)으로, 온정성(agreeableness)과 감성적 의사소통을 교육목표로 한다. 다음의 사례 8은 유아가 감사의 성품을 실생활에 적용한 사례이다.

사례 8 | 며칠 전 엄마인 나는 모임이 있어 민주를 잠시 아빠에게 맡기고 외출을 해야 했다. 그날 놀랍게도 민주와 아빠는 내가 없는 동안 나를 위한 작은 이벤트를 준비하고 있었다. "아빠, 오늘 유치원에서 감사를 배웠는데 선생님이 '엄마에 대한 감사 20가지'를 적어오라고 하셨어요." "아! 그래? 그럼 우리 오늘 엄마도 없는데, 아빠랑 '엄마에 대한 감사 20가지'와 편지를 함께 적어서 엄마를 깜짝 놀래줄까?" "응! 엄마가 좋아할 거야. 히히"

그날 저녁 민주와 아빠는 엄마에 대한 감사 20가지를 생각하며 편지도 써보고 감사 정의노래도 불러보는 시간을 가졌다고 한다. 저녁에 돌아온 나에게 민주는 "짜잔, 엄마를 위한 감사편지!"하며 편지를 건네주었다. 민주와 아빠는 왕방울만큼 커진 눈으로 웃으며 나의 반응을 살펴보고 있었다. "어머! 감사편지? 엄마를 위해 민주가 만들었구나? 어디 한 번 읽어 볼까?" 편지엔 민주의 예쁜 그림도 함께 그려져 있었다. 정말 사랑이 가득 담긴 편지였다. 내용을 쭉 읽고 있는데, 나의 시선이 멈춘 곳이 있었다. "엄마가 수업을 하면서도 나를 사랑해 주셔서 감사해요" 이 구절을 읽는데 마음이 먹먹해지면서 눈물이 왈칵 쏟아졌다. 집에서 홈스쿨을 하는 나는 수업하는 동안 따로 혼자 있어야 하는 민주를 보살필 수 없는 상황이었고, 항상 그것이 미안했다. 오히려 너무 소란을 피운다 싶으면 야단까지 치곤 했는데, 민주는 그런 상황에서도 불평보다는 감사함을 느꼈다니 민주의 마음에 고마움이 밀려왔다. 그날 나는 아이에게 감사함으로 이렇게 답장했다. "민주야, 고마워. 엄마가 많이 챙겨주지 못한 것 미안해. 앞으로 더 좋은 엄마가 되도록 노력할게. 그리고 엄마도 민주의 지금 모습 그대로 사랑하고 감사하단다. 민주도 앞으로 지금처럼 모든 일에 항상 감사하고 기뻐하는 민주가 되었으면 좋겠구나. 엄마와 함께 노력하자. 고마워, 민주야. 사랑해요, 우리 딸"

감사란 "다른 사람이 나에게 어떤 도움이 되었는지 인정하고 말과 행동으로 고마움을 표현하는 것"(좋은나무성품학교 정의)이라고 했다. 그날 저녁 우리 가족은 서로의 존재에 대해 감사하며 감사 정의노래를 부르는 행복한 시간을 보냈다. 민주에게 감사의 성품이 자라고 있어 뿌듯했고, 민주의 성품이 예쁘게 빛날 것을 생각하니 가슴 가득 기대감이 밀려왔다.

이순복과 하명선(2009)은 마음이론(theory of mind)이란 "믿음, 바람, 정서, 의도 등의 정신적 상태를 생산하고 표현하는 일을 설명해 주는 이론체계"로(Scholl & Lessile, 2001. 재인용-), "정신적 상태를 생산하고 표현하는 일을 설명해 주는 암묵적인 관념"이라고 설명한다. 사례 8에서 유아는 감사를 통해 타인의 마음을 이해하고 온정적 태도로 자신의 마음을 표현했다.

(6) 순종

한국형 12성품교육에서 정의한 순종이란 "나를 보호하고 있는 사람들의 지시에 좋은 태도로 기쁘게 따르는 것"(좋은나무성품학교 정의)으로, 권위에 대한 건강한 태도와 적절한 사회화를 교육목표로 한다. 다음 두 이야기를 통해 유아가 '순종'의 주제성품을 실생활에서 실천한 사례를 확인할 수 있다.

사례 9 | 놀이터에서 놀고 집으로 돌아온 준영이에게 말했다. "준영아, 손 발 깨끗이 씻고 입 헹구고 오렴." 깨끗이 씻고 나온 준영이가 내 옆에 오더니 "엄마, 저 순종 잘 했죠?" "응? 순종?" "네. 엄마의 말에 좋은 태도로 기쁘게 따랐잖아요." "아~ 그래, 우리 준영이 순종 잘 했다." 준영이가 순종의 성품을 배우고 나서 더 좋은 태도로 기쁘게 엄마 말을 듣는다. 엄마가 자신을 보호하고 있는 사람이라는 것을 아는 것일까? 신이 나서 순종의 정의노래도 부르고 율동도 하는 준영이를 보며 마음이 흐뭇했다.

사례 10 | 일곱 살이 되면서 자아가 강해져서인지 준우가 엄마, 아빠의 말에 바로 바로 대답하기보다 이유를 대거나 반대의견을 내놓는 경우가 많았다. 그런데 '순종'의 성품을 배우면서 순종하려고 노력하는 준우의 모습을 발견하곤 내심 놀랐다. 동생이 너무 어려서 보통 때 준우를 일일이 챙겨주지 못하는 경우가 많았는데, 남편이 출장으로 집을 비우자 "엄마, 내가 이제 집에서 두 번째

어른이니까 엄마 말씀에 순종 잘 할게요. 그리고 동생이 아직 아기라 엄마 힘드실 테니까 뭐든 저에게 시키세요."라며 어찌나 엄마를 잘 도와주고 배려해주었는지 모른다. 남편이 집에 없는 일주일 동안 준우가 순종도 잘 하고, 동생도 잘 보살펴주어 덕분에 잘 지낼 수 있었다.

사례 9에서 "엄마, 저 순종 잘 했죠… 엄마의 말에 좋은 태도로 기쁘게 따랐잖아요"라는 대화를 통해, 유아는 '좋은 태도로 기쁘게 따르는' 순종 개념을 명확히 인지하고 행동에 적용하고 있음을 알 수 있다. 사례 10에서 유아는 동생보다 자신이 '어른'이라 표현하며 어머니의 말씀에 순종하겠다고 말하는데, 이는 서열과 권위의 개념을 인식하고 권위에 대해 순종하는 태도이다.

(7) 인내

한국형 12성품교육은 인내를 "좋은 일이 이루어질 때까지 불평 없이 참고 기다리는 것"(좋은나무성품학교 정의)으로 정의하고, 욕구좌절 내인성, 만족지연능력, 지속성과 같은 심리특성을 교육목표로 삼는다. 만족지연(delay of gratification)이란 "아동이 원하는 것을 얻기 위해서 시간을 보내면서 기다려야 하는 것"으로(조복희, 1999), 다음 유아 성품교육과정 적용 사례에서 주제성품 '인내' 교육을 통해 만족지연능력을 획득한 사례를 확인할 수 있다.

사례 11 | 욕심 많고 자기 것에 대해 집착이 심했던 진우가 집에 친구들을 초대

해서 장난감을 과연 어떻게 갖고 놀까 걱정스러웠는데 진우의 모습을 보며 눈과 귀를 의심하지 않을 수 없었다. 한 가지 장난감을 갖고 아이들이 뒤엉켜 싸우게 된 상황에서 목소리 큰 진우가 "얘들아, 정말정말 갖고 놀고 싶어도 내 순서가 될 때까지 인내하며 있어야 하는 거야."라고 말했고 순간 정적이 흘렀다. 그 모습이 귀여웠는지 한 아이 엄마가 "진우야!! 인내가 뭐야?"라고 묻자 또박또박 "좋은 일이 이루어질 때까지 불평 없이 참고 기다리는 것이요."라고 대답하고는 친구들을 둘러보았다. 다른 엄마들도 놀라며 기특해 했지만 언제나 차례 차례와 양보를 외치던 나 자신도 진우가 앞서가는 좋은 성품을 가진 것에 가슴이 벅차올랐다.

사례 12 | 저녁 외식을 마치고 집으로 돌아가는 길에 희제에게 껌을 사 주면서 "오늘은 너무 늦었고 치아가 썩으니까 잘 두었다가 내일 아침에 밥 먹고 난 뒤에 먹자"라고 말했다. 그랬더니 너무나 당연하다는 듯이 "네, 엄마. 참고 기다릴게요. 인내할 수 있어요."라고 대답하는 게 아닌가! 인내의 성품을 배우기 전에는 떼를 쓰며 기어이 먹고 말았을 텐데, 이렇게 쉽게 희제와 의사소통이 이루어진다는 것이 참 놀랍고 신기했다. 아직은 어려서 가끔은 개구지고 말썽을 피울 때도 있지만 하나하나 새로운 성품을 배울 때마다 기쁘게 실천하려는 모습이 정말 사랑스럽다. 언젠가는 더 나은 성품으로 좋은 열매를 가득 맺을 거라 믿는다.

사례 11은 순서를 기다리는 행동, 사례 12는 기다리는 행동을 보인 사례로, 두 사례 모두 유아의 욕구가 즉각적으로 만족되지 않는 상황에서도 스스로 '참고 기다리는 태도'를 선택했음을 보여준다. 사례 11은 장난감을 가지고 놀고자 하는 욕구를, 사례 12는 간식을 즉각적으로 먹고자 하는 욕구를 지연한 사례이다.

또한 다음 사례 13은 "좋은 일이 이루어질 때까지 불평 없이 참고 기다리는 것"(좋은나무성품학교 정의)이라는 인내의 성품을 잘 보여주는 사례이다.

사례 13 | 지난 봄 준영이가 열감기로 입원을 하게 되었다. 입원 후 제일 먼저 준영이는 링거를 맞아야 했는데 간호사선생님이 준영이의 혈관이 잘 보이지 않는다고 했다. 담당 간호사선생님이 두 번이나 혈관을 찾았지만 실패했고 수간호사선생님도 세 번의 시도 후 겨우 혈관을 찾았다. 보통 어른도 혈관주사는 맞기 곤혹스럽고 많이 아픈데, 어린 아이인 준영이는 눈물 한 방울도 흘리지 않고 자세도 변함이 없다면서 소아병동의 모든 간호사선생님들이 놀라워했다. 엄마인 나는 오히려 똑바로 쳐다볼 수도 없었는데 말이다. 입원실 침대로 돌아와 준영이가 말했다. "엄마, 저 인내한 거예요." "응? 뭐라고?" "주사 맞을 때 제가 인내했어요. 많이 아팠지만 참았어요. 유치원에서 그랬어요. 인내란 좋은 일이 이루어질 때까지 불평 없이 참고 기다리는 것이라고. 엄마, 아파도 참고 기다리면 감기 낫는 거죠?" "응, 그럼~ 준영이 말이 맞아. 준영이도 감기 나아서 곧 유치원에 갈 수 있을 거야." 겉으로 표현하지는 않았지만 준영이에게 무척 감동을 받았다. 어린 아이인데 인내의 성품을 알다니, 좋은나무성품학교의 성품교육에 대해 새삼 감사한 마음이 들었다. 그 후에도 준영이는 주사를 잘

참고 인내해서 건강한 모습으로 퇴원을 했다. 아이가 보여준 변화에 그저 기특하고 감사한 마음이 들었다.

사례 13의 유아는 건강이 회복되어 등원하는 '좋은 일'을 기다리며 주사를 맞는 '힘든 일'을 겪어낸 사례로, 특별히 "유치원에서 그랬어요. 인내란 좋은 일이 이루어질 때까지 불평 없이 참고 기다리는 것이라고. 엄마, 아파도 참고 기다리면 감기 낫는 거죠?"라는 내용을 통해 유아가 '인내'의 개념에 대한 명확한 이해와 실천방안을 알고 있다는 사실을 알 수 있다.

(8) 책임감

한국형 12성품교육에서 정의한 책임감이란 "내가 해야 할 일들이 무엇인지 알고 끝까지 맡아서 잘 수행하는 태도"(좋은나무성품학교 정의)로, 자존감과 적절한 사회화를 교육목표로 한다. 다음 사례 14는 유아가 스스로 '책임감 있는 행동'을 실행한 사례이다.

사례 14 | 요즘 책임감을 배우고 있는 세민이는 자기 일을 스스로 잘하는 일이 부쩍 늘었다. 외갓집에서 잘 때도 전화를 걸어 해피타임을 꼭 하고 잘 정도이다. 4살 세민이가 양치하다가 옷이 더러워지자 제법 옷을 잘 갈아 입고는 "내가 책임감이 있으니까 그러지요~"라고 말하면서 아이의 입가에 미소가 가득한 것을 보고 가슴이 뭉클하기까지 했다. 좋은 나무가 좋은 열매를 맺는 것처럼 좋은나무성품학교의 성품교육을 통해 세 아이들과 우리 가정이 크고 좋은 열

매들을 많이많이 맺길 소망한다.

　사례 14에서 유아는 이를 닦거나 옷을 갈아입는 등의 '자신의 일'을 인식하고 스스로 수행하는 태도를 보인다. 사회화란 "그 사회가 바람직하게 여기는 가치관이나 행동을 습득하는 과정"으로, 스스로의 행동을 통제할 수 있게 되는 유아기에 '내가 해야 할 일'에 대한 인식과 그 일들을 스스로 해결해 나가는 것은 사회화의 한 과정이다. 사례 14에서 유아가 이를 닦거나 옷을 갈아입는 등의 행동은 자신의 일을 스스로 수행하도록 하는 사회적 기대에 '적절하게' 사회화된 결과이다.

　또한 사례 14에서 스스로 옷을 갈아입은 후, 미소가 가득한 얼굴로 "내가 책임감이 있으니까 그러지요~"라고 말하는 유아에게서, 책임감 있는 행동을 한 자신 스스로를 '뿌듯해 하는 태도'를 볼 수 있다. 에릭슨의 발달심리 이론에서는 '주도성'을 발달과업으로 두는 유아가 부모로부터 독립하여 주도적으로 문제와 상황에 대처하는 경험이 중요하다고 강조했다.

　(9) 절제
　한국형 12성품교육에서는 절제를 "내가 하고 싶은 대로 하지 않고 꼭 해야 할 일을 하는 것"(좋은나무성품학교 정의)으로 정의하고, 자기통제와 자기조절을 교육목표로 한다. 다음 사례 15와 사례 16은 각각 학부모 수기와 유아의 일기로, 절제를 실생활에 적용한 사례이다.

사례 15 | 지난 주말, 나비 축제에 갔는데 옆 전시실에는 해양 동물에 관한 전시와 물놀이 축제가 한창이었다. 평소 상어에 관심이 많은 진우는 상어그림의 광고를 보고는 그곳에 들어가고 싶어 했고, 살아있는 나비들을 보고 느끼게 해주고 싶은 나는 진우를 설득시키고 있었다. (솔직히 그 순간을 돌이켜 보면 다섯 살 진우와 사소한 문제로 옥신각신한 나야말로 좋은나무성품학교의 성품교육을 받아야겠다는 생각이 들었다.) 이런저런 이유를 들면서 다섯 살 진우를 설득시키던 중 갑자기 진우가 말없이 손을 높이 들고는 손가락 하나를 펴서 "절제"라고 외쳤다. 한참을 떠들던 나는 "뭐라고?" 되물었고, 진우는 말없이 손가락 세 개를 펴고는 큰 숨을 세 번 몰아쉬었다. 그러고 나서 손가락 열 개를 펴고는 하나씩 접으면서 고개를 끄덕였다 …… 결국 다섯 살 진우는 서른 살 엄마의 마음을 위해 절제하며 순종하려고 한 것이다. "진우야 방금 한 게 뭐야?"라고 묻자 "절제의 1-3-10 공식이에요."라고 말했다. 물론 아직도 다섯 살 진우는 친구들과 다투기도 하고 고집도 부리지만 좋은 성품이 되기 위해 날마다 다듬어지고 있다. 나 역시 진우를 통해 많은 것을 배우며 진우가 성품리더로 자랄 것이라 굳게 믿고 있다.

사례 16 | 오늘 어린이집에서 자유선택활동시간에 블록으로 동그라미를 만들었는데 진서가 망가뜨렸다. 정말 화가 났다. 너무 화가 나고 속상해서 진서를 '콕!' 때려주고 싶었다. 하지만 꾹 참았다. 화가 나는 것을 'STOP!'하고 '절제!!'라고 속으로 외쳤다. 화가 난 마음을 참고 절제하기 힘들었지만 지난번에 선생님께서 가르쳐주신 절제 정의가 생각났다. "절제란 내가 하고 싶은 대로 하지

않고 꼭 해야 할 일을 하는 것" 만약 진서를 때렸다면 진서도 울었을 것이다. 'STOP!'하고 '절제'라고 외치길 참 잘했다는 생각이 든다.

사례 15와 사례 16에서 유아는 부정적인 감정에 기인한 행동을 선택하지 않고 '올바른' 행동을 선택함으로써 결과적으로 "자신의 욕구를 유예시키는(조복희, 1999)" 자아통제를 획득했다. 절제의 성품을 통해 유아는 부정적인 감정을 표출하고자 하는 욕구를 유예시키고, 인지하고 있는 '올바른' 행동을 선택했다.

(10) 창의성

한국형 12성품교육에서 정의하는 창의성은 "모든 생각과 행동을 새로운 방법으로 시도해 보는 것"(좋은나무성품학교 정의)으로 유연한 사고와 생산성을 교육목표로 한다. 다음은 유아가 일상생활에 창의성을 적용한 사례이다.

사례 17 | 채은이는 색종이 놀이를 즐겨 한다. 보통 색종이를 자르고 오리고 붙이며 놀다 보면 많은 색종이들이 버려지곤 한다. 그런데 어느 날 채은이가 색종이 놀이를 하다 남은 종이 조각들을 이용해 풀을 활용하여 연결하여 붙이더니, 새로운 형태로 사람과 동물을 만들어 보여주었다. "엄마! 제가 창의적으로 생각해서 남은 종이로 동물과 사람을 만들었어요." 작품을 보니 정말 멋있어 보였다. 그뿐만 아니라 채은이는 앞으로 남은 종이 조각을 활용해 더 멋진 창의적인 작품들을 만들겠다며 종이 조각을 한 곳에 모아두기까지 했다. 덕분에

방도 깨끗해 졌다.

종종 언니와 놀다가도 "언니 우리 창의적으로 생각해 볼까? 창의성이란 모든 생각과 행동을 새로운 방법으로 시도해 보는 거야."라고 성품정의를 이야기하기도 한다. 아이들이 일상생활에서 새로운 것을 시도하며 적용하는 모습을 보니 참 뿌듯하고 놀랍다. 아이가 이렇게 좋은 성품으로 자랄 수 있게 된 것은 좋은나무성품학교의 성품교육 덕분이다. 창의성을 배운 뒤로 뒷정리를 잘하는 아이가 된 것을 눈으로 확인하는 순간마다 좋은나무성품학교의 성품교육은 우리 채은이에게 없어서는 안 될 교육이라는 것을 다시 한 번 느낀다. 채은이가 앞으로 어떤 성품의 아이로 변화될지 기대가 된다.

사례 17에서 유아는 창의적인 생각을 통해 종이 조각의 활용방법을 새로운 방법으로 시도했다. 양경수(2006)는 창의성 개념에 대한 인지적 접근을 "창의성을 확산적 사고와 관련된다고 보고 창의적 사고의 주요 요인을 유창성, 융통성, 독창성, 정교성으로 제안"한 Guilford(1967, 재인용)의 이론을 통해 설명한다. Guilford의 확산적 사고는 "한 가지 문제에 대하여 분명하고 명확한 한 가지의 옳은 답보다 여러 가지 가능성을 고려하는 것"으로, 대인문제해결력에도 긍정적인 영향을 미친다(양경수, 2006).

대인관계의 회복과 친밀한 관계 유지에 초점을 두는 한국형 12성품교육에서 창의성은 여러 가지 대안을 고려하는 유연한 사고와 이 유연한 사고를 통한 생산성 및 대인관계에서 발생하는 문제를 생산적으로 해결할 수 있는 능력으로서의 의의를 갖는다.

(11) 정직

　한국형 12성품교육에서 정직이란 "어떠한 상황에서도 생각, 말, 행동을 거짓 없이 바르게 표현하여 신뢰를 얻는 것"(좋은나무성품학교 정의)으로, 자기 통제와 적절한 사회화를 교육의 목표로 삼는다. 다음은 유아가 정직의 성품을 실생활에서 실천한 사례이다.

　사례 18 | 5살 나영이가 좋은나무성품학교에 입학한지도 벌써 3개월이 다 되간다. 입학하기 전 나영이를 어느 유치원에 보내야 할지 고민하고 있을 때 다른 친구 엄마들로부터 좋은나무성품학교는 성품교육을 하는 곳이라고 소개를 받았다. 그 말을 듣고 아이에게 어떻게 성품교육을 시킨다는 것인지 이해가 되지 않았지만 성품교육이 다른 어떤 교육보다 중요하다는 말을 듣고 아이를 좋은나무성품학교에 보내기 시작했다. 처음 다니기 시작할 때는 창의성을 배우는 도중이어서 엄마인 나도 성품에 대해 잘 알지 못했다. 그런데 11월, 12월 정직을 배우기 시작했고, 그때부터 나는 이 좋은나무성품학교의 성품교육이 아이에게 얼마나 소중하고 중요한 교육인지를 깨닫기 시작했다.
　나영이는 "정직이란 어떠한 상황에서도 생각, 말, 행동을 거짓 없이 바르게 표현하여 신뢰를 얻는 것"이라고 정직의 정의를 외우면서 집을 돌아다녔다. 그때는 '아이가 이 길고 어려운 문장을 다 이해할 수 있을까?'하는 의심이 들기도 했다. 하지만 나영이는 어린 나이에 비해 성품에 대해 잘 이해하며 배워나가기 시작했다. 또한 성품교육을 받으면서 나영이의 태도가 확연히 달라졌다.
　좋은나무성품학교의 성품교육을 받은 후부터 집에서 동생과 놀 때 자신이 잘 못한 부분을 거짓 없이 바르게 표현하는 일이 많아졌다. 좋은나무성품학교의 성품교육을 받기 전에는 자신이 잘못했어도 변명이 많았고 동생 탓으로 돌리곤 했는데, 지금은 정직하게 말하고 더불어 나도 나영이에게 "이게 바로 정직한 거야."라고 칭찬해 주며 올바르게 훈계할 수 있는 계기가 되었다. 때로는 아빠가 장난으로 거짓말을 하면 정직의 정의를 이야기하며 그렇게 하면 안 된다고 오히려 아빠를 가르칠 때도 있다. 성품교육을 받고 나니 아이도 변하고, 부모인 나도 좋은 성품으로 올바르게 훈계할 수 있게 되어 기쁘다. 좋은나무성품학교의 성품교육이 아이들의 성품뿐만 아니라 부모의 훈계방법까지 바꾸는 것을 보면, 아이와 부모 모두에게 꼭 필요한 교육이라는 생각이 든다.

사례 18에서 유아는 정직의 정의를 명확히 인지하고 실생활에서의 적용 방법을 알아 구체적인 상황에서 정직의 성품을 적용했고, 개인뿐만 아니라 유아의 주변관계에도 영향을 미쳤다. 정직성의 의미와 교육에의 적용을 연구한 송명자(1995)는 정직성을 단순히 '개인적 덕목'으로 고려하는 관점을 자기중심적 사고라고 지적하며, 자기중심적 사고의 틀에서 벗어나 "타인과 자신이 속한 집단 전체의 가치풍토를 걱정하는 자세를 갖게 될 수 있어야 한다"고 주장했다. 유아기에 정직의 정의를 명확하게 인지하고 실천하는 과정은 개인을 넘어서 사회전체를 염려할 수 있는 자세의 기초가 된다는 점에서 정직 주제성품의 큰 의의가 있다.

(12) 지혜

한국형 12성품교육에서 정의하는 지혜란 "내가 알고 있는 지식을 나와 다른 사람들에게 유익이 되도록 사용할 수 있는 능력"(좋은나무성품학교 정의)으로, 이타주의와 통합 및 조절능력을 교육목표로 한다. 다음은 유아가 지혜를 실생활에 적용한 사례이다.

사례 19 | 7살 수아는 신문이나 잡지에서 아는 글자를 찾아 하나하나 오려 한글이나 문장을 만들어 보는 놀이에 관심이 많았다. 재미있게 동화책을 읽은 후에도 책에서 자신이 잘 아는 단어인 '지혜'를 찾아내곤 매우 좋아했다. "엄마! 이 책에 '지혜'가 나와 있어요. 이것 보세요. 지혜!" "우와! 유치원에서 배운 성품 단어가 책에도 나와 있네. 수아야, 지혜 정의가 뭐였지?" "응, 지혜란 내가 알고 있는 지식을 나와 다른 사람들에게 유익이 되도록 사용할 수 있는 능력이에요."
그런데 그때였다. 잠시 고민을 하던 수아가 "엄마! 나 동생을 위해서 좋은 생각이 떠올랐어요!" 하는 것이 아니겠는가. 수아의 생각을 물어보니 그 방법은 바로 동생을 위해 한글 노트를 만든다는 것이었다. 5살 된 동생 필립에게 엄마와 아빠, 누나 그리고 동생 필립 이름을 신문에서 찾아오려 스케치북에 붙여주겠다는 것이었다. 1시간 동안 신문에서 온 가족 이름을 한 글자 한 글자씩 찾아 스케치북에 삐뚤빼뚤 붙이는 수아의 모습 속에 동생을 아끼는 모습이 그대로 흘러나왔다. "수아야, 신문에서 글자 찾기 힘들지 않아?" "아니, 아주 재미있어요." "그런데 수아는 왜 이것을 동생에게 만들어 줘야겠다고 생각한 거야?" "응, 이렇게 만들어 주면 필립이도 금방 한글을 배울 수 있을 거야. 나도 동화책 읽고 이렇게 한글놀이 해서 더 많이 배웠잖아요. 지혜란, 내가 알고 있는 지식을 나와 다른 사람들에게 유익이 되도록 사용할 수 있는 능력이라고 유치원에서 배웠어요." "우와! 우리 수아, 지혜의 성품을 정말 잘 알고 있네. 정말 멋지다. 필립이는 좋겠다. 이렇게 배려해 주는 지혜로운 누나가 있어서." "히히. 내가 알고 있는 지식을 동생에게 유익이 되도록 사용해요. 이것이 지혜랍니다! 우리 가족 이름을 이렇게 한 글자 한 글자씩 가르쳐 줄 거야. 나는 지혜의 누나니까."

수아의 마음속에 이렇게 지혜가 잘 자라고 있을 것이라고 생각하지 못했는데, 어느새 자신이 알고 배운 방법을 동생을 위해 사용하겠다고 생각하고, 그것이 곧 지혜라는 것을 아는 수아의 모습을 보니, 수아의 지혜의 키가 한층 더 큰 것 같아 가슴이 뿌듯했다. 앞으로 수아가 선하고 예쁜 지혜의 성품으로 많은 사람들을 옳은 길로 인도하는 지혜의 성품리더가 되길 소망한다.

지혜를 타인과의 관계를 포함하여 정의하는 한국형 12성품교육은 협동(cooperation), 도움(helping), 감정이입(empathy) 등과 함께 친사회적 행동에 포함되는 이타심(altruism)(조복희, 1999)을 목표로 삼는데, 사례 19에서 유아는 자신의 지식과 능력을 타인을 '위해' 활용하는 이타심을 보여주었다.

3) 초등 성품교육과정 적용 사례

초등 성품교육과정은 2009년부터 시작되어 2014년 4월 현재까지 전국의 30여 개 초등학교 및 방과 후 교실과 지역 아동센터에서 실천해 왔다. 다음의 사례는 초등 성품교육과정 중 기쁨 주제성품을 경험한 초등학생들의 수기이다.

사례 1 | 초등 성품리더십교육을 통해 꿈을 이루기 위해서는 많은 방해들이 있지만, 그 때마다 기쁨을 유지하고 다시 일어서는 것은 내 선택이라는 것을 배웠다.

사례 2 | 초등 성품리더십교육 덕분에 꿈을 이루는 목표가 정해졌다. 친구들과 더 친해지고 학교생활이 재미있어졌다.

사례 3 | '나를 기뻐하기' 시간에 내가 잘 하는 것, 내가 좋아하는 것을 적어 보았다. 초등 성품리더십교육을 통해 내 꿈이 더 뚜렷해지고, 내 진로에 대해 다시 한 번 생각해 볼 수 있어서 좋았다. 세상에는 여러 가지 직업들이 있다는 것을 알게 됐고, 내가 원하는 직업을 찾을 수 있었다.

조찬성(2000)은 연구를 통해 아동의 38%가 초등학교 3~4학년 때 자신의 진로를 처음 생각한다고 밝혔다. 서울교육과학연구원(2000)의 연구에 의하면 이러한 초등학교 시기는 진로 인식단계로서 자기이해 및 직업의 역할과 사회적 의미 등을 배우고 경험하는 활동이 강조된다. 사례 1과 사례 2, 사례 3은 초등 성품교육과정 중 '기쁨'의 성품을 배운 아동들이 성품교육을 통해 자신을 이해하고 진로를 탐색하는 데 있어 긍정적인 효능감을 가진 사례이다.

사례 4 | 초등 성품리더십교육 시간에 기쁨의 성품을 배웠는데, 기쁨을 어떻게 찾는지 알게 됐다. 거의 항상 웃게 됐고, 매일 매일이 기쁘다.

사례 5 | 초등 성품리더십교육을 통해 생각이 긍정적으로 변했다. 공부에 대한 스트레스도 덜 받고 마음에 기쁨이 생겼다.

사례 6 | 전에는 부정적이었는데, 초등 성품리더십교육을 통해 친구들에게 긍정적인 마음을 갖게 됐다. 기쁨의 정의를 배우면서 기쁨에 대해 더 많이 생각하게 됐다.

사례 7 | 초등 성품리더십교육 시간에 기쁨을 배웠는데, 웃음이 많아졌다. 마음이 행복해지고 기뻐져서 친구들과도 짜증내지 않고 사이좋게 잘 지낼 수 있게 됐다.

사례 8 | 초등 성품리더십교육을 통해 마음이 따뜻해졌다. 내가 소중하다는 것을 알고 자신감도 생겼다. 기쁨의 정의를 배웠는데, 기쁨에 대해 생각해 볼 수 있게 됐다.

사례 9 | 초등 성품리더십교육 시간에 기쁨을 배운 후로는 어떤 일이 생겨도 긍정적으로 생각하게 됐다. 이제는 무조건 끝났다고 생각하지 않는다.

행복감(happiness)이란 "일상생활에서 주관적으로 지각하는 긍정적인 정서의 상태 및 생활에 대한 만족감"이다(김연화, 2007). 사례 4에서 사례 9까지의 내용과 같이 기쁨을 배운 아동들은 '거의 항상 웃고', '생각이 긍정적으로 변하며', '마음이 행복해지는' 등의 행복감을 지속적으로 경험했다.

다음은 초등 성품교육과정 중 배려 주제성품을 경험한 초등학생들의 수기이다.

사례 10 | '배려'에 대해 구체적으로 배운 적이 없었는데, 배려 성품수업을 통해 배려란 무엇인지 정확하게 알게 됐다. 상대방의 입장을 이해하지 못하면 배려하기란 쉽지 않다. 예를 들면 며칠 전에 짝꿍이 준비물이 안 챙겨왔을 때 짝꿍의 마음이 어떨지 생각해 보게 됐는데, 준비물을 못 챙겨 갔을 때 나도 많이 당황한 경험을 해보았기 때문에 친구가 얼마나 당황스러운지 알 것 같았다. 선뜻 준비물을 나눠 썼더니 짝꿍이 무척 고마워했다. 배려한 나도 덩달아 기분이 참 좋았다.

사례 11 | 배려는 다른 사람에게 상처를 주지 않는 것이라고 생각한다. 말과 행동으로 주는 상처들은 정말 오래 가슴에 남는다. 나 역시 친구들로부터 말과 행동으로 배려를 받고 싶은데, 내가 받고 싶은 만큼 상대방 친구들도 똑같을 거라고 생각한다. 배려의 성품을 잘만 실천해도 학교에 왕따 같은 문제들이 안 일어날 것 같다.

사례 12 | 배려 성품수업을 통해 동생에게 배려를 실천하려고 노력하고 있다. 동생이 자전거를 배우는 중인데 겁이 많은 아이라서 잘 넘어지고 울기도 한다. 자전거 타는 것을 많이 두려워해서 "괜찮아. 원래 처음에는 넘어지고 다칠 수도 있는 거야. 언니도 그랬어. 다시 해보자"라는 말을 자주 해주고 자전거를 잘 잡아주었더니 동생이 무척 좋아했다. 배려를 배우고 나서 이런 말 한마디도 배려라는 걸 알게 됐다. 앞으로 예의 바르고 '나만' 알기보다 '모두'를 생각하는 사람이 되고 싶다.

사례 13 | 친구를 사귀는 데는 꼭 필요한 것이 배려의 성품인 것 같다. 배려 성품수업을 통해 나만 편하기 위해 행동한다면 그것은 배려가 아니라는 것을 깨달았다. 한 번은 친구와 다툰 적이 있었는데, 화해를 하지 않았다. 문득 성품교육 시간에 배운 배려의 태도가 생각나서 먼저 화해를 요청했는데, 친구가 나를 이해해 줘서 다시 예전처럼 사이좋게 지내게 됐다. 아마 배려를 배우지 않았다면 성품을 배우기 전처럼 고집부리다 좋은 친구를 놓쳤을지도 모르겠다.

사례 10에서 사례 13까지의 내용은 배려를 배운 아동들이 배려의 개념과 중요성을 인지하고 구체적으로 실생활에 배려의 태도들을 적용한 사례이다.

4) 청소년 성품교육과정 적용 사례

청소년 성품교육과정은 2009년부터 시작되어 2014년 4월 현재까지 전국의 20여 개 중·고등학교에 적용해 왔다. 다음의 사례는 청소년 성품교육과정 중 기쁨 주제성품을 경험한 학교장, 담임교사의 후기이다.

사례 1 | 본교에서는 2011년부터 학교 특색사업으로 성품독서를 진행하면서, 그 영향에 힘입어 좋은나무성품학교의 청소년 성품교육을 도입하였다. 학생들이 '기쁨'의 성품교육을 통해 인성변화에 긍정적인 영향을 받는 것을 경험했다. 본교는 계속적으로 좋은나무성품학교 청소년 성품교육과정으로 우리 학생들이 이 시대의 성품리더로 자랄 수 있도록 노력할 것이다.

사례 2 | 아이들은 성품수업에 참여하는 것을 무척 기뻐하며 재미있어 했고, 학부모들도 청소년 성품리더십교육에 큰 관심을 보였다. 이번 청소년 성품리더십교육을 통해 성품교육의 중요성을 다시 한 번 깨닫게 되었고, 앞으로 공교육에서 더욱 관심을 갖고 확대해 나가야겠다는 생각을 했다.

사례 3 | 좋은 성품이란 자신을 사랑하고, 모든 일에 열심을 다하고, 다른 사람을 배려하는 것이라고 생각한다. 친구를 배려하지 않고 거짓말로 실수를 회피하거나 무례한 행동을 할 때가 가장 괴롭다. 청소년 성품리더십교육을 통해 학생들이 이런 나쁜 습관들을 고치고, 더 좋은 성품으로 성공하기를 바란다. 지금 받고 있는 청소년 성품리더십교육을 아이들이 무척 좋아한다. 한층 더 밝아

진 아이들을 볼 때마다 청소년 성품리더십교육의 효과를 실감한다.

사례 4 | 왕따·체벌·교권하락 등 학교폭력의 문제가 제기되면서 이런 문제
를 해결하기 위해서는 인성교육이 무엇보다 중요하다는 것을 절감했다. 그런
데 인성교육에 대한 구체적인 연구 논문이나 자료가 많지 않다는 것을 알고 무
척 놀라면서도 안타까웠다.

다행히 우리나라에서 최초로 성품을 가르치는 사단법인 한국성품협회 좋은나
무성품학교를 알게 됐고 기쁜 마음에 교원 직무연수와 성품전문지도자과정을
이수했다. 성품교육을 좀 더 깊이 배우게 된 것을 계기로, 이번 1학기 때부터
학교에서도 '기쁨'을 주제로 청소년 성품리더십교육을 시작하게 되었다.

성품을 가르치면서 일관성 있는 교사의 행동이 참 중요하다고 느꼈다. 청소년
성품리더십교육 덕분에 교사로서의 모습을 돌아보게 되었고 아이들을 바라보
는 시선도 바뀌었다. 아이들이 왜 분노하는지 귀 기울이고 공감해 주는 경청의
태도를 보여주자, 아이들이 교사의 말을 의미 있게 듣기 시작했다.

교사의 역할은 처음부터 어려웠다. 모범생으로만 자란 나에게 말썽쟁이를 이
해해야 하는 학교생활은 애초부터 힘든 것이었다. 말썽을 일으키는 아이들이
이해가 되지 않았고, 안타깝게도 해가 지날수록 아이들을 가르치는 것이 점점
힘들어졌다. 아마 다른 교사들도 마찬가지일거라 생각한다.

청소년 성품리더십교육은 학교 인성교육의 좋은 대안이라고 생각한다. 앞으로
좋은 성품을 가진 교사가 되어 아이들에게 바른 가치관을 심어주는 교사가 되
고 싶다.

사례 5 | 사단법인 한국성품협회 좋은나무성품학교의 청소년성품 전문강사들이 직접 성품을 가르쳐 줘서 기대 이상으로 매우 좋았다. 어쩌면 8차시 수업만으로 큰 변화를 얻기란 어려울 수도 있지만, 성품의 중요성에 대해서 아이들이 생각하는 계기를 마련할 수 있었고, 힘든 상황임에도 불구하고 '기쁨'의 태도를 유지하려고 하는 아이들의 모습을 보면서 좋은 성품의 싹을 틔웠다고 본다.

이번 청소년 성품리더십교육은 개인적으로도 많은 도움이 됐다. 전에는 학생들을 대할 때 항상 어두운 얼굴이었고, 아이들에게 쉽게 짜증을 내거나 혼을 많이 내곤 했다. 당연히 아이들도 얼굴이 어둡고 전혀 기쁘지 않은 표정을 한 채 기계적으로 수업을 받았다.

그러나 청소년 성품리더십교육을 통해 교사가 행복해야 아이들이 행복하다는 진리를 깨닫게 되었다. 좋은 성품의 교사란 행복한 교사라는 생각이 들었다. 스스로가 먼저 마음의 문을 열고 아이들을 기쁘게 바라보며 수업하는 순간을 행복하다고 생각하면, 그 교사가 바로 좋은 성품의 교사가 아닐까 생각한다.

학교에서 아이들을 대하다 보면 정말 걱정되는 상황이 많이 발생한다. 너무 이기적이고 충동적이며, 남을 전혀 배려하지 않는 모습이 보이지만 아이들 탓만 할 수는 없다. 아이들을 그렇게 만든 건 가정과 사회이기 때문이다. 어른들이 좀 더 성품에 관심을 갖고 성적보다는 성품으로 인정받는 사회를 만든다면 아이들에게도 희망이 있으리라 생각된다. 아이들이 자기 자신을 사랑하고, 남을 배려하며, 어떤 상황에서도 기쁨을 잃지 않는 그런 사람이 되었으면 한다.

사례 6 | 좋은 성품은 남을 배려하는 말과 행동이라고 생각한다. 아이들이 교사

를 통해 변화되는 순간, 눈빛이 변하는 순간을 볼 때가 있는데 그때가 가장 행복하다. 반대로 아이들과 잘 지내려고 하다 보니 존경보다는 친밀감이 형성되고 선생님에 대한 예의가 없을 때가 있다. 이런 것들을 청소년 성품리더십교육을 통해 아이들이 하나씩 배워 가면 좋겠다는 생각을 하게 되었다. 아이들에게 나는 어떤 사람이 되어야 하는지 이번 청소년 성품리더십교육을 계기로 배우게 됐다.

사례 7 | 사단법인 한국성품협회 좋은나무성품학교에서 만든 청소년 성품리더십교육 교재를 통해 아이들이 선생님들과 호흡을 잘 맞춰 프로그램에 참여했고, 학교 분위기가 조금씩 밝아지는 것을 느꼈다. '해피타임' 시간에 배운 기쁨의 태도들을 실천하는 모습도 자주 보게 되었다. 그래서 '청소년 성품리더십교육 참 좋다', '역시 성품교육이구나'라고 생각하게 되었다. 사단법인 한국성품협회 좋은나무성품학교에서 만든 청소년 성품리더십교육 교재는 전문적인 내용이어서 확실히 신뢰가 간다.

사례 8 | 내가 생각하는 좋은 성품은 내면의 순수한 모습을 잃지 않는 것이다. 그래서 아이들과 서로 교감이 될 때 교단에서 가장 행복하고, 반대로 아이들이 교사를 비롯한 다른 친구들과 소통이 안 돼 서로 상처주고 싸우는 모습을 볼 때 가장 안타깝다. 청소년 성품리더십교육을 통해 치열한 경쟁 속에 성적을 추구하는 것이 아닌 순수한 성품을 잃지 않고 더 많이 웃고 살 수 있었으면 좋겠다. 이번 청소년 성품리더십교육을 통해 아이들이 한결 더 밝아진 모습을 보게

되어 흐뭇하다.

사례 9 | 청소년 성품리더십교육을 통해 아이들의 생활면에 긍정적인 효과들이 많이 나타나고 있다. 특히 전문적이고 많은 연구를 통해 나온 성품수업의 모형들이 인상적이었다. 다른 반 담임선생님들로부터 아이들의 폭력성이나 생활태도 면에서 변화된 이야기들을 접할 때마다 청소년 성품리더십교육을 시작하길 잘했다는 생각이 든다. 좋은나무성품학교의 성품교육은 참 필요한 교육이고, 다른 공교육에도 빨리 보급됐으면 좋겠다는 생각을 하게 된다.

사례 1에서 사례 9까지의 내용은 학교장과 담임교사들이 청소년 성품리더십교육을 통해 학생들의 성품에 나타난 변화를 확인한 사례이다. 다음의 사례는 청소년 성품교육과정 중 기쁨 주제성품을 경험한 중고등학생들의 수기이다.

사례 10 | 처음으로 하는 성품수업이었다. 정말 재밌었다. 내가 먼저 변하면 다른 사람도 변한다는 것을 청소년 성품리더십교육을 통해 깨달았다. 기쁨의 5-2-5법칙을 배운 것이 가장 기억에 남는다. 잊지 않고 꼭 실천할 것이다.

사례 11 | 두 팔과 다리가 없는 장애에도 불구하고 행복하게 사는 닉 부이치치의 모습을 보면서, 건강하게 살고 있지만 작은 일에도 불평했던 내 모습을 돌아보게 됐다. 청소년 성품리더십교육을 통해 앞으로 어려운 상황에서도 기쁨

의 태도를 유지하며 살아야겠다는 다짐을 하게 되었다.

사례 12 | 청소년 성품리더십교육을 처음 받아봤다. 기쁨을 배우는 동안 불평하고 싶은 마음이 들거나 힘들 때, 나도 모르게 기쁨의 정의를 생각하게 되었다. 청소년 성품리더십교육 덕분에 긍정적으로 수업에 임하게 됐고 이번 성적도 올랐다. 앞으로 기쁨의 성품을 소유한 사람이 되고 싶다.

사례 13 | 청소년 성품리더십교육에서 '나를 발견하는 기쁨'에 대해 배운 내용이 특별히 기억에 남는다. 이번에 기쁨에 대해 다시 한 번 떠올려 보면서, 기쁨이란 다른 사람까지 행복하게 만드는 태도가 아닐까 생각했다. 다른 사람이 행복하면 내 기쁨이 배가 되는 것처럼 그런 기쁨의 성품을 소유한 사람이 되고 싶다.

사례 10에서 사례 13까지의 내용은 기쁨을 배운 중고등학생들이 "어려운 상황이나 형편 속에서도 불평하지 않고 즐거운 마음을 유지하는 태도"인 좋은나무성품학교 기쁨의 성품정의를 명확히 인지하고 기쁨의 법칙과 태도 연습들을 통해 기쁨의 성품을 실생활에 구체적으로 적용한 사례이다. 사례 11에서 학생은 본보기가 될 만한 인물의 모델링을 통해 성품을 실천하며 생활하기 위한 내적동기를 가지게 되었고, 사례 12는 기쁨의 태도를 수업 시간에 적용하여 학업성취도가 향상되었음을 보여준다. 다음의 사례는 청소년 성품교육과정 중 배려 주제성품을 경험한 중고등학생들의 수기이다.

사례 14 | 배려 성품수업을 통해 배려가 어떤 것인지 구체적으로 알게 됐다. 배려는 매순간 필요한 성품이라는 생각이 든다. 배려를 배우고 나서 친구의 입장에 대해 한 번 더 생각해 보고, 작은 배려부터 실천하도록 노력하다보니 친구도 좋아하고 나도 기분이 좋다. 이런 배려가 계속된다면 학교 내 폭력은 줄어들 것 같다는 생각이 든다.

사례 15 | 작은 배려가 세상을 변화시킨다는 사실을 깨달았다. 학교에 이런 배려의 운동이 있다면 분명 변할 거라 생각한다. 나의 작은 배려의 행동 하나가 세상을 움직인다는 생각을 하니 배려를 안 할 수 없게 된다. 친구를 이해하게 되고 더불어 다툼이 줄어드니까 정말 신기했다. 좀 더 다른 사람의 입장을 생각하고 배려하는 사람이 되고 싶다.

사례 16 | 나의 배려가 누군가에게 행복이 될 수 있다고 생각하니 정신이 번쩍 들었다. 배려 성품수업을 받은 이후부터는 도움이 필요한 친구들이 있는지 관찰해 보게 됐다. 성품을 배우니까 성품의 정의처럼 생각, 말, 행동이 바뀌게 되어 놀라웠다.

사례 17 | 배려 성품수업을 통해 다른 사람을 존중하는 태도가 바로 배려가 아닐까 생각하게 됐다. 그러다 보니 말을 함부로 하지 않게 됐다. 이런 습관이 오래 갔으면 좋겠다. 배려가 내 삶의 일부가 되었으면 좋겠다.

사례 18 | 배려의 성품이 자연스럽게 나타나려면 배려의 습관을 길러야겠다고 생각했다. 아직 누군가를 배려한다는 것이 좀 어려운데, 내 생활 속에 배려의 습관을 들이면 남을 배려하는 태도가 더 자연스럽고 진심으로 대할 수 있을 것 같다.

사례 14에서 사례 18까지의 내용은 배려를 배운 중고등학생들이 "배려란 나와 다른 사람 그리고 환경에 대하여 사랑과 관심을 갖고 잘 관찰하여 보살펴주는 것"(좋은나무성품학교 정의)이라는 배려의 정의와 중요성을 인지하고 실생활에서 실천한 사례이다.

5) 청년 성품교육과정 적용 사례

청년 성품교육과정 중 '자아발견 청년성품리더십 캠프'는 2013년 2월 26~28일, 건양대학교에서 30개 학과 신입생 330여 명을 대상으로 적용했다. 다음의 사례는 자아발견 청년성품리더십 캠프를 경험한 대학생들의 후기이다.

사례 1 | 나는 내적으로나 외적으로 자신감도 없고 소심함에 늘 콤플렉스를 갖고 살아왔다. 스스로 내가 못난 아이라고만 생각했다. 건강하지 않은 마음을 항상 갖고 있었다. 하지만 이번 자아발견 청년성품리더십 캠프 덕분에 나 자신이 얼마나 소중한 존재인지 깨달았고 나를 사랑하는 법을 배웠다. 앞으로 살아가면서 겪게 될 모든 일들을 이젠 즐겁고 기쁘게 받아들일 자신이 생겼다. "나

는 내가 정말 좋다!!!"

사례 2 | 이번 자아발견 청년성품리더십 캠프를 통해 내 삶을 너무 비하하며 살아왔다는 것을 깨달았다. 나보다 더 어려운 환경을 이겨내며 살고 있는 사람들이 많은데, 나에게 주어진 삶을 감사하지 못하며 살았다는 생각을 했다. 앞으로 더 긍정적으로 다른 사람에게 힘을 실어주고 희망을 전하는 사람이 되겠다는 새로운 꿈을 꾼다.

사례 3 | 항상 나와 다른 사람을 비교했다. 나 자신을 아끼지 않고 스스로에 대해 알려고도 하지 않았다. 만약 자아발견 청년성품리더십 캠프에 참여하지 않았다면 예전과 다름없는 학교생활을 했을 것이다. 하지만 이번 자아발견 청년성품리더십 캠프를 통해 나 자신을 용납하고 더 이해할 수 있게 되었다. 예전보다 더 잘살 수 있는 용기가 생겼고 진정한 기쁨의 삶이 무엇인지 알게 됐다.

사례 4 | 자아발견 청년성품리더십 캠프를 참여하면서 나와 너에 대해 다시 한번 생각하고 이해하게 되었다. 다양한 사람, 다양한 경험 속에 지금까지 이런 캠프가 없었다는 것이 아쉽다. 이번 자아발견 청년성품리더십 캠프는 가슴속에 영원히 새겨둔 채로 늘 생각하며 살아갈 것이다.

사례 5 | 고등학생 때부터 힘들 때마다 술로 나 자신을 위로하곤 했다. 늘 '나는 작고 못난 존재'라는 낙인을 찍으며 살아왔다. 그런데 이번 자아발견 청년성품

리더십 캠프를 통해 나를 사랑할 줄 모르고 의지 없이 살아온 자신에게 용서를 구하고 싶어졌다. 나 자신이 어떤 존재인지 잘 알게 되었고, 그 어떤 사람도 내 삶을 대신 살아갈 수 없으며 내가 소중한 존재라는 걸 이제야 깨닫게 됐다. 나만의 색깔을 갖고 더 발전하는 사람이 되고 싶다.

사례 6 | 이번 자아발견 청년성품리더십 캠프를 통해 다짐한 것이 하나 있다. 앞으로 나는 나의 존재 자체만으로도 기뻐하며 살 것이다. 살아 있음에 감사하고 나를 사랑해 주시는 분들이 많다는 것에 감사하다. 다른 사람과 비교하며 위축되는 삶이 아닌 나의 존재만으로도 감사하는 삶을 살아갈 것이다. 한 번뿐인 인생을 소중히 여기며 살 것이다. 나·너·우리, 모두 특별한 사람들이다.

사례 7 | 일주일 전까지만 해도 내 삶은 정말 불행했다. 너무나 절망스럽고 죽을 만큼 힘들었다. 항상 과정보다 결과를 중요시했기 때문에 나는 스스로에게 부끄럽지 않도록 열심을 내는 편이었는데, 결과가 좋지 않으면 스스로를 용서하지 못했다. 그런데 이번 자아발견 청년성품리더십 캠프를 통해 나에게 가장 믿음을 주고 진정한 나를 기뻐하는 내가 되기로 새롭게 다짐했다. 행복을 찾는 방법도 알게 되었다. 그동안 맘속에 가득했던 절망들을 버리고 이제는 기쁨과 행복을 채워나가는 삶을 살 것이다. 기쁨을 회복할 수 있는 기회를 만나 다행이다.

사례 8 | 자아발견 청년성품리더십 캠프에 오기 전까진 세상을 떠나려고 했었

다. 모두 내 잘못이라고 생각했다. 내가 못나서 일어난 일들을 항상 엄마의 책임으로 돌리고 화풀이를 하며 지내왔다. 그런데 이번 자아발견 청년성품리더십 캠프를 통해 나 자신을 생각해 보는 의미 있는 시간을 갖게 되었고, 다시 용기를 내어 살아 보기로 다짐했다. 못난 아들을 위해 항상 눈물만 흘렸던 엄마에게 용서를 구하며 꼭 안아드리고 싶다. 나를 끝까지 잡아준 친구에게도 고마움을 전하고 싶다. 자아발견 청년성품리더십 캠프를 통해 내가 얼마나 소중하고 많은 사랑을 받는 존재인지 깨달았다.

사례 1에서 사례 6까지의 내용은 자아발견 청년성품리더십 캠프를 경험한 대학생들이 "내가 얼마나 소중한지 알고 즐거워하는 것"(좋은나무성품학교 정의)이라는 기쁨의 1단계 정의를 명확히 인지하여 자신의 장점과 강점을 아는 자아이해력과 자존감이 향상되었음을 보여주는 사례이다. 사례 7과 사례 8은 "어려운 상황이나 형편 속에서도 불평하지 않고 즐거운 마음을 유지하는 태도"(좋은나무성품학교 정의)인 기쁨의 2단계 정의와 중요성을 이해하고 실생활에 적용한 사례이다.

6) 부모 성품교육과정 적용 사례

(1) 성품대화학교(SCC : School of Character Communication)

성품대화학교(SCC)는 '좋은 성품의 대화'를 구체적으로 배우고 타인의 생각, 감정, 행동을 수용하여 마음을 열고 친밀한 관계를 유지할 수 있도록 하는 데 목적이 있다. 다음 사례는 성품대화학교를 수료한 부모의 후기이다.

사례 1 | 고등학교에 간 이후로 아들과의 모든 대화가 "아! 또 왜 그래!" 이런 식으로 종결됐다. 내 말을 듣는 게 아니라 일단 "뭐!"부터 말하고 보는 아들에게 몇 마디 이야기를 하고 나면 아들은 한껏 짜증을 내고, 거기에 나는 화가 나서 발끈하곤 했다. 서로 질세라 화를 폭발했다.

공부를 잘 하는 아들보다, 엄마에게 다정다감한 아들이 부러웠다. 아들이 사춘기를 겪으면서 밖에서 나쁜 것만 잔뜩 배워오기 때문이라고 생각했다. 어떻게든 애를 썼지만, 현관문을 쾅 닫고 나가는 아들을 보면서 더 이상 희망이 없다고 느꼈다.

성품대화학교를 신청하고 처음에는 발걸음이 닿는 대로 참석을 했는데, 점점 내가 아들에게 잘못 말하고 있었다는 것을 깨닫게 되었다. 부모에게 벌컥 화를 내는 아들이 문제가 아니라 그 전에 나 자신이 이미 아들을 공격하고 있었던 것이다.

성품대화학교에서 성품대화법을 이토록 자세하고 철저하게 배울 수 있다는 사실이 놀랍다. 요즘은 아들과 눈을 맞추며 이야기를 나눈다. 예전에는 절대 꿈도 못 꿔 본 일이다. 아들이 내 말을 경청한다는 것에, 더 큰 책임감과 감사를 경험하고 있다. 성품대화학교를 통해 아들과의 관계가 회복될 수 있어, 말할 수 없이 감사하다.

사례 2 | 아이가 어릴 때는 부모의 말을 그대로 따라주었기 때문에 혼낼 일이 별로 없었다. 그런데 아이가 나날이 커가면서, 내 아이인데도 대하기가 너무 어려워서 절망했던 순간이 많다. 어떻게 하면 아이와 잘 대화할 수 있을까? 어

떻게 하면 아이에게 도움이 되는 말을 할 수 있을까?

성품대화학교에 참여하면서, 내 아이가 잘 되기를 바라면서도 부모로서 전혀 좋은 모델이 되어 주지 못했음을 반성하게 되었다. 많은 순간 내가 "부모"라는 사실을 잊고 있었다. 습관적으로 아무렇지 않게 내뱉고 쏟았던 내 말 한마디가 아이의 성품과 인생을 결정한다는 것을 알고, 더 늦기 전에 성품대화학교를 만나게 되어 정말 다행이라는 생각이 들었다. 내가 우리 아이에게 얼마나 중요한 존재인지를 잊지 않고 나를 늘 격려하면서 우리 아이가 좋은 성품을 가진 멋진 사람으로 성장하도록 좋은 모델링이 되어야겠다고 다짐했다.

사례 1과 사례 2는 성품대화학교를 통해 올바른 대화를 적용하여 부모와 자녀 간 관계를 회복한 사례로, 자녀에 대한 올바른 관점과 이해를 바탕으로 하는 대화법이 관계에서의 문제를 해결하는 단초가 됐음을 보여준다.

(2) 성품훈계학교(SCD : School of Character Discipline)

부모를 대상으로 바른 훈계법을 제시하는 성품훈계학교(SCD)는 자녀의 기질과 특성을 파악하여 자녀에 대한 바른 인식과 가치관을 갖게 하고, 자녀 훈계에 대한 구체적인 방법의 제시를 통해 부모와 자녀 간 올바른 관계를 형성하는 것을 목표로 한다. 다음 사례는 성품훈계학교를 수료한 부모의 후기이다.

사례 3 | 좋은 엄마이고 싶었다. 그래서 아이들을 간섭하고 잔소리하고 지적해

서 꾸짖고, 아이의 감정이나 기분은 전혀 배려하지 않은 채 혹시 세상에 나가 욕먹는 아이가 될까봐 걱정이 앞선 나머지 잘못이나 실수를 용납하지 않고 야단치고 경고하고 매를 들었다. 그런데 아이에게 비친 내 모습은 엄마가 아니라 무섭고 사납고 엄한 사람으로, 보고 싶지 않은 사람이었던 것 같다. 성품훈계학교를 통해 아이의 입장에서 아이의 눈으로 나를 보게 되었다. 이제는 징계보다는 사랑으로 자신이 사랑받고 있다는 것을 아이 스스로 느끼게 해주고 싶다. 엄마의 욕심을 버리고 있는 모습 그대로를 인정하고 받아들이며, 많이많이 사랑해 주기로 다짐했다.

사례 4 | 훈계란 정말 어려운 단어다. 성품훈계학교를 듣기 전까지는 사랑과 관심을 갖고 아이들의 기질대로 한 명, 한 명에게 다른 방법으로 훈계해야 한다는 것을 알지 못했다. 내 기준에 맞지 않으면 사전에 약속도 없이 아이의 감정을 이기려 했던 부끄러운 모습들이 생각난다. 자녀가 어릴 땐 그나마 순종하는 것 같지만 초등학교 고학년이 되면서부터 매도 언성도 통하지 않았던 적이 있다. 훈계한답시고 과거의 잘못을 추궁해서 더 깊이 상처만 주고 아이의 마음에 적의와 좌절감만 싹트게 한 것을 깊이 반성했다. 성품훈계학교를 통해 훈계 후에도 연령에 맞게 어루만져주고, 아이의 인격을 존중하며 배려하고 깊은 관심으로 양육해야 한다는 것을 깨달았다.

사례 3과 사례 4에서 성품훈계학교 수료생들은 일반적으로 행하는 잘못된 훈계방법의 문제를 인식하고, 이후 올바른 자녀 훈계 방법을 배워 적용하면서 자녀와의 관계를 회복했다.

(3) 성품이노베이션(SCI : School of Character Innovation)

성품이노베이션(SCI)은 각 개인이 자신에게 내재한 '좋은' 성품을 계발하여 가정과 공동체 안에서 성공적으로 관계를 맺고, 자녀를 양육할 수 있게 하는 데 목적이 있다. 다음 두 사례는 성품이노베이션에 대한 후기이다.

사례 5 | 중학교 아이들을 키우면서 답답한 순간들이 많았다. "왜 내 자녀만 유독, 이렇게 엇나가고 힘들게 할까?" 자녀를 향해 가졌던 원망과 불평이 결국은 부모로서 내가 보였던 성품 때문이라는 것을 알았다.

성품이노베이션을 통해 내 안의 상처들이 아이들을 얼마나 힘들고 지치게 만드는지 순간순간 돌아보게 되었다. 부모의 성품이 자녀에게 흘러간다는 강의를 듣고 말썽만 부린다며 몰아세웠던 아이들을 거울삼아 부모로서의 내 성품을 생각해 볼 수 있었다.

성품이노베이션의 모든 과정은 나에게 큰 메아리로 남아, 남편과 특히 포기하고 싶었던 아이들을 사랑하고 감사할 수 있도록 생활을 변화시키고 삶을 치유해 주었다. 아이들이 나를 보며 함박웃음을 짓고 있는 지금, 너무 행복하다. 성품이노베이션을 통해 좋은 성품으로 행복한 가정을 가꿀 수 있는 큰 힘을 얻게 됐다.

사례 6 | 어린 시절, 나는 어려운 가정 형편에서 자랐다. 넉넉하지 않은 가정형

편 때문에 부모님은 돈 벌기에 항상 바쁘셨고, 엄마와 아빠는 애정 없이 자녀들을 돌보셨다.

어렸을 적 부모님께 사랑이 담긴 칭찬을 한 번도 받아본 적이 없다. 그래서 항상 '오늘은 칭찬받았으면 좋겠다'라고 생각하며 지냈다. 학교에서 돌아오면 누군가가 따뜻하게 반겨주길 바랐고, 시험을 잘 보면 잘했다고 칭찬 받고 싶었고, 못하면 격려도 받고 싶었다.

하지만 어떤 상황이든 우리 남매에게 부모님의 반응은 무관심과 체벌뿐이었다. 이런 삶 때문이었는지 어릴 때나 어른이 된 지금이나 밖에 나가도 항상 자신감이 없고, 나의 부모가 그랬듯이 아이들에게 무뚝뚝하고 모진 말로 상처를 주고 말았다.

아빠 같은 무뚝뚝한 사람을 만나기도 싫었고 엄마처럼 그렇게 아이를 키우고 싶지도 않았다. 하지만 막상 내 아이를 낳고 키우다 보니, 엄마가 했던 행동들과 아빠가 했던 말들을 나도 모르게 아이들에게 쏟아내고 있는 자신을 보게 되었다.

특히 큰 아들을 생각하면 마음이 아프다. ADHD 판정을 받게 된 큰 아이를 보면, 엄마인 나에게 문제가 많다는 생각이 들었다. 아이에게 모진 말과 행동으로 아이를 병들게 했다는 생각에 나 자신을 용서할 수 없을 정도로 화가 났다. 더욱이 큰 아이와는 반대로 작은 아이에게는 항상 따뜻한 말과 행동으로 사랑한다고 이야기해 주는데, 같은 자식이지만 왜 다른 태도로 아이들을 양육하는지 나도 모르겠다고 생각하며 지나왔다.

성품이노베이션을 통해 원인이 나의 내면에 있는 상처 때문이라는 것을 알게 되었다. 나를 힘들게 하는 어린 시절의 아픔들이 머릿속에서 지워지진 않지만 이젠 그런 상처들로부터 나를 자유롭게 보내고 싶다.

성품이노베이션을 통해 약해진 몸과 마음들이 한층 더 건강하고 강해져서 기쁘다. 5주 동안의 짧은 기간이지만 이곳에서 나는 희망을 찾았다. '성품'이 바로 그것이다. 더 이상 나쁜 성품들이 흘러가지 않도록 내안에 쌓인 나쁜 것들을 훌훌 털어버리고 좋은 성품들이 쌓일 수 있도록 노력할 것이다.

사례 5와 사례 6에서 수료생 두 사람은 성품이노베이션의 교육과정을 통해, 자신의 '좋은' 성품을 발견하고 생활의 어려움을 극복할 수 있는 동력을 얻었다. 특별히 좋은 성품으로의 변화를 통해 치유되는 과정을 겪었고, 가정에서의 관계를 회복했다.

(4) 성품파파스쿨-아버지성품학교(CPS : Character Papa School)

성품파파스쿨-아버지성품학교(CPS)는 아버지를 대상으로, 개인의 성품을 회복하고 회복한 성품을 바탕으로 자녀와 부부의 관계를 새롭게 하는 데 목적이 있다. 다음 사례는 성품파파스쿨-아버지성품학교를 수료한 가정의 후기이다.

사례 7 | 4년 전 나는 이혼을 했다. 서귀포에서 생활을 하면서 주말마다 아이들을 데려오거나 보러가곤 했다. 딸 서연이가 좋은나무성품학교의 유아 성품리더십교육을 받게 된 것은 3년 전, 4살 때였다. 처음 성품을 접한 서연이가 "궁

정적인 태도란 '어떠한 상황에서도 가장 희망적인 생각, 말, 행동을 선택하는 마음가짐'이예요, 엄마."하고 또박또박 긍정적인 태도의 정의를 외우는 것을 보며 얼마나 신기하고 대견했는지 모른다.

그러다가 서연이를 위해 좋은나무성품학교의 '성품파파스쿨—아버지성품학교'에 남편이 참석을 하게 되었다. "아빠가 변해야 가정이 변한다."는 말에 남편이 큰 도전을 받은 것 같다. 성품이 조금씩 변화하기 시작하더니, 아이들 행사에도 많이 참석하고 좋은 아빠가 되기 위해 노력하는 모습을 지속적으로 보여주었다.

남편이 어느 날 전화를 해서는 '부부가 함께하는 성품파파스쿨'에 함께 참석해 줄 수 있는지 물었다. 가벼운 마음으로 참석을 했는데 너무나 좋은 시간이었다. 다른 부부들 속에서 부부의 모습은 아니지만 아이의 엄마, 아빠로 참석을 하면서 예전에 연애하던 시절로 되돌아간 것 같았다. TV 속에서나 보던 커플 만들기 체험을 내가 주인공이 되어 함께 해보는 것은 신선한 경험이었다. 그때의 여운이 아직까지도 남아 있다. 늦은 시간에 서귀포로 돌아가야 했지만 피곤한 줄도 몰랐다. 변화하기 위해 노력하는 남편의 모습을 보면서 다시 재결합을 해야겠다는 생각이 들었다.

쉽지 않은 결정이었고 올해 3월에 다시 제자리로 돌아왔다. 잃었다가 다시 얻은 가정이라 그 누구보다도 가족의 소중함을 절실히 알게 되었다. 힘든 시간을 보내면서도 밝고 명랑하게 자라준 서연이가 너무도 고맙고 사랑스럽다. 성품 파파스쿨을 통해 우리 집은 매일처럼 유쾌한 웃음소리가 담장을 넘어가는 행복한 가정이 되었다.

사례 7은 성품파파스쿨—아버지성품학교을 통한 아버지의 성품의 변화를 시작으로 부부의 관계와 자녀와의 관계가 회복된 사례이다.

(5) 여성성품리더십스쿨

여성성품리더십스쿨은 좋은 성품으로 여성의 정체성과 비전을 회복하고 나와 가정, 세상을 행복하게 만드는 여성으로서의 역할을 이해하고 실천하는 것을 목표로 한다. 다음 사례는 여성성품리더십스쿨을 수료한 여성들의 후기이다.

사례 8 | 지난 몇 년 동안 매일 반복되는 일상에 나는 행복하지 않다고 생각하며 살아왔다. 가족들의 존재 자체를 잊은 채 감사보다는 불평하며 살았다.

6남매 중 맏딸인 나는 온화하고 푸근한 딸이 아닌 듬직하고 진중한 아들 같은 딸로 자라야만 했다. 다투기를 싫어했기 때문에 불만이 있어도 표현하지 않고 침묵했고, 해결되지 않은 문제들은 마음에 쌓이기만 했다. '난 원래 그런 여자야'하면서 일관했다. 아이들의 장점을 칭찬하기보다는 보이는 단점을 지적하는 일이 더 많았고, 남편에게도 마찬가지였다. 서로 사랑한다고 말은 하지만 결국 우리 모두의 마음에는 상처만 자라고 있었던 것이다.

여성성품리더십스쿨에 참석하는 동안 우리 가족에게 하나의 숙제가 생겼다. 다툼이 일어날 것 같은 상황이 생기면 상대방의 손을 꼭 잡아주는 것이다. 가족 간에 이렇게 손을 잡아주는 것이 의외로 익숙하지 않다는 것을 알고 무척 놀랐지만, 회복이 필요하기에 함께 실천하기로 했다. 손을 잡아주면서 "미안해", "고마워", "마음이 아파", "더 노력할게"와 같은 감정 표현도 상황에 맞게 꼭 하기로 했다.

가족 대표로 내가 먼저 아이들과 남편에게 용서를 구하고 실천하기 시작했다. 큰 딸 시은이에게 "시은아, 동생과 싸우면 언니인 너를 먼저 혼내고 너의 마음을 몰라준 것 미안해. 엄마를 용서해줄 수 있겠니?"라고 용서를 구했다. 내 사과를 받은 시은이는 감동을 받았는지 울면서 자기도 동생과 싸우지 않겠다며 용서를 구했다. 동생을 늘 귀찮게 여겼던 시은이는 그날 이후로 동생에게 책을 읽어주는 친구가 되었고 "언니가 도와줄게"하며 동생을 잘 돌봐주는 언니가 되었다. 막내 온유는 어린이집에 가기 싫다며 할머니 집에서 살고 싶다고 투정을 부리던 아이였는데, 지금은 "우리 집이 제일 좋아!"하며 날마다 "행복한 우리 집"이라고 노래를 부른다.

변함없는 일상이지만 이것이 얼마나 큰 행복이고 감사인지 이제야 깨달았다. 며칠 전에는 아이들이 "엄마 표정이 더 밝아졌어!"하며 서로 마주보고 웃기도 했다. 그동안 내 표정이 어땠을지 짐작이 가지만 이젠 하루하루 감사하며 기뻐하며 살기에 모든 일에 자신감이 생긴다.

여성성품리더십스쿨을 통해 나의 변화로 우리 가족도 행복의 길을 걸어가고 있다.

사례 9 | '착한 아이', '잘 참는 아이', '거절하지 못하는 아이' 이 단어는 30년이 넘도록 나를 따라다닌 수식어이다. 어린 시절 어려운 형편 속에서 나마저 힘들게 해서는 안 된다는 생각으로 스스로를 잃어버리고 남에게 보여지는 나로 살

게 되었다.

힘들다고 생각할 줄 몰랐고, 내 생각이나 의견도 없이 남들을 따르는 게 배려이며 누구에게든 순종하는 것이 마땅히 해야 할 일이라고 생각했다. 그런데 문제는 결혼을 하고 아이를 낳고 육아를 하면서 내면의 어린 아이와 현실의 내 아이가 부딪히며 생겼다.

아이는 자신의 생각이 분명하고, 성품교육을 받아서 스스로 본인이 얼마나 소중한 존재인지 잘 아는 아이였다. 그런 아이에게 순종하지 못한다고, 이기적이라고 사소한 실수에도 화를 내며 매를 들고 소리치고 혼을 냈다. 시간이 흐를수록 관계는 더욱 악화되었고, 온순한 내가 아이에게만은 차갑고 무서운 사람으로 변한다는 게 이해할 수 없고 힘들었다.

여성성품리더십스쿨 강의를 듣던 날, 내가 나에게 한계를 정하고 나를 너무 쉽게 포기하며 살았다는 것을 알게 되었다. 그리고 나를 가장 아프게 했던 상처들은 나의 잘못이 아니기에 후회하지도 않고 더 이상 아파하지 않아도 된다는 데에 위로를 받았다. 살면서 해야 할 중요한 한 가지는, 자기용납을 통해 진정한 인격체로 삶을 사는 것이라는 내용에서, 나를 용서하고 사랑해야겠다고 결심했다.

행복은 노력 끝에 이루어지는 것이 아니라 지금 나의 선택이라는 것!! 여성성품리더십스쿨을 통해 부정적인 생각이 컸던 내가 긍정적으로 생각하고 행복을 선택하며 살아가게 되었다.

사례 8과 사례 9는 여성성품리더십스쿨을 통한 여성의 정체성을 새롭게 인식하고 역할을 이해함으로써 가정 내의 관계가 회복된 사례이다.

특히 사례 8에서는 '행복하지 않고', '불평하며 사는' 현재 삶에 대해 과거 여성으로서의 정체성이 잘못 인식되어 비롯된 것임을 깨닫고 여성성품리더십스쿨을 통해 근본적인 내면의 갈등을 해결했다. 그 결과 가족 내에서 "미안해", "고마워", "마음이 아파", "더 노력할게"와 같은 감정의 올바른 표현이 가능해졌고, '우리 집이 제일 좋아!', '변함없는 일상이지만 얼마나 큰 행복이고 감사인지 깨닫는' 삶에 대한 좋은 성품의 태도 변화가 일어났다.

사례 9에서는 30년 넘게 '착한 아이', '잘 참는 아이', '거절하지 못하는 아이'로 살아온 여성이 여성성품리더십스쿨을 통해 긍정적인 자기용납을 경험함으로써 행복에 대한 정의를 새롭게 하고 긍정적인 태도의 성품이 강화되는 효과가 나타났다.

7) 직장인 성품교육과정 적용 사례

직장인 성품교육과정은 한국형 12성품을 바탕으로 개인의 성품을 변화시키고 가정과 직장 내에서 소통성품경영, 긍정성품경영, 책임성품경영의 성품리더십을 발휘하게 하는 데 목적이 있다. 다음은 직장인성품경영스쿨을 경험한 CEO, 경력사원, 신입사원의 후기이다.

사례 1 | 직장 분위기가 항상 바쁘고 너무 긴장되다 보니 자신의 성품을 돌아보거나 상대방에게 관심을 갖기가 쉽지 않음을 발견했다. 그래서 모든 직원이 지금까지 자신의 삶을 되돌아보고 인생의 목표를 다시 되새기는 기회를 갖기 위

해 직장인성품경영스쿨을 시작했다. 놀랍게도 직원들은 이번 교육을 통해 많은 변화를 체험했다. 특히 서로 이해하는 영역이 넓어지고 온유한 마음으로 일하는 모습이 눈에 띄게 늘었으며 매사에 긍정적으로 바뀌었다. 어렴풋이 알았던 배려, 순종, 책임감 등의 성품에 대해서도 구체적으로 알게 되는 계기가 되었다. 개인적으로는 CEO로서, 가장으로서, 사회의 한 일원으로서 어떻게 행동해야 하는지 깊이 생각해 보는 자리가 되었다.

사례 2 | 직장인성품경영스쿨을 통해 생각을 바로잡을 수 있었다. 좋은 성품이 무엇인지 알고 나니 직장 동료나, 가족, 친구들 사이에서도 좋은 성품으로 다가가려고 노력하게 되었다. 또 말하기 전에 한 번 더 생각하고 긍정적으로 행동하게 되었다. 이런 모습이 다른 사람들에게 영향을 끼친다는 사실도 알게 되었다.

사례 3 | 평소 '다른 사람에게 피해를 주지 말자'라고 생각하며 지냈는데, 직장인성품경영스쿨을 통해 구체적으로 어떤 성품으로 살면 피해를 안 주고 살 수 있는지를 깨닫게 되었다. 경청의 태도도 기억에 남는다. 개인의 기술적인 부분을 강조하는 회사에 근무하다 보니 저마다 '내 기술이 더 낫다'는 생각에 빠지기 쉽다. 직장인성품경영스쿨 덕분에 다른 사람의 지혜와 충고를 경청하는 자세가 서로 필요하다고 깨닫게 되었다. 경청하면 더 겸손해진다는 걸 알게 됐다.

사례 4 | 첫 직장에 입사한 지 7개월 만에 직장인성품경영스쿨을 받게 되어 기

뺐다. 책임감이나 긍정적인 태도의 성품을 배우게 되어 뜻 깊고 의미 있었다. 직장인성품경영스쿨의 영향으로 좀 더 발전하는 모습을 보일 것이라고 기대한다. 특히 책임감에 대한 성품을 쌓고 싶다. 팀장님의 책임감 있는 모습을 평소에 존경했는데 팀장님을 본보기로 삼아 "내가 해야 할 일들이 무엇인지 알고 끝까지 맡아서 잘 수행하는" 책임감의 성품으로 좋은 영향력을 끼치는 성품리더가 되길 꿈꿔본다.

사례 5 | 직장생활을 오래 해왔지만 직장인성품경영스쿨처럼 감동적인 교육은 처음이다. 순종이 그저 상대방을 믿고 따르는 것이라고 생각했는데 순종해야 할 일이 현명한 것인지, 올바른 것인지를 잘 분별할 줄 아는 눈을 가져야 한다는 사실에 큰 깨달음을 얻었다. 무엇보다 정말 행복한 성공이 무엇인지도 알게 됐다. 앞으로 온화한 리더십, 전체를 포용하며 이끄는 성품으로 살아가고 싶다. 그러기 위해선 다른 사람의 의견을 잘 들을 줄 아는 경청의 자세가 무엇보다 필요하다고 생각된다.

사례 1과 사례 2는 직장인성품경영스쿨을 통해 '서로 이해하는 영역이 넓어지고', '온유한 마음으로 일하는 모습이 눈에 띄게 늘었으며', '매사에 긍정적으로 바뀌고', '말하기 전에 한 번 더 생각하게 되고', '긍정적으로 행동하게 되는' 직장 내의 긍정적인 변화가 일어났음을 보여주는 사례이다. 사례 3에서 사례 5까지의 내용은 직장인성품경영스쿨에서 훈련한 경청, 책임감, 순종의 성품의 개념과 중요성을 각각 인지하고 실생활에 적용의 폭을 넓힌 사례이다.

2. 사례를 중심으로 본 한국형 12성품교육의 효과

영아 성품교육과정, 유아 성품교육과정, 초등 성품교육과정, 청소년 성품교육과정, 청년 성품교육과정, 부모 성품교육과정, 직장인 성품교육과정의 각 사례를 통해 확인한 한국형 12성품교육의 효과는 크게 다음 세 가지로 정리할 수 있다.

첫째, 개인의 내적 변화이다. 위의 사례에서 구체적으로 확인할 수 있듯이 한국형 12성품교육을 통한 개인의 심리적 변화가 있다. 다시 말해 한국형 12성품교육에서 분류한 각 주제성품의 교육 이후 욕구좌절 내인성, 적절한 사회화, 권위에 대한 건강한 태도, 자존감의 향상, 만족지연능력, 자기통제 등 개인의 내적 변화가 나타났다.

둘째, 표현방법의 변화이다. 한국형 12성품교육은 이성보다 감정을 우위에 두는 한국인의 특성을 고려하였다. 즉 한국형 12성품교육은 논리적 사고와 이해를 바탕으로 한 행동적 변화뿐만 아니라 감정적 영역까지 포함하는 교육으로, 이때의 감정적 영역을 포함한다는 말은 정(情)과 한(恨)으로 대표되는 한국인의 심리적 특성, 곧 감정이 본질적으로 중시되지만 이 감정을 '올바로' 표출하지 못함으로 인해 "그 자리에 머물러" 있게 했던 현실의 반영을 의미한다. 한국형 12성품교육은 올바른 감정의 표출을 목적으로 감정의 표현방법에 대한 교육을 중점적으로 진행하였고, 성품교육을 통한 표현방법의 변화는 한국형 12성품교육의 적용사례들에서 확인할 수 있다.

셋째, 관계맺기의 변화이다. 한국 사회는 집단주의 문화를 바탕으로 하는 특징을 갖는데(장성숙, 2009; Hofstede, 1991; Triandis, 1989, 1996), 이 집단주의 문화에서 개인은 전체의 부분으로 인식하게 된다(최봉영, 1999). 방희정 외(2007)는 Baumeister(1997)의 "자기 홀로 발현되거나 개발되기보다는 관계적인(interpersonal) 것이라고 볼 수 있다"는 말을 인용하여, "자기 자신은 각 개인의 고유하고 독특한 것인 동시에 사회문화적 산물이고, 개인들은 다른 사람들 속에서 태어나 관계 속에서 성숙하며, 사회적 관계 속에서 자신을 규정한다"고 설명하고 '관계적 자기개념'에 대한 다양한 이론을 탐색했다. 관계를 중시하는 한국 사회의 특성을 반영한 한국형 12성품교육은 부부, 자녀, 또래 간 관계에서 수직적—수평적으로 긍정적인 변화를 가져왔다.

한국형 12성품교육은 개인 성품의 변화에서 시작하여, 올바른 방법으로 생각·감정·행동을 표현하게 되고, 이 변화는 궁극적으로 관계에서 겪는 문제점을 해결하여 친밀한 관계를 회복하는 데까지 영향을 미친다는 점에서 한국사회에서의 교육적 의의를 갖는다.

잠재적 가능성을 찾아 탁월한 성공 만들기

강영우 박사(1944~2012)는 시각장애의 환경을 극복하고 박사 학위를 받은 첫 한국인이면서 미국 백악관 국가장애위원회 정책차관보로도 활동한 인물이다. 강 박사의 이 같은 도전정신과 강인한 삶은 미국인 5,600만을 비롯해 전 세계 6억 5,000만 장애인들에게 새로운 가능성을 보여주었다.

그는 열다섯 살 때, 날아오는 축구공에 두 눈을 맞아 시력을 잃었다. 아들의 실명 소식을 들은 어머니까지 충격으로 쓰러진 뒤 회복되지 못하고 돌아가셨다. 이미 아버지를 여읜 소년 강영우에게는 누나와 동생들만 남았으나, 동생들을 돌보며 밤낮없이 일하던 누나마저 지독한 과로로 세상을 떠났다.

"앞도 못 보는 내가 뭘 할 수 있겠어! 이제 나에게는 아무런 희망이 없어."

소년 강영우가 그렇게 절망의 늪에서 빠져 나오지 못할 때, 그를 다시 일으켜 세운 건 어느 점자책에 기록된 다음 문장이었다.

"가지지 못한 한 가지에 불평하기보다 가진 열 가지에 감사하라."

소년 강영우는 '그래! 불평만 하고 있으면 아무것도 변하지 않아'라는 생각이 떠오르면서 자신의 처지와 상황에 갇혀 불평하던 생활을 멈추기로 다짐했다. 그리고 내가 가진 것, 내가 할 수 있는 것을 찾아 나만의 목표를 이루기 위해 인생을 다시 시작하자고 결심했다.

그는 새로운 인생의 수많은 난관을 맞아 치열하게 싸우며 앞으로 나아갔다. 그 결과 2008년에는 국제로터리 인권상을 수상하였고, UN세계장애위원회 부의장을 지냈으며, 국제 사회와 한국 사회에 커다란 영향력을 끼쳤다.

기쁨이란 "어려운 상황이나 형편 속에서도 불평하지 않고 즐거운 마음을 유지하는 태도"(좋은나무성품학교 정의)이다. 절망하고 좌절하는 상황에서는 어떤 가능성도 발견할 수 없다. 자신이 처한 상황과 형편을 불평하기보다, 자신이 가지고 있는 것을 기뻐하고 즐거워할 때 우리의 숨은 잠재력이 현실의 문제를 돌파하는 능력으로 발현된다.

그런 점에서 강영우 박사는 내가 갖지 못한 한 가지보다 내가 가진 열 가지에 더 주목하고 기뻐함으로써 잠재된 가능성을 끌어올리며 자신의 강점과 장점을 끊임없이 계발한 인물이었다.

가능성이란, 어떤 일이 일어나 실현될 수 있는 성질이다. 겉으로 드러나지 않고 내면에 숨어 있는 잠재력이 생각으로, 감정으로, 행동으로 드러나 탁월한 결과를 만들어 내는 힘, 그것이 바로 가능성이다. 가능성은 특별한 사람에게만 있는 것이 아니라 누구에게나 있으며, 또 누구에게나 자신만의 특별한 잠재력이 있다.

단 가능성은 주위에 조언자나 멘토가 있을 때 더 쉽게 계발되는데 강영우 박사의 아내 석은옥 여사가 그런 사람이었다. 그는 남편이 장애인으로, 가장으로, 사회인으로 인생의 고비를 맞을 때마다 숱한 고통의 순간을 함께하며 이렇게 조언했다.

"지금의 고난은 반드시 성공으로 바뀔 거예요. 당신은 아무 걱정 말고 연구에 몰두하면서 지금처럼 노력하시면 돼요."

남편의 가능성을 믿어준 아내의 진심 어린 조언은 강영우 박사에게 큰 힘이 되었다. 실제로 그는 자신의 성공에 대해 이야기할 때 아내의 조언이 꿈을 향한 가능성의 끈을 놓지 않게 했다고 고백했다.

다른 사람의 가능성을 믿고, 잠재력을 이끌어내는 일은 가족과 같은 가까운 관계뿐만 아니라 기업에서도 가능하다. 세계적인 다국적 기업 GE는 '멘토링 프로그램'을 통해 사원들의 잠재력을 이끌어낸 것으로 유명하다. 1981년 GE의 CEO였던 잭 웰치(Jeck Welch)는 "최고의 인재를 뽑을 수 있고, 최고의 인재로 키울 수 있다면 기업은 성공할 것이다"라고 외치면서 사원들의 잠재력을 끌어올리고자 노력했다.

잭 웰치는 직원들과 점심식사를 하면서 한 사람, 한 사람이 가진 엄청난 가능성을 알게 되었고, 직원들마다 멘토(Mentor)를 배정하여 잠재력을 발견하도록 도왔다. 결과는 아주 좋아서 사원들은 멘토의 조언을 통해 평범했던 사원이 A급 사원으로 변신하는 등 괄목할 만한 성과를 냈다. 직원들의 잠재력이 나타나자 시너지효과를 일으키면서 GE는 2001년 마침내 세계 1위의 기업으로 발돋움하였다. GE의 사례는 서로의 가능성을 믿어주고 잠재력을 이끌어내는 기업 문화를 조성하는 것이, 기업 성장의 거대한 동력으로 작용한다는 사실을 시사한다.

좋은 성품이란 "갈등과 위기의 상황에서 더 좋은 생각, 더 좋은 감정, 더 좋은 행동으로 문제를 해결하는 능력"(이영숙, 2010)이다. 개인과 기업의 가능성을 높이고, 잠재력을 이끌어내는 힘은 좋은 성품에 달렸다.

이제는 '나에겐 더 이상의 가능성이 없다.'라고 불평하고 좌절했던 생각을 멈추고, 기쁨의 성품으로 나만이 가진 강점과 잠재력에 주목해 보자. 더불어 직장 내에서 서로의 가능성을 발견하고, 가능성을 함께 실현하는 좋은 성품의 개인, 그리고 기업 문화를 만들어 보자.

칼럼 발췌 : 한국가스공사 사보 KOGAS 3월호
조선일보 학부모 전문가 칼럼 2014.04.

3부

한국형 12성품교육과 통일한국

/

'한 마음 품기' 통일교육이란 이영숙 박사의 '한국형 12성품교육'을 바탕으로 인간의 존엄성을 중시하는
평화교육을 지향하면서, 인성을 회복시키기 위해 남과 북의 70년 격리된 문화적 차이를 좋은 성품의 문화로
접근하는 통일교육의 해법이다. _이영숙, 2014

chapter 1

통일한국과 통일교육

1. 통일의 의미와 통일한국을 위한 준비

1) 통일의 의미와 필요성

통일의 사전적 의미는 "나누어진 것들을 합쳐서 하나의 조직, 체계 아래로 모이게 하는 것"이다. 일반적으로 남북한의 통일이라고 하면 지리적·정치적 통일로 한정하여 생각하기 쉬우나, 지리적·정치적 통일이 이루어지더라도 한민족간의 동질성을 바탕으로 한 사회 문화적 통일이 이루어지지 않으면 진정한 민족 통합이 이루어졌다고 볼 수 없다.

따라서 통일이란 국토의 통일·제도의 통일·생활의 통일로 규정할 수 있으며 지리·정치·경제·사회·문화 등 모든 면에서의 '하나 됨'을 뜻한다. 진정한 의미의 통일은 "하나의 국가체제 속에서 하나의 민족공동체를 형성하고 살아야 할 우리 민족이 서로 적대적이고 상이한 정치·사회 체제를 지닌 두 개의 국가 속에서 살고 있는 현재의 상태를 극복하고, 하나의 국가 속에서 하나의 민족 공동체를 형성하면서 살아가는 상태를 창출하는 일"(이종석, 1998)이라고 볼 수 있다.

통일한국은 분단되었던 국토·제도·문화가 '하나 됨'으로 거듭날 때 완성되는 우리 민족의 숙원과제다. 70년을 앞둔 남북한의 분단 현실은 민족적 고통과 혼란을 야기하고 있으며 나아가 한반도 발전의 심각한 장애요인으로 작용하고 있다. 더욱이 남북한은 분단의 장기화로 인해 생각, 감정, 행동의 기초적인 이념이나 가치관, 생활양식 등이 점점 이질화되어 한민족으로서의 동질성이 파괴되고 있어 통일의 필요성이 시급한 실정이다.

통일부 통일교육원에서 발표한 2013 통일문제 이해에 따르면, 통일의 필요성은 다음의 세 가지로 정리할 수 있다(통일부 통일교육원, 2013).

<u>첫째</u>, 통일은 분단으로 훼손된 민족정체성과 민족동질성을 회복시킨다. 분단 이후 한반도에 지속된 대결과 갈등은 우리 민족이 오랜 기간 간직해온 민족정체성을 훼손시키고, 서로 다른 체제와 사회 속에서의 문화적 이질화를 심화시켰다. 따라서 통일은 분단으로 굴절된 역사를 바로잡고 민족의 역량을 극대화하는 새로운 민족공동체를 이루게 함으로써 민족의 정체성과 동질성을 회복하게 한다. 또한 전쟁 위협을 근원적으로 제거하고 소모적인 경쟁과 대결로 지불되는 민족적 역량의 낭비를 없앰으로써 인적자원의 상호 보완적 활용을 통한 민족공동체의 지속적 번영을 가져온다.

<u>둘째</u>, 통일이 되면 다양한 편익을 누릴 수 있다. 통일은 항구적인 평화를 보장하고 내부의 이념적 대립을 종결함으로써 사회통합과 국론결집을 가능하게 한다. 또한 일차적으로 국토면적의 확장과 인구증가로 인한 내수시

장의 확대를 가져오고, 남한의 자본과 기술이 북한의 노동력과 지하자원과 결합하여 시너지 효과를 창출하게 되어 새로운 성장 동력과 시장의 확보를 통한 비약적 성장을 가능하게 한다. 또한 통일을 이룬다면 활동무대가 한반도 전역으로 확장되고, 나아가 유라시아대륙과 태평양을 연결함으로써 막대한 경제적 이득을 취할 수 있다. 결과적으로 통일은 내수시장의 확대와 대륙으로의 진출 등을 통해 기업에게는 새로운 성장활로의 개척을, 개인에게는 다양한 직업선택과 취업의 기회를 제공한다.

<u>셋째,</u> 통일은 남북 구성원 모두에게 자유와 인권과 행복한 삶을 보장한다. 특히 남북 이산가족과 북한이탈주민 등이 분단으로 인해 겪고 있는 고통의 해소와 북한 주민의 삶을 개선하기 위해 통일은 반드시 필요하다. 통일은 남북한이 자유와 복지, 인간의 존엄과 가치 존중이라는 혜택을 누리게 하며, 분단으로 인해 지불하고 있는 비용과 폐해를 없애고 보다 나은 삶을 보장한다. 결국 통일은 분단에 따른 유·무형의 비용을 소멸시키고 새로운 이익을 창출함으로써 국가·사회뿐 아니라 개인의 삶의 질을 향상시킨다.

통일은 결과적으로 민족적 측면을 비롯해 국가·사회적 측면으로도 한 차원 격상된 한반도를 위한 필수조건이 된다. 많은 연구자들은 남북한의 통일이야말로 한반도 경제의 새로운 건설과 발전을 가능하게 하고 국가경쟁력 강화를 통해 통일한국의 국제적 지위를 비약적으로 상승시킬 것으로 기대하고 있다. 통일이 되면 남북한은 생활공간을 하나로 연결하여 더 넓은 삶의 터전을 만들고 훼손된 민족적 정체성을 회복하여 분단의 고통을

극복하며, 물질적·정신적으로도 행복한 삶이 보장되는 선진 국가를 건설할 수 있다는 것이 공통된 주장이다.

2) 통일한국을 위한 준비

세계 유일의 분단국가인 한국은 지금도 여전히 전쟁과 통일이라는 팽팽한 긴장 속에 놓여 있다. 그러나 대다수의 미래학자와 연구자들은 한반도의 분단이 머지않아 종식될 것이라고 전망한다.

이를테면 박영숙, 제롬글렌, 테드 고든은 공저로 내놓은 『유엔미래보고서 1: 미리 가본 2018년』에서 2015년에는 북한이 후기정보화시대에 접어들면서 PC와 휴대전화를 통한 인터넷 접속이 가능해지고 개개인이 지금보다 더 많은 양의 정보를 갖게 되기 때문에 더 이상의 주체사상이나 권력 세습은 불가능해질 것이라고 예측했다. 이들은 북한체제가 점차 붕괴되기 시작하면서 2020년에는 남북한이 통일을 맞이할 확률이 무려 90%에 가깝다고 주장했다.

2005년 미국의 랜드국방연구소(Rand National Defense Research Institute)가 미국방장관실(the Office of the Secretary of Defense:OSD)의 요청으로 작성한 「북한의 역설 : 한반도 통일의 상황, 비용 및 결과」(North Korean Paradoxes: Circumstances, Costs and Consequences of Korean Unification)라는 제목의 보고서는, 한반도의 통일이 예기치 않게 올 가능성이 있으며 통일 시나리오는 다음의 세 가지로 좁혀질 수 있다고 전망했다. 첫째, 체제진화와 통합에 의한 통일방법으로, 북한이 중국식의 경제개혁과 개방정책을 채택하여 남북한 연방체제가 등장할 수 있지만 이는 매우 가능성이 희박하다고 분석했다. 둘째, 붕괴 및

　　　　　　　　제3부 | 한국형 12성품교육과 통일한국

흡수에 의한 통일방법으로, 북한의 경제적 어려움이 심화되면 군대유지 능력이 약화되고 정권이 붕괴되어 북한 정권이 남한에 흡수되는 경우이다. 사실상 이 경우의 통일 가능성이 가장 높은 것으로 보고서는 전망했다. 세 번째 시나리오는 무력충돌 및 분쟁에 의해 통일이 되는 경우이다.

이러한 전망들은 어느 시대에 통일이 되더라도 통일에 대한 우리의 인식과 준비가 보다 철저하고 세심하게 이뤄져야 함을 의미한다. 2010년 호르스트 쾰러(Horst Koehler) 독일 대통령은 한국을 방문해 가진 비공식 모임에서 한국의 통일정책에 대해 "통일은 반드시 온다. 통일은 생각보다 빨리 온다. 그러므로 통일준비는 빠를수록 좋다."고 충고했다. 곧 우리와 다음 세대에 임박할 통일을 준비하는 온 국민의 '하나 된' 노력이 절실한 때이다.

2. 통일교육의 의미와 한계

1) 통일교육의 의미

통일을 준비하는 간접적이지만 근본적인 방법이 바로 교육이다. 통일한국 사회는 장기간 지속된 분단 상황으로 인해 상당 기간은 정치·경제·사회·문화 전반의 민족적 공유성이 상실된 채로 이념과 체제 및 가치관이 혼재된 상태가 계속될 것이다. 이러한 혼란을 불식시키고 정신적·심리적·행동적 민족 간의 통합과 국민적 연대감을 이끌어내는 것은 교육을 통해 가능한 일이다.

통일교육이란 "분단된 조국의 통일에 기여할 수 있는 교육"으로, 1999년에 제정된 통일교육지원법에서는 통일교육을 "자유 민주주의에 대한 신념과 민족공동체 의식 및 건전한 안보관을 바탕으로 통일을 이룩하는데 필요한 가치관과 태도를 기르도록 하기 위한 교육"(통일부 통일교육원, 2013)이다. 즉 통일교육이란 통일국가를 준비하고 완성시키고 통일 이후의 바람직한 생활을 가능하게 하는 지식 및 가치관, 태도, 규범, 절차 등을 이해하고 적용시키는 교육이다(통일교육 지도자료, 1993).

이러한 통일교육은 현재 학교 통일교육과 사회 통일교육의 두 가지 방향으로 진행되고 있다. 특히 학교 통일교육은 통일교육정책을 수립하고 종합·정비하는 '통일부'와, 통일교육지원법에 의해 국민교육, 각급학교 및 공공·사회교육기관의 통일교육을 지도하고 지원하는 '통일교육원' 및 '교육부'가 상호 연계하여 관장한다.

2) 통일교육의 변천과 한계

통일교육은 통일을 지향하는 교육임에도 불구하고, 과거 우리나라에서는 폐쇄적 성격이 매우 강한 독재 정권의 정권안보교육, 반공승공교육과 같은 이데올로기를 정당화하는 내용과 정치적 목적이 교육의 주를 이루었다.

통일교육의 변천과정을 살펴보면, 남북한이 분단된 1945년부터 제4차 교육과정시기(1982~1988년)에는 반공교육, 제5차 교육과정시기(1989~1993년)에는 통일·안보교육, 제6차 교육과정시기(1994~1998년)부터는 통일교육으로 명칭이 변경되었다. 그러나 통일교육으로 명칭이 변경된 이후에도 내용은 여전히 북한체제에 대한 비판과 대치상황을 강조하는 관점을 벗어나지 못했다. 그러던 중 1999년 통일교육지원법이 제정됨과 동시에 기존의 통일교육이 가진 문제점을 개선하고자 하는 논의가 활기를 띠었고 통일교육의 새로운 접근방향을 모색하려는 움직임이 일어났다(추병완, 2009). 이러한 노력 끝에 제7차 교육과정의 학교 통일교육에는 이전의 관점을 탈피한 성숙한 통일교육의 내용과 목적이 반영되었고, 결과적으로 2000년 6월 남북 정상회담을 계기로 '화해와 평화 패러다임'이 강조되기 시작했다. 그러나 2008년 실용정부가 출범하면서 대북정책의 기조가 변화되었고, 국가 안보와 남북한 상호주의를 강조하는 방향으로 통일교육 정책도 이전과는 다른 면모를 보였다.

통일교육지원법에 의해 매년 통일부 통일교육원에서 발간하는 '통일교육지침서'에는 이러한 정부의 통일교육 정책 방향과 내용이 반영되어 있다. 그러나 정책적으로 이러한 통일교육을 진행하는 과정에서 각급학교에 통일교육이 연계성을 지니지 못하고 분절적으로 운영된 점, 시대적 요구나 정권교체에 따라 일관성 없이 진행된 점, 도덕과목에 한정하여 추상적이고 제한적이며 비현실적으로 다뤄진 점, 교사들의 인식 부족이나 가치관의 동의 없이 형식적인 주입식 교육으로 이뤄진 점 등은 여전히 통일교육의 한계로 지적되고 있다.

/
'한 마음 품기' 통일교육은 세대간의 하나됨, 가정의 하나됨, 학교의 하나됨, 사회의 하나됨을 통해 남북한의 하나됨을 실현하고자 하는 '좋은성품문화' 교육이다. _이영숙, 2014

chapter 2

한국형 12성품교육을 통한 통일교육

1. 한국형 12성품교육을 통한 '한 마음 품기' 통일교육

1) 한국형 12성품교육을 통한 '한 마음 품기' 통일교육이란

'한 마음 품기' 통일교육이란 필자가 고안한 '한국형 12성품교육'을 바탕으로 인간의 존엄성을 중시하는 평화교육을 지향하면서, 인성을 회복시키기 위해 남과 북의 70년 격리된 문화적 차이를 좋은 성품의 문화로 접근하는 통일교육의 해법이다(이영숙, 2014). 즉 세대간의 하나됨, 가정의 하나됨, 학교의 하나됨, 사회의 하나됨을 통해 남북한의 하나됨을 실현하고자 하는 '좋은성품문화' 교육이다.

타일러(Tylor)는 문화를 "사회 구성원으로서 인간이 습득하는 도덕, 습관, 지식, 법률, 예술, 신앙 등을 모두 포함하는 복합적인 전체(complete whole)"라고 정의했다. 즉 문화란 "한 민족이 가지고 있는 공통된 생활양식"으로 다른 민족과는 구분되는 귀속된 정체성을 갖게 하며, 흐르는 물과 같이 고

정돼 있기보다 환경과 상황에 따라 변화하고 발전한다(장영희, 1997).

필자는 한반도 통일의 중요한 전제로 문화적 통합을 강조한다. 남북한의 차이는 정치·제도를 고려한 법적 통일(dejure unification)에 앞서 문화적 차이를 위한 사실상의 통일(de facto unification)이 심도 있게 고려되어야 한다.

분단된 70여 년 동안 남북한은 서로 다른 의식주 문화와 가치관을 형성하며 살아왔다. 통일한국 사회에서 예상되는 문화적 차이는 정치·제도의 차이 못지않게 극복하기 어려운 문제이며, 이 점은 우리보다 먼저 통일을 이룬 독일의 경우에서 사안의 심각성을 찾아볼 수 있다. 1972년 당시 기본조약을 체결한 동서독은 이후 18년 동안이나 민족적 동질화와 내면적 문화의 통일을 위해 치밀한 준비과정을 거쳤음에도 불구하고, 통일 후 23년이 지난 지금까지 동서독 주민간의 문화적 차이를 해결하지 못해 파생되는 갈등과 사회적 혼란 등 심각한 후유증을 겪고 있다. 따라서 남북한도 통일한국 사회에서 맞닥뜨리게 될 혼란과 충격을 최소화하기 위해서는 문화적 통합, 이른바 '하나 된 문화'가 필수적이다.

그렇다면 남북한의 서로 달라진 문화를 어떻게 '한 나라의 문화'로 융합할 수 있을까? 필자는 '좋은성품문화'야말로 통일한국의 실제적이고 구체적이며 이상적인 문화적 통합의 대안이 될 수 있을 거라고 확신한다.

남북한 주민들은 기본적으로 한국 문화에서 기인한 한국인의 정신적·심리적·행동적 특성을 지니고 있다. 다시 말해 '한국형 12성품교육'에서 강조해 온 한국 문화와 한국인의 성품은 남북한 주민들에게 공통적으로 나타나는 특징이며, 이는 '한국형 12성품교육'이 통일한국의 문화적 통합을 이루고 의식적인 가치기준이나 생각·감정·행동의 표현방식을 통일하는 데 있어 긍정적인 단초가 됨을 시사한다.

통일 이후, 그리고 통일을 준비하는 과정에서 민족 전체의 삶이 더욱 행복하고 평화롭기 위해서는 남북한이 "마음을 같이하여 같은 사랑을 가지고 뜻을 합하며 한마음을 품는"(성경—빌 2:2) '한 마음 품기' 통일교육이 실현되어야 한다. 즉 앞으로의 통일교육은 '한국형 12성품교육'을 기초로 하여 '좋은 성품문화'를 확산하고 좋은 성품을 함양하는 방향으로 전개되어야 한다.

필자가 제안하는 '한 마음 품기' 통일교육은 첫째, 기쁨의 성품으로 새로운 민족적 정체성을 회복하고, 남북한 간의 조화와 융화를 이루는 좋은 성품 문화운동이다. 기쁨이란 "어려운 상황이나 형편 속에서도 불평하지 않고 즐거운 마음을 유지하는 태도"(좋은나무성품학교 정의)이다. '한 마음 품기' 통일교육은 70년 동안 단절되었던 남북한 간 문화의 차이를 좋은 성품으로 극복하고, 남북한 주민 각각이 통일한국의 새로운 국민적 정체성을 회복하여 한 마음·한 성품으로 통일을 위한 국민적 공감대를 형성하기 위한 통일교육이다.

둘째, 감사의 성품으로 평화와 협력을 도모하는 좋은 성품 문화운동이다. 감사란 "다른 사람이 나에게 어떤 도움이 되었는지 인정하고 말과 행동으로 고마움을 표현하는 것"(좋은나무성품학교 정의)이다. 정치적 이념의 논리에서 벗어나 더 행복한 인간상을 구현하고 삶을 풍족하게 하는 방향으로의 전환은 좋은 성품으로 남북한 간의 폭넓은 이해와 협력을 이룰 때 가능한 것이다. '한 마음 품기' 통일교육은 분단 현실이 야기한 냉전 문화와 적대감을 탈피하고 감사의 성품으로 남북한 간의 화해를 도모하여 좋은 성품으로 평화와 협력의 틀을 마련하는 통일교육이다.

<u>셋째,</u> 배려의 성품으로 갈등을 근본적으로 해결하는 좋은 성품 문화운동이다. 배려란 "나와 다른 사람 그리고 환경에 대하여 사랑과 관심을 갖고 잘 관찰하여 보살펴 주는 것"(좋은나무성품학교 정의)이다. 통일과정과 통일 이후에 남북한이 필연적으로 맞닥뜨리게 될 갈등과 혼란을 최소화하기 위해서는 남북한이 "서로 돌아보아 사랑과 선행을 격려하는"(성경-히 10:24) 한 차원 높은 시민의식을 실현하고 갈등과 위기상황에서 서로를 배려하는 좋은 성품의 태도가 절실하다. '한 마음 품기' 통일교육은 배려의 성품으로 갈등의 근본적인 요인을 해소하도록 문제해결능력을 함양하는 통일교육이다.

<u>넷째,</u> 통일에 대한 책임의식을 가진 인재들을 양성하는 좋은 성품 문화운동이다. 책임감이란 "내가 해야 할 일들이 무엇인지 알고 끝까지 맡아서 잘 수행하는 태도"(좋은나무성품학교 정의)이다. 한국이 6 · 25 전쟁 이후 반세기 만에 비약적인 성장을 이룰 수 있었던 것은, 끊임없이 인적자원을 개발하고 활용하여 탁월한 글로벌 리더를 양성했기 때문이다. 행복한 통일한국을 성공적으로 맞이하기 위해서는 통일에 대한 책임의식을 가진 좋은 성품의 인재들을 세우는 통일교육이 중요하다.

이와 같이 '한국형 12성품교육'을 통한 '한 마음 품기' 통일교육은, 어려운 상황을 극복함으로써 새로운 민족적 정체성을 회복하고 남북한 간의 조화와 융화를 이루기 위한 기쁨의 성품, 한민족으로서의 행복감과 고마움을 표현함으로써 평화와 협력을 도모하는 감사의 성품, 서로 돌아보아 사랑과

선행을 격려함으로써 갈등을 근본적으로 해결하는 배려의 성품, 통일에 대한 책임의식을 강화하여 통일인재로 거듭나게 하는 책임감의 성품으로 통일한국의 문화적 통합을 추구한다.

2) 한국형 12성품교육을 통한 '한 마음 품기' 통일교육의 기본방향

(1) 인간의 존엄성과 생명의 중요성을 강조한 평화적인 통일교육

그동안의 통일교육은 정치적 구조나 체제를 이해시키고 이념적 이데올로기를 고취시키는 방향으로 전개되어 왔으며, 교육의 현장에서도 학생들에게 특정가치를 맹목적으로 주입하는 지식전달 위주의 교육으로 통일교육이 진행되어 왔다. 그러나 통일을 이끌어가고 통일한국 사회를 살아가는 실제적인 주체는 남북한의 일상을 살아가는 사람들이며, 다시 말해 평범한 주민들의 생각, 감정, 행동에 의해 통일한국의 생활문화가 형성되고 영위되며 새롭게 창조된다.

한국형 12성품교육을 통한 '한 마음 품기' 통일교육은 인간의 존엄성과 생명의 중요성을 강조하는 평화적인 통일교육으로 전개한다. 즉 남북한 주민들의 좋은 성품인 생각·감정·행동을 더 좋은 가치로 변화시키는 근본적인 통일교육을 강조한다. 성품이란 한 사람의 생각, 감정, 행동의 표현(이영숙, 2005)이므로 '한 마음 품기' 통일교육은 인지적 측면·정의적 측면·행동적 측면을 모두 고려하여 통일한국의 실제적 주체인 남북한 주민들이 더 좋은 생각, 더 좋은 감정, 더 좋은 행동을 선택하도록 하는 통일교육이다.

가. 생각을 변화시키는 통일교육

'한 마음 품기' 통일교육이 지향하는 생각을 변화시키는 통일교육은, 남북한을 실제적으로 이해하고 더 좋은 생각으로 통일에 대한 긍정적인 공감대를 형성하게 하는 것을 목표로 한다.

분단 상황에 대한 직접적인 이해관계나 경험이 없는 청소년들의 경우, 통일에 대한 관심도를 조사한 결과 1997년에는 71%가 통일에 관심을 보인 반면 2010년에는 57.3%로 현저히 낮아졌다. 통일의 필요성에 대해서도 1997년에는 85%가 긍정적이라고 응답했지만 2010년에는 66%만이 통일이 필요하다고 대답했다. 이처럼 시간이 지날수록 통일에 대한 관심도는 점점 낮아지고 통일에 대한 인식도 부정적으로 바뀌고 있다(이미경, 2010).

따라서 이제는 통일에 대한 막연해 보이는 문제들을 적극적으로 담론화하여 모든 국민이 좋은 생각의 틀을 가지고 통일을 인식하고 접근하도록 적극적으로 국민적 공감대와 관심을 이끌어내는 것이 중요하다.

나. 감정을 변화시키는 통일교육

'한 마음 품기' 통일교육이 지향하는 감정을 변화시키는 통일교육은, 오랫동안 감정표현에 서툴렀던 남북한 간의 긴장을 완화하고 더 좋은 감정을 공유하게 하는 것을 목표로 한다.

그 동안 남북한은 '첨예한 대립'으로 인한 경계심과, '우리는 한민족'이라는 은근한 동질의식 사이에서 이러지도 저러지도 못한 채 잘못된 감정표현으로 서로에게 상처를 주는 방식으로 일관해 왔다. 그래서 오늘날과 같은 서로 다가갈 수도 밀어낼 수도 없는 긴장 상태가 지속되었고, 이는 통일한 국 사회에서 오해와 불신을 야기하는 직접적인 장애물이 된다.

그러므로 한국형 12성품교육에 기초한 '성품대화법'과 '관계맺기의 비밀—TAPE요법'을 통해 남북한 주민들이 더 좋은 감정을 안정감 있게 표현하고 대화함으로써, 서로 간에 오랫동안 묵혀왔던 적대감을 해소하고 상호이해를 높이는 것이 중요하다.

다. 행동을 변화시키는 통일교육

'한 마음 품기' 통일교육이 지향하는 행동을 변화시키는 근본적인 통일교육은, 더 좋은 행동으로 남북한 간의 매너 있는 선진문화를 만드는 것을 목표로 한다.

통일한국 사회에서 가장 중요한 것은 하나의 문화, 즉 한 국가의 내면적·외면적 행동양식이 조화를 이루는 것이다. 서로 간의 행동양식이나 대응능력이 다른 경우 사소한 제스처나 사인이 '개와 고양이'의 경우처럼 폄하와 분쟁으로 이어질 수 있다.

그러므로 한국형 12성품교육에 기초한 '좋은성품 매너교육'으로 좋은 성품의 태도들을 연습하고 훈련함으로써, 좋은 성품으로 남북한 간의 신뢰할 수 있고 매너 있는 조화로운 사회문화를 만드는 것이 중요하다.

(2) 다문화교육으로 접근하는 통일교육

가. '좋은성품 다문화교육'의 효과

그동안 (사)한국성품협회는 국가기관 및 정부 투자기관과의 연계를 통해 중국, 일본, 대만, 우즈베키스탄, 필리핀 등지에서 한국으로 온 결혼이주여성들을 대상으로 100시간 이상의 '좋은성품 다문화교육'을 실천해 왔다. '좋은성품 다문화교육'은 필자가 고안한 '한국형 12성품교육'을 바탕으로 다문화가정의 특성에 맞게 좋은 성품, 즉 더 좋은 생각·더 좋은 감정·더 좋은 행동을 키우도록 다문화가정을 세우는 실제적인 인성교육이다.

(사)한국성품협회는 '좋은성품 다문화교육'을 다년간 실시한 결과 첫째, 다문화가정의 상호문화에 대한 이해가 증대되었고 둘째, 다문화가정의 문화적 부적응에서 온 감정적 상처가 치유되었고 셋째, 다문화가정의 인성교육의 중요성과 관심도가 증가했으며 넷째, 다문화가정의 개인 성품훈련을 통해 자기계발에 대한 관심이 증진되었고 다섯째, 다문화가정의 자녀교육 역량이 강화되는 등의 효과가 있었다. 특히 '좋은성품 다문화교육'에 참여한 교육생들을 대상으로 '좋은성품 다문화교육'의 효과성을 조사한 결과, 전체의 88%가 매우 효과적이라고 답했고 80%가 나 자신과 자녀에게 실제적으로 적용할 수 있었다고 응답했다.

다음은 (사)한국성품협회가 실시한 '좋은성품 다문화교육' 중 2013년 11월부터 2014년 2월까지 경기도평생교육진흥원과 함께 진행한 다문화교육에 참여한 수강생들의 교육 후기이다.

한국형 12성품교육을 통한 다문화교육에 참여한 다문화 여성들의 수강 소감

공부하고 싶은 욕구는 있어도 경제적으로 어려워 욕심을 못 낼 때가 많았는데 국가적인 지원으로 성품에 대해 배울 수 있어서 너무 좋았다. 또 배움으로 끝나는 것이 아니라 새로운 분야를 공부하고 취업과 연계할 수 있다는 것에 희망을 갖고 '좋은성품 다문화교육'을 지원하게 되었다.

'좋은성품 다문화교육'은 시작부터 열린 마음과 긍정적인 태도로 임할 수 있었고, 또 함께 공부하는 결혼이주 여성들이 공통적으로 가지고 있는 어려움, 기쁨, 감사에 대해 소통할 수 있었던 것이 큰 힘이 되었다.

이론적인 내용도 '한국형 12성품교육론'에 자세히 설명되어 있어서 큰 어려움 없이 배울 수 있었다. 가끔 이해하기 힘든 부분은 스텝분들이 항상 도와주어서 기뻤다. 또 강사님들이 우리를 위해 일본어, 중국어, 영어 등으로 재미있게 교육을 해주셨다.

덕분에 나의 좋은 성품을 계발해 발전할 수 있었고, 남편과 아이에게 대하는 태도가 눈에 띄게 달라질 만큼 큰 효과가 있었다. '한국형 12성품교육'은 가정에서 아이를 키울 때나 자신이 활동하고 있는 분야에서, 어디서든지 실천할 수 있는 구체적인 내용이었다.

실습을 마치면서 좋은나무성품학교에 다니는 학생들의 올바른 태도를 보며 '한국형 12성품교육'의 중요성을 다시 한 번 실감했다. 실제로 성품교육을 실습하면서 어려운 점도 많았지만 (사)한국성품협회 좋은나무성품학교의 많은 분들의 도움으로 여기까지 올 수 있었고, 일본이 아닌 한국에서 이런 전문적인

인성교육을 수료할 수 있다는 것에 자신감이 생겼다. _수미야 유까리(일본)

한국에 온 지도 8년이 되었다. 그 사이 결혼도 하고 아이도 낳아 6살 된 아이를 키우고 있다. 그런데 아이를 키우면서 타국에서 엄마의 입장이 되다보니 상황에 맞게 어떻게 행동해야 하는지, 과연 내가 교육하는 방법이 한국인 특유의 정서에 맞는지 여러 가지로 혼란스러울 때가 많았다.

그때 마침 (사)한국성품협회 좋은나무성품학교의 '좋은성품 다문화교육'을 통해 이영숙 박사님의 '한국형 12성품교육'에 대해 배울 기회를 가지게 되었다. 3개월 동안 꾸준히 참여하면서 앞서 고민했던 어려움과 두려움이 조금씩 해소가 되었다.

집에서는 늘 아이와 중국어로 대화를 한다. 그래서 아이에게 '한국형 12성품교육'을 가르치기 위해 12가지 주제성품 정의를 중국어로 알려주면서 이 내용을 대만에 있는 친구들과도 나누었는데 정말 반응이 좋았고 계속 더 알려달라고 했다. '한국형 12성품교육'은 한국뿐만 아니라 모든 나라의 기초가 아닌가 싶다.

처음 '좋은성품 다문화교육'에 지원했을 때 과연 내가 육아와 살림을 하면서 100여 시간의 과정을 마칠 수 있을까 걱정이 많이 되었다. 그렇지만 즐거운 분위기와 좋은 성품으로 행복한 세상을 만들 수 있다는 이야기들을 들으면서 큰 감동을 받고 매 시간마다 설레는 마음으로 수업에 참여할 수 있었다. (사)한국성품협회 좋은나무성품학교의 강사분들과 스텝분들이 몸소 보여준 좋은 성품과 뜨거운 열정을 결코 잊지 못할 것이다.

3개월 교육 중에 과제를 하는 것이 만만치 않은 일이었지만, 나의 성품을 진단하고 좋은 성품을 연습하는 과제들을 통해 다시 한 번 나의 삶을 자세히 들여다보게 되었다. 그리고 좋은 성품은 아이 뿐만 아니라 부모인 내가 먼저 배워야 한다는 것을 알게 되었다. '좋은성품 다문화교육' 시간에 배운 주제성품 노래와, 성품법칙 등을 자녀에게 실천하면서, 가르침을 받은 나 자신뿐만 아니라 자녀들까지 더 행복하게 변화되는 것을 체감했다.

서툰 한국어를 잘 알아듣고 반응해 준 (사)한국성품협회 좋은나무성품학교 강사분들과 스텝분들에게 다시 한 번 진심으로 감사드리며, 앞으로도 이런 좋은 프로그램을 많이 기획해 주시길 기대하고 또 부탁드린다. _차이페이치엔(대만)

'좋은성품 다문화교육'은 다문화권에 대한 우월주의적 인식이 아니라 평화와 공존의 차원에서 인간을 행복하게 만드는 '좋은 성품'의 문화적 요소로 접근함으로써 긍정적인 변화들을 가져왔다. 필자는 '한 마음 품기' 통일교육도 이러한 맥락에서 남북한이 하나 되는 '좋은 성품의 다문화적 시각'으로 접근할 때 더 큰 성과를 기대할 수 있다고 본다.

나. '좋은 성품'이라는 더 좋은 보편가치를 통해 국민적 융합을 추구하는 통일교육

'한 마음 품기' 통일교육은 '좋은성품 다문화교육'의 장점을 살려 '좋은 성품'이라는 더 좋은 보편가치를 통해 국민적 융합을 추구한다. 오랜 시간 분단되었던 남북한의 이질화 현상을 해소하고 '하나됨'의 문화적 인식(cultural awareness)을 확산하기 위해서는, 기본적으로 남북한이 서로의 문화를 배척

하는 것이 아니라 다름을 인정하고 '좋은 성품'이라는 더 좋은 가치 속에서 공존의 방향을 모색하는 노력이 필요하다.

남북한의 이질화는 남과 북 어느 한쪽에 편향된 문제가 아니라 남북한 전체가 예외 없이 겪는 공통적 상황이다. 일반적인 동질화의 개념으로 통일에 접근할 경우, 통일독일이 지금까지 겪고 있는 부조화의 문제들을 통일한국에서도 고스란히 되풀이할 수 있다.

통일독일의 경우 서독의 주도로 문화적 통일이 이루어지면서, 서독 주민들은 별다른 변화 없이 일상을 살면 되었지만 동독 주민들은 이전과는 전혀 다른 서독의 사회체계와 문화양식을 바꾸도록 요구받았다. 그 과정에서 서독 주민에 대한 반발심이 높아지고, 동독 주민들은 '2등 국민'이라는 열등감에 빠져 통일독일 사회의 혼란을 야기했다.

통일한국의 문화는 다수의 문화나 어느 한쪽의 기준으로 상대방의 문화를 수정·개편하는 방향이 아니라, '좋은성품 다문화교육'의 관점을 적용하여 서로 간의 다름을 이해하고 존중하는 평화와 공존의 방향에서 국민적 융합이 이루어져야 한다. 이때 남과 북이 동의할 수 있는 새로운 통합논리를 창출하는 것이 관건인데, 필자는 인간의 행복을 위한 '더 좋은 보편가치'인 좋은 성품이야말로 남북한의 문화적 차이를 융합하는 최선의 해법이 된다고 확신한다.

남북한의 이데올로기와 문화양식이 매우 다른 현 시점에서 통일한국은 하나의 새로운 공동체라고 볼 수 있다. 통일에 대한 다문화적 관점을 비판하는 의견 중에는 구성원 비율의 차이에서 오는 문화적 충격을 우려하는 목소리가 있지만, '한마음 품기' 통일교육에서 강조하는 문화융합의 기조는 다수의 문화를 따르는 것이 아니라 우리가 보편적으로 지향해야 할 공동의 선, 즉 마땅히 생명을 중시하고 인간의 행복한 삶을 회복시키는 '좋은 성품'이라는 보편가치에 두기 때문에 더 효과적이고 가장 적합한 통일교육의 형태가 된다. 결론적으로 '한 마음 품기' 통일교육은 어느 한 개인이나 이념의 편향된 가치가 아닌, 인류의 가장 근원적이고 보편적이며 절대적인 가치를 추구하는 '한국형 12성품교육'을 기초로 함으로써, '좋은 성품'이라는 더 좋은 보편가치를 통해 국민적 융합을 추구하는 통일교육으로서의 의의가 있다.

(3) 공감인지능력(Empathy)과 분별력(Conscience)을 키우는 평화교육

평화교육이란 평화를 창조하는 능력(peace capacity)을 함양하는 교육이다. 평화를 창조하는 능력은 일상생활에서 갈등의 요소를 파악하고 평화적인 방법으로 해결하여 더 이상적인 삶의 질서를 세우는 능력을 의미한다. 이를 위해서는 개인과 사회 전반에 대한 통찰력과 문제의식, 공감과 비판능력, 생각을 실천으로 옮기는 행동능력 등이 교육의 목표가 되어야 한다(박보영, 2004).

'한 마음 품기' 통일교육은 이와 같은 관점에서 '한국형 12성품교육'의 2가지 기본 덕목인 공감인지능력(Empathy)과 분별력(Conscience)을 키우는 평화교육을 추구한다.

가. 공감인지능력(Empathy)을 키우는 평화교육

공감인지능력(Empathy)이란 "다른 사람의 기본적인 정서, 즉 고통과 기쁨, 아픔과 슬픔에 공감하는 능력으로 동정이 아닌 타인에 대한 이해를 바탕으로 하여 정서적 충격을 감소시켜주는 능력"(이영숙, 2005)이다. '한 마음 품기' 통일교육은, '한국형 12성품교육'에서 공감인지능력을 구체화하여 가르치는 경청, 긍정적인 태도, 기쁨, 배려, 감사, 순종의 6가지 주제성품 중 기쁨, 배려, 감사의 성품을 주요 교육내용으로 삼는다.

평화적 통합을 위해서는 '상호작용에 관련된 의사소통의 영역'을 발달시키는 것이 중요하므로(조한혜정, 1996) '한 마음 품기' 통일교육은 남북한 간의 더불어 사는 포용능력과 통합역량을 신장하기 위해, '기쁨'의 성품으로 국민적 정체성을 회복하고 '배려'의 성품으로 갈등해결능력을 키우며 '감사'의 성품으로 공감능력을 키우는 평화교육을 실현한다.

나. 분별력(Conscience)을 키우는 평화교육

분별력(Conscience)이란 "인간의 기본적인 양심을 기초로 하여 선악을 구별하는 능력으로, 올바른 생활과 건강한 시민정신, 도덕적인 행동을 위한 토대가 되는 덕목"(이영숙, 2005)이다.

'한 마음 품기' 통일교육은 '한국형 12성품교육'에서 분별력을 구체화하여 가르치는 인내, 책임감, 절제, 창의성, 정직, 지혜의 6가지 주제성품 중 책임감의 성품을 주요 교육내용으로 삼는다.

통일한국 사회의 건설적인 발전을 위해서는 평화적 판단능력을 소유한 인재들이 정치·경제·사회·문화의 각 영역에서 역량을 발휘해야 한다. 즉 통일에 대한 여러 의견들을 냉철하게 검토하고 추상적이거나 맹목적인 통일론을 지양함으로써 최선의 의사결정을 내리는 인재들이 필요하다. 따라서 '한 마음 품기' 통일교육은 평화적 판단능력으로 탁월한 의사결정을 내릴 수 있는 인재를 양성하기 위해 '책임감'의 성품으로 통일에 대한 올바른 책임의식과 분별력 함양하는 평화교육을 실현한다.

평화교육을 실현하기 위한 '한국형 12성품교육'의 공감인지능력과 분별력은 타고 나거나 하루아침에 길러지지 않는다. '한국형 12성품교육'의 분명한 목표와 체계적인 교육을 통해 꾸준히 연습하고 훈련할 때 계발할 수 있다. 따라서 통일을 준비하는 과정에서 '한국형 12성품교육'을 통한 '한 마음 품기' 통일교육을 실현하는 것은 현 시대와 다음 세대를 가장 든든히 세우는 원동력이 된다.

(4) '좋은성품 새터민교육'의 관점에서 좋은 성품으로 치유와 회복, 관계를 개선해 나가는 통일교육

2013년 말 작성된 남북관계 주요통계자료에 따르면 해마다 1,500명 이상의 새터민이 남한에 입국하고 있고, 남한에 거주하는 새터민은 이미 26,000명을 넘어선 것으로 확인되었다.

새터민은 먼저 온 통일한국의 미래이다. 이들은 사실상 통일한국 사회에서 맞닥뜨리게 될 통일의 실상을 객관적으로 바라보게 하고, 더 구체적이

고 섬세한 통일전략을 가능하게 하는 중요한 조력자이다.

그러나 북한에서 태어나 북한의 정치·경제·사회·문화 속에 뿌리를 내리고 살아온 새터민들이 단순히 한민족이라는 이유로 남한의 사회체제와 문화에 적응하는 것은 쉬운 일이 아니라는 점을 간과하고서라도, 이들이 남한에서 갈등과 불안 속에 제대로 정착하지 못하고 있다는 사실은 통일한국을 준비하는 우리에게 시사하는 바가 크다. 즉 새터민들이 급격히 증가함으로써 발생하는 사회적응 문제는 통일한국 사회에서도 똑같이 겪을 수 있는 예상 가능한 문제들이므로 주도면밀하고 실제적인 대책 마련이 필요하다.

'한국형 12성품교육'을 통한 '한 마음 품기' 통일교육은 '좋은성품 새터민교육'의 관점에서 좋은 성품으로 치유와 회복, 관계를 개선해 나가도록 지원한다.

북한 사회는 공산주의 체제의 보전을 위해 주민들 간의 감시 및 통제가 일상적인 생활이 되어 있고, 주체사상에 의해 개인의 존엄성이 박탈당해도 이의를 제기할 수 없는 전근대적인 사고가 팽배해 있다. 이러한 환경에서 새터민들은 권위에는 순응적이지만 창의적이고 자율적이거나 다양한 의사결정능력은 부족한 경향을 보이고, 자신의 존엄성이라든지 정신적 가치를 경시하는 태도를 보인다(Global Educational Leadership Conference, 2014). 여기에 새터민들이 남한 사회로 건너오는 과정에서 겪은 비인간적인 대우와 환경적 불안은 그들의 성품에 부정적인 영향을 가져왔다.

'한 마음 품기' 통일교육은 새터민들을 좋은 성품으로 변화시키는 '좋은 성품 새터민교육'에 착안하여, '한국형 12성품교육'의 인성교육 프로그램인 '성품이노베이션'(SCI)과 '성품대화학교'(SCC)를 통해 통일사회에서 발생할 수 있는 북한 주민들의 상처를 치유하고 자존감을 회복하며 일상생활에서 관계를 개선할 수 있도록 돕는다.

가. 성품이노베이션 프로그램(SCI)으로 치유와 회복을 도모하는 통일교육

성품이노베이션(SCI : School of Character Innovation)은 (사)한국성품협회가 2007년부터 진행해 온 '좋은 성품 자가진단－힐링 프로그램'으로, 스스로의 성품을 진단하고 힐링 집중교육을 통해 자신의 좋은 성품을 계발하는 인성 교육 프로그램이다. 특히 좋은 성품으로 나와 다른 사람, 가정과 이웃을 행복하게 만들 수 있도록 '나를 찾아 떠나는 치유와 회복의 프로그램'을 6주 과정으로 진행한다.

(사)한국성품협회가 1,000여 명 이상의 일반인과 전국의 초중고 학부모, 학교폭력에 노출된 가해자·피해자 학부모들을 대상으로 성품이노베이션(SCI)을 실시한 결과 수강생들은 자신의 정신적·심리적·행동적 상태를 진단하고, 좋은 성품으로의 회복으로 자존감을 높임으로써 우울증·불안·열등감·스트레스의 원인을 근본적으로 해결했다. 결과적으로 행복한 가정의 복원을 위해 관계의 중요성을 재조명하고 위기관리법을 배움으로써 건강하고 행복한 삶으로의 성품 힐링 효과를 가져왔으며, 이 점은 '한마음 품기' 통일교육에서 남북한 주민들을 대상으로 확대 실시했을 때 통일한국 사회에 긍정적인 효과를 가져옴을 시사한다.

나. 성품대화학교 프로그램(SCC)으로 관계를 개선해 나가는 통일교육

성품대화학교(SCC : School of Character Communication)는 (사)한국성품협회가 전국의 시도교육청, 초중고, 기업 등과 연계하여 2008년부터 진행해 온 '좋은 성품 역량강화 프로그램'으로, 좋은 성품의 대화를 실제적으로 가르치고 훈련하는 인성교육 프로그램이다. 모든 인간관계는 언어로 시작되므로 갈등의 시작도 언어에서 비롯된다. 성품대화학교(SCC)는 좋은 성품의 대화로 갈등과 위기상황을 해결하고 행복한 관계와 성숙한 성품을 계발하도록 6주 간의 오프라인과정 혹은 12강의 온라인과정으로 진행된다.

(사)한국성품협회가 1,500여 명 이상의 일반인과 전국의 초중고 학부모, 학교폭력에 노출된 가해자·피해자 학부모들을 대상으로 성품대화학교(SCC)를 실시한 결과 수강생들은 인성교육의 중요성을 깨닫고, 좋은 관계를 맺을 수 있는 방법과 말하는 구체적인 성품대화법을 훈련함으로써 자신을 성찰함과 동시에 행복한 인간관계를 맺게 하는 좋은 성품을 소유하게 되었다. 특히 더 이상 자신의 상처와 분노를 폭력으로 해결하지 않고 한 차원 높은 성품대화로 인간관계를 풀어나감써 자신과 다른 사람, 공동체와 사회를 긍정적으로 변화시켰다. 이러한 효과들은 '한 마음 품기' 통일교육을 통해 남북한 주민에게 확대 실시했을 때 통일한국 사회에 훨씬 더 긍정적인 효과를 가져올 수 있다.

(5) 평생교육으로 전개되는 통일교육

준비된 통일은 한반도에 축복이지만 준비되지 않은 통일은 큰 재앙일 수

있다. '한국형 12성품교육'에 통한 '한 마음 품기' 통일교육은 통일의 주체인 남북한의 모든 세대를 대상으로 평생교육으로 진행하는 통일교육이다.

2014년 통일부 정책용역 보고서(서울대 국제문제연구소 수행)의 조사결과에 따르면 '가급적 빨리 통일을 해야 한다'는 25.8%, '굳이 통일할 필요가 없다'와 '통일에 관심이 없다'는 응답은 30%로, '통일을 서두를 필요가 없다'는 응답을 합하면 약 75%가 통일에 대해 부정적이거나 통일 무용론을 주장하는 것으로 나타났다. 결과적으로 이러한 조사결과는 통일교육이 현재처럼 학교교육 차원에서의 초중고 교과목으로 한정되기보다 영유아부터 노인에 이르기까지 전 연령층과 모든 세대를 대상으로 확산되어야 함을 의미한다.

가. 영유아기 '한 마음 품기' 통일교육의 중요성

실제로 현재 통일교육 정책을 살펴보면, 영유아, 유아, 청년, 부모, 직장인, 노인을 대상으로 한 통일교육은 그나마 학교 중심의 통일교육으로 이루어지고 있는 초중고 통일교육 체계에 비해서도 훨씬 미흡한 수준이다.

그러나 영유아기는 '한 마음 품기' 통일교육을 실천할 수 있는 최적의 시기임과 동시에 통일교육의 효과를 가장 극대화할 수 있는 시기이다. 특히 영유아기에 학습된 가치관과 태도, 개념 등은 이후의 삶 전반에 걸쳐 평생 지속되고, 이 시기에 형성된 다양한 관념과 사고방식은 쉽게 바뀌지 않는 발달적 특성을 보이며, 시기적으로도 자아 개념이나 타인에 대한 인식 및 이해를 비롯한 도덕적 가치 판단능력이 현저히 발달한다(Easton& Hess,1962).

즉 이 시기를 어떻게 보내느냐에 따라 통일에 대한 가치관을 긍정적으로 내면화할 수도 있고, 반대로 부정적인 고정관념이나 편견을 가질 가능성이 높다. 따라서 많은 심리학자나 평화교육자들이 주장하는 바와 같이 평화에 관한 문제는 개인의 가치관이나 의식의 문제이므로 아주 어릴 때부터 '한 마음 품기' 통일교육을 통해 더 좋은 보편가치인 좋은 성품으로 '하나됨'의 평화의식을 가르치는 것이 중요하다.

(사)한국성품협회 좋은나무성품학교는 2005년부터 전국의 620여 개 유아교육기관과 초중고 및 대학교에서 '한국형 12성품교육'을 실천해 왔으며, '한국형 12성품교육'의 효과는 한국성품학회와 여러 학계에서 발표한 논문 및 연구 자료를 통해 입증되었다. '한 마음 품기' 통일교육도 이와 같은 맥락에서 연령에 따른 정신적·심리적·행동적 특성과 통일에 대한 과업을 중시하여 대상에 맞게 가장 적합한 방법으로 구체적이며 실제적인 통일교육을 실천할 수 있다는 훌륭한 장점이 있다.

나. 부모와 교사의 모델링을 통한 '한 마음 품기' 통일교육의 중요성

남북한의 정치·경제·사회·문화를 지탱하고 있는 청년과 부모, 직장인, 노인 등 성인을 대상으로 한 통일교육은 이들이 통일한국 사회가 실제로 당면하는 문제들에 대해 가치판단의 권한을 가진다는 점에서 '한 마음 품기' 통일교육이 절실하다. 특히 부모와 교사는 '한 마음 품기' 통일교육에 있어 중요한 비중을 차지한다. 부모와 교사의 경우 일상생활과 교육시간에 보여주는 통일에 대한 생각·감정·행동이 고스란히 학생들에게 전달되

며 '한 마음 품기' 통일교육에 대한 동기부여와 교육내용을 가장 가까이에서 학생들에게 직간접적으로 제공하기 때문이다.

통일독일을 앞두고 서독과 동독이 학생교류프로그램을 진행하려고 할 때, 서독의 학생들은 24%만 찬성한다고 답했다. 그러나 교사들의 76%가 그럴 의사가 있다고 응답함으로써 교사들의 주도로 실제 독일의 학생교류프로그램이 진행되었다. 따라서 '한 마음 품기' 통일교육의 성과는 더 좋은 보편가치인 '좋은 성품'을 배우고 실천하는 부모와 교사에 달렸다고 해도 과언이 아니다.

(사)한국성품협회는 2011년부터 서울특별시교육청, 경기도교육청이 지정하는 초중고 교원 직무연수기관으로 선정됨에 따라 '유초중고 창의적 체험활동 내실화를 위한 좋은 성품 기르기', '교사와 학생의 관계 향상을 위한 성품대화법', '좋은 인성을 키우는 성품 훈계법 1·2' 등을 주제로 매학기 전국 초중고 공교육 교원 성품직무연수를 진행해 왔다. (사)한국성품협회가 실시해 온 초중고 공교육 교원 성품직무연수는 교사들이 성적 위주의 평가방식에서 벗어나 성품 위주의 가치관을 정립하고, 성품교육에 대한 교사들의 주체의식을 강화하여 자발적으로 성품교육의 안정화를 도모하게 한다는 점에서 차별화된 인성 직무연수로 평가받았다. 또한 초중고 공교육 교원 성품직무연수를 통해 교사들이 현장에서의 교권 하락과 학교폭력·왕따 문화·교실 붕괴 등의 원인을 객관적인 시각에서 분석하고, 성품교육을 다각도로 실천하도록 '한국형 12성품교육'의 독자적 지침을 배워 교실 현장에 적용함으로써 '좋은 성품으로 행복한 학교 문화 만들기'의 실제적인

목표들이 달성되는 효과를 가져왔다.

　더불어 (사)한국성품협회 좋은나무성품학교에서 2008년부터 진행한 학부모 인성교육 프로그램인 성품대화학교(SCC:School of Character Communication), 성품훈계학교(SCD:School of Character Discipline), 성품이노베이션(SCI:School of Character Innovation), 성품파파스쿨—아버지성품학교(CPS:Character Papa School), 여성성품리더십스쿨은 시도교육청 및 초중고와 연계하여 전국의 부모—자녀간의 관계, 부부와의 관계가 회복되고 가정이 치유되는 등 행복한 변화들이 일어났다.

　'한 마음 품기' 통일교육은 기존의 초중고 학교교육을 통해 적은 범위로 이루어지던 통일교육의 한계를 극복하여, 청년, 부모, 직장인, 노인에 이르기까지 성인을 위한 통일교육을 전개함으로써 전 연령, 모든 세대를 위한 '한 마음 품기' 통일교육을 가능하도록 한다. 특히 부모와 교사를 대상으로 한 '한 마음 품기' 통일교육을 강화하여, 통일한국 사회에 좋은 성품의 본보기가 되게 하고 이로써 학생들이 생명을 존중하고 인성을 회복시키는 평화적 통일의 가치관과 태도를 모델링하도록 한다.

　'한국형 12성품교육'은 태아, 영유아, 유아, 초등, 청소년, 청년, 부모, 직장인, 노인에 이르기까지 평생교육과정으로 전개되는 체계적인 인성교육이다. 따라서 '한 마음 품기' 통일교육 연령에 따라 정신적 · 심리적 · 행동적 특성이 다름에서 오는 교육적 과업들을 중시하고, 대상에 따라 교육에 적합한 방법들이 다른 점을 고려하여, '좋은성품문화' 교육을 각각의 연령별 특성에 맞게 제공할 수 있다. '한국형 12성품교육'을 통한 '한 마음 품기' 통일교육의 대상 확대는 '일관성 있고 체계적이며 구체적인' 통일인성교육에 대한 대안으로서의 성품교육이라는 의의를 가진다.

이영숙 박사의 성품칼럼

좋은성품문화로 접근하는 통일교육의 방향

올해 들어 정부가 적극적으로 통일 비전을 제시하면서 막연하기만 했던 남북한 사이의 문제들을 건설적이고 현실적인 방향으로 풀어가기 위한 논의가 사회 각 영역별로 진행되기 시작했다. 통일 논의는 정부뿐 아니라 시민과 기업 등 다양한 영역에서도 심도 있게 접근해야 할 일이다.

우리 사회에는 통일에 대해 다양한 시선이 공존한다. 그중에는 통일을 꼭 해야 하느냐, 구체적인 청사진 없이 이루어지는 통일은 오히려 두렵다는 시선도 있다. 경제적으로 보면 지금 당장 남북이 통합을 시작할 경우 2030년에는 1인당 국내총생산(GDP)이 3만 5700달러에 육박하고, 2050년까지 가면 세계 4위의 경제력을 가질 것이라는 기대감도 있다. 이런 점에서는 통일이 대박일 수도 있다.

지금까지 우리나라의 비약적인 경제 성장은 인적자본에 기댄 측면이 컸다. 실제 1960년부터 2005년까지 대한민국이 이룩한 GDP 성장은 지식을 기반으로 한 생산과 높은 교육열이 크게 기여한 측면이 있다. 교육문화가 경제 성장의 동력으로 작용한 셈이었다. 이처럼 교육은 인적자본을 강화하여 국가 발전의 동력을 제공한다.

그런 점에서 통일한국의 인적자본은 무엇보다 중요하다. 그렇다면 통일한국의 인적자본은 어떤 내용을 갖춰야 할까? 통일한국의 가능성을 보다 활성화하여 모두가 꿈꾸는 시대를 열어가기 위한 인적자본의 내용은 무엇일까? 우리는 무엇보다 지금 이 문제에 깊이 천착해야 할 필요가 있다.

'한국형 12성품교육'을 통해 인성교육의 새로운 가능성을 전망해 온 필자로서는 무엇보다 남북의 공감대 형성이 최우선 단계라고 확신한다. 이는 곧 분단 상황에서 분열되었던 개인들이 '한 마음'을 공유하는 일이다. 우리 민족은 지난 수천 년 동안 단일 민족으로 살아 온 역사를 공유했다. 그러나 남북 분단 이후 반세기가 조금 넘는 세월 동안 적대적 관계로 다른 체제에 적응해 오면서 어느새 융합하기 어려운 이질적 문화를 형성하고 말았다. 생각은 물론 말과 행동까지 이질적인 것들로 팽배해 있다.

이 때문에 당장 통일이 될 경우 '같은' 마음을 품은 '같은' 나라의 국민이 되기가 매우 어려운 실정이다. 게다가 상호 적대감은 통합에 매우 위험한 요소이기도 하다. 그러므로 남북한의 통합은 서로 다른 문화적 배경을 전제로 추진되어야 하며, 상호 공감대 형성의 과정을 밟아야 한다. 구체적으로 이를 위해 인성교육을 통한 공감대 형성은 효과적이고 근본적인 방안이다.

이런 인식을 토대로 '한 마음 품기' 통일교육 방안은 곧 성품을 바꾸는 교육으로 귀결된다. 우선 남북 주민들이 가진 다른 생각과 감정, 행동을 조화롭게 융화시키고 문화적인 통합을 이루는 데 교육의 목표를 설정한 뒤 '한국형 12성품교육론'(이영숙, 2011)을 바탕으로 접근한다. '한국형 12성품교육'의 목표가 다름 아닌 성품(인성)교육을 통해 사람의 생각, 감정, 행동을 긍정적이고 조화롭게 만드는 데 있으므로 이는 매우 적절하다. 뿐만 아니라 이교육은 공감인지능력과 분별력을 기본 덕목으로 하고 있어, 남북한이 서로를 이해하는 공감인지능력과, 올바른 통일 사회를 만들어가기 위한 분별력을 갖추는 데도 효과적이다. 이러한 교육적 노력이 남북한의 문화통합 및 통일한국으로 나아가는 길에 길잡이 역할을 해줄 것으로 기대한다.

그렇다면 남북 주민들을 융합시키는 공감인지능력과 분별력을 기르는 데 중요한 성품교육은 무엇일까?

먼저 어려운 형편이나 상황에서도 하나 됨을 기뻐하면서 즐겁게 나아가는 '기쁨'의 성품, 서로 다름을 인정하면서 존중해 주는 '배려'의 성품, 그 존재만으로도 기뻐하면서 남과 북이 하나 되어 얻게 되는 자원과 국력을 감사하는 '감사'의 성품, 그리고 남과 북이 짊어지고 가야 할 자신의 몫을 묵묵히 감당해 나가는 '책임감'의 성품이 이에 해당된다.

통일은 대박일 수 있다. 경제적인 대박일 뿐 아니라 평화와 인간존엄의 귀중한 가치를 실현하는 데서도 대박이다. 그러나 통일을 진정으로 원한다면 전 연령대의 남북한 주민들이 통일을 위한 사회 구축비용을 두려워하거나, 통일을 유보하는 태도를 가져서는 안 된다. 정치적, 경제적, 군사적, 교육적 시스템을 정비하는 일도 부지런히 다듬어야 한다. 그러나 무엇보다 좋은 성품의 문화를 확산하여 남북한이 이질적인 문화를 융합하는 일이 중요하다. 남북한 구성원들이 좋은 성품으로 하나가 되어야 비로소 통일의 진정한 기대효과들이 결실을 할 것이다.

칼럼 발췌 : 조선일보 학부모 전문가 칼럼 2014.05.14.
월간 좋은성품 신문 성품칼럼 제65호(2014년 5월)

참고문헌

강상진. (2007). 아리스토텔레스의 덕론. 가톨릭철학, 9, 11-39.

강선보 · 김정환. (2006). 교육철학. 서울: 박영사.

강희천. (2000). 종교심리와 기독교교육. 서울: 대한기독교서회.

고건영 · 김진영. (2005). 한국인의 정서적 지혜: 한의 삭힘. 정신문화연구, 28(3), 225-290.

고재식. (2005). 기독교윤리의 유형론적 연구. 서울: 대한기독교서회.

권석만. (2009). 긍정심리학. 서울: 학지사.

권순희. (2007). 초등학생의 인성교육을 위한 말하기 · 듣기 교육 방안. 한국초등국어교육, 34, 35-89.

권택조. (2005). 기독교교육심리학. 서울: 대한기독교서회.

金田康正 외. (2007). 뇌와 마음의 구조. 뉴턴프레스 역. 서울: 뉴턴코리아.

김경배 · 김재건 · 이홍숙. (2005). 교육과정과 교육평가. 서울: 학지사.

김명진. (2007). 도덕과 교육을 통한 인성교육의 방법 연구. 윤리교육연구, 14, 181-206.

김명진. (2010). 도덕교과 교육을 통한 인성교육의 활성화 방안 연구. 공주대학교 대학원. 박사학위논문.

김지영. (1996). 통일대비 유아교육과정개발을 위한 기초조사연구. 이화여자대학교 대학원. 박사학위논문.

김찬국. (1974). 유대교와 현대 이스라엘의 윤리. 신학논단, 12, 31-51.

김춘태 · 이대희. (2000). 윤리학의 이해. 서울: 형설출판사.

김태경. (2001). 플라톤에서 사람됨과 훌륭한 삶. 철학, 68, 107-130.

김희수. (2002). 상황윤리적 방법론에 대한 고찰. 기독신학저널, 2, 281-305.

민대훈. (2005). 토라와 유대인 가정교육. 기독교교육정보, 11, 221-238.

박갑숙. (2009). 성품교육 프로그램이 유아의 인성에 미치는 영향. 경남대학교 교육대학원. 석사학위 논문.

박균섭. (2008). 학교 인성교육론 비판. 교육철학, 35, 35-69.

박보영. (2004). 평화교육의 관점에서 본 통일교육. 미래교육연구, 17(2), 55-70.

박영숙. Glenn, Jerome., Gordon, Ted. (2008). 유엔미래보고서: 미리 가본 2018년. 서울: 교보문고.

박윤식. (2005). 초등학교 재량시간을 통한 통일교육 운영 방안. 서울교육대학교 교육대학원. 석사학위 논문.

박창호. (1996). 현대심리학 입문. 서울: 정민사.

방희정 · 윤진영 · 김아영 · 조혜자 · 조숙자 · 김현정. (2007). 한국 성인의 관계적 자기 구성요인 탐색 및 척도개발. 한국심리학회지: 사회문제, 13(3), 23-63.

서강식. (1996). 도덕교육목표로서의 도덕성에 관한 연구. 한국교육, 23(1), 61-84.

손성수. (2000). 포스트모더니즘 시대의 기독교세계관의 이해. 협성논총, 12, 681-705.

송명자. (1995). 정직성의 본질과 정직성 교육에 관한 고찰. 한국청소년연구, 21, 33-46.

신차균. (2006). 교육철학 및 교육사의 이해. 서울: 학지사.

안범희. (2005). 미국 학교에서의 인성교육 내용 및 특성연구. 인문과학연구, 13, 133-169.

안정하. (2005). 다문화 미술교육의 의미와 실천적 방안. 숙명여자대학교 교육대학원. 석사학
    위논문.

양경수. (2006). 유아의 지능과 창의성이 대인 문제해결력에 미치는 영향. 아동교육, 15(4),
    187-196.

엄기영. (2003). 한국 전통사회 유년기 아동의 인성교육 고찰. 미래유아교육학회지, 10(4),
    349-374.

오기성. (2005). 통일교육론: 사회문화적 접근. 경기: 양서원.

오인탁. (1996). 기독교와 인격교육. 종교교육학연구, 2(1), 61-72.

오인탁. (2004). 기독교교육학 개론. 오인탁 편저. 서울: 한국기독교교육학회.

유원기. (2009). 아리스토텔레스의 "탁월한 행동". 철학연구, 111, 25-49.

유팔무. (2000). 민족통합의 역사와 교훈: 독일 통일과 민족통합 10년/현황, 과제, 교훈. 한림대
    학교 민족통합연구총서, 2, 103-126.

이동기. (2005). 통일교육의 방향과 모색: 민족동질성 회복을 중심으로. 통일문제연구, 27, 79-99.

이명희 · 제석봉. (2010). 아동의 욕구좌절특성에 따른 나무그림 반응. 미술치료연구, 17(4),
    835-860.

이미경. (2010). 미래지향적 학교통일교육의 구현. 서울: 통일부 통일교육원.

이상헌. (2008). 마르틴 부버 '만남' 철학의 교육적 함의. 교육철학, 34, 301-324.

이상환. (2008). 종교다원주의 사회의 기독교 세계관 교육과정 개발. 총신대학교 교육대학원.
    석사학위 논문.

이순복 · 하명선. (2009). 유아의 정서지능이 마음이론과 또래유능성에 미치는 영향. 생태유아
    교육연구, 8(4), 211-233.

이영경. (2000). 훗설의 철학 이념과 플라톤. 대한철학회, 74, 227-251.

이영숙. (2005). 부모 · 교사를 위한 성품교육 지도서-경청. 서울: 아름다운 열매

이영숙. (2006). 03세 교육 평생 간다. 서울: 아름다운 열매.

이영숙. (2007). 나를 찾아 떠나는 여행, 성품. 서울: 두란노.

이영숙. (2007). 이제는 성품입니다. 서울: 아름다운 열매.

이영숙. (2008). 성품 좋은 아이로 키우는 자녀훈계법. 서울: 두란노.

이영숙. (2009). 성품 좋은 아이로 키우는 부모의 말 한마디. 서울: 위즈덤하우스.

이영숙. (2010). 성품양육 바이블. 경기: 물푸레.

이영숙. (2010). 행복을 만드는 성품. 서울: 두란노.

이영숙. (2012). 성품, 향기 되어 날다. 서울: 좋은나무성품학교.

이영숙. (2012). 태교를 위한 성품동화. 서울: 프리미엄북스.

이영숙. (2013). 여성성품리더십. 서울: 두란노.

이영숙. (2013). 인성을 가르치는 학교 만들기. 서울: 좋은나무성품학교.

이용남. (2007). 학교, 정초주의, 반 정초주의, 그리고 교육. 교육원리연구, 12(1), 125-143.

이종석. (1998). 분단시대의 통일학. 서울: 한울아카데미.

임규혁. (1996). 교육심리학. 서울: 학지사.

장상호. (2000). 학문과 교육(하): 교육적 인식론이란 무엇인가. 서울: 서울대학교 출판부.

장성모. (1996). 인성의 개념과 인성교육. 초등교육연구, 10(1), 119-134.

장성숙. (2004). 한국문화에서 상담자의 초점: '개인중심' 또는 '역할중심'. 한국심리학회지: 사
    회 및 성격, 18(3), 15-27.

장영순. (2005). 제7차 교육과정의 초등학교 도덕교과서에 반영된 통일교육정책에 관한 분석:
    국민의 정부 통일정책을 중심으로. 강원대학교 교육대학원. 석사학위논문.

장영희. (1997). 유아를 위한 다문화 교육의 개념 및 교수방법에 대한 이론적 고찰. 연구논문
    집, 35, 295-314.

장휘숙. (2004). 청년심리학. 서울: 박영사.

전인옥・이경옥. (1999). 유아의 자기효능감에 대한 인과모형 탐색. 유아교육연구, 19(1), 169-
    188.

전태국. (2000). 통일독일에서의 내적 통일의 문제. 사회과학연구, 39, 5-29.

정계숙・박명화・김정혜. (2003). 또래관계 형성이 어려운 아동의 기초 사회/의사소통 기술
    향상 연구. 아동학회지, 24(4), 123-142.

정석환. (2008). 포스트모더니즘의 합리성에 근거한 한국교육의 재개념화. 비교교육연구,
    18(3), 231-249.

정옥분. (2000). 성인발달의 이해. 서울: 학지사.

정호범. (2008). 가치교육에 있어서 가치판단의 정당화. 사회과교육연구, 15(4), 25-44.

조경원・이기숙・오욱환・이귀윤・오은경. (2006). 교육학의 이해(개정판). 서울: 이화여자
    대학교 출판부.

조복희. (1999). 아동발달. 서울: 교육과학사.

조선일보. (2005. 6. 7). 美랜드硏 한반도 통일 3개 시나리오, 6면.

조선일보. (2010. 9. 24). 박세일 칼럼: 대한민국 선진통일추진위, 30면.

조찬성. (2000). 부모의 직업과 자녀의 희망 진로 분석. 한국교원대학교 교육대학원. 석사학위
    논문.

조한혜정. (1996). 남북통일의 문화적 차원: '북조선'과 '남한'의 문화적 동질성·이질성 논의와 민족주의·진보주의 담론. 송자·이영선 편. 통일사회로 가는 길. 서울: 도서출판 오름.

최봉영. (1998). '사회' 개념에 전제된 개체와 전체의 관계와 유형. 사회사상과 문화, 1, 79-104.

최상진·김기범. (1999). 한국인의 심정심리(心情心理) : 심정의 성격, 발생과정, 교류양식 및 형태. 한국심리학회지: 일반, 18(1), 1-16.

최상진·김지영·김기범. (2000). 정(情)(미운정 고운정)의 심리적 구조 , 행위 및 기능간의 구조적 관계 분석. 한국심리학회지: 사회 및 성격, 14(1), 203-222.

최신일. (2008). 인간, 인격 그리고 인격교육. 초등도덕교육, 27, 185-206.

최은수. (1997). 초·중등학교 통일교육의 내용과 통일과정에서의 심리적 문제. 통일연구논총, 6(1), 23-47

최인재. (1993). 한국인의 특성 : 심리학적 탐색 : 한국인의 심정심리학 : 정(情)과 한(恨)에 대한 현상학적 한 이해. 한국심리학회 연차학술발표대회 논문집, 3-21.

최인재·최상진. (2002). 한국인의 문화 심리적 특성이 문제대응방식, 스트레스, 생활만족도에 미치는 영향: 정(情), 우리성을 중심으로. 한국심리학회지: 상담 및 심리치료, 14(1), 55-71.

추병완. (2009). 학교 통일교육에서 다문화교육 접근의 타당성. 도덕윤리과교육연구, 29, 21-44.

추정훈. (2005). 가치화의 과정과 가치교육의 문제. 사회과교육연구, 12(2), 237-261.

통일교육원 교육개발과. (2013). 통일문제 이해. 통일부 통일교육원.

한만길. (1994). 학교통일교육의 사회과학적 접근 모색. 통일문제연구, 6(2), 164-187.

홍경완. (2009). 사회적 고난체험으로서의 한. 신학과 철학, 15, 119-145.

홍은숙. (2003). 지식교육에 관한 논의의 유형 분석. 아시아교육연구, 4(2), 141-168.

홍은숙. (2010a). 교육과정에서 지식교육의 신화에 대한 기독교적 대안. 종교교육학연구, 32, 22-43.

홍은숙. (2010b). 학교교육에 대한 기독교적 이해. 박상진 외. (학교교육에 대한) 기독교적 이해. 경기: 교육과학사. 73-105.

Albert E. Greene. (1998). Reclaiming The Fure Of Christian Education. 현은자 역. 기독교 세계관으로 가르치기. 서울: CUP.

Benninga, J. S., Berkowitz, M. W., Kuehn, P., & Smith, K. (2003). The relationship of character education implementation and academic achievement in elementary schools. Journal of Research in Character Education, 1(1), 19-32.

Benson, P. L., Roehlkepartatin, E. C., & Sesma, A. (2004). Tapping the power of community. Search Institute Insights and Evidence, 2(1), 1-14.

Berk, L. E. (2007). Development Trough the Lifespan. 이옥경 외 역. 생애발달2: 청소년기에서

후기 성인기까지. 서울: 시그마프레스.

Berkowitz, M. W., & Bier, M. C. (2005). What Works in Character Education: A Research-Driven Guide for Educators. Washington, D. C.: Character Education Partnership.

Bloom, A. (1987). The Closing of the American Mind. 이원희 역. 미국 정신의 종말. 서울: 범양사.

Boden, M. A. (2003). The Creative Mind: Myths And Mechanisms. Routledge.

Byrne, H. W. (1977). A Christian Approach to Education: Educational Theory and Application. 신현광 역. 기독교 교육학 총론. 서울: 민영사.

Childress, J. F. (1986). "Situation ethics" in The Westminster Dictionary of Christian Ethics, ed. by Childress, J. F. and Macquarrie, J.. Philadelphia: The Westminster Press, 586-588.

Cornett, J. W., & Chant, R. H. (2000). Educating youth for decency and virtue: Law-related education and its implications for character educators. Journal of Humanistic Counseling, Education & Development, 39(1), 26-31.

D. Easton, & R. D. Hess. (1962). The Child's Political World. Midwest Journal, 6(3). Wayne State University Press.

Dewey, J. (1916). Democracy and education. 이홍우 역. 민주주의와 교육. 서울: 교육과학사.

Dispenza, J. (2007). Evolve Your Brain: The Science of Changing Your Mind. 김재일 · 윤혜영 역. 꿈을 이룬 사람들의 뇌. 한언.

Fahrenbruck, K. & Alspaugh, A. (1999-2003). Two Studies on the Effectiveness of Character First Education in the Public Schools of Oklahoma City. Oklahoma City.

Gene Edward Veith (1994). Postmodern Times. Crossway Books.

Guthrie, W. K. C. (1960). The Greek Philosophers: From Thales to Aristotle. 박종현 역. 희랍 철학 입문. 서울: 서광사.

Hunter, J. D. (2000). Leading children beyond good and evil. First Things 103(May), 36-42.

Hyten, C., Madden, G. J., & Field, D. P. (1994). Exchange delays and impulsive choice in adult humans. Journal of the Experimental Analysis of Behavior, 62, 225-233.

J. Richard Middleton., & Brian J. Walsh. (1995). Truth is stranger than it used to be : biblical faith in a postmodern age. 김기현, 신광은 역. 포스트모던시대의 기독교 세계관. 경기: 살림.

Josephson, M. S. (2002). Making Ethical Decisions. Los Angeles, CA: Josephson Institute of Ethics, 65-81.

K. W. Schaie. (1996). Intellectual Development in Adulthood. Cambridge University Press.

Kagan, J. (2010). The Temperamental Thread. 김병화 역. 성격의 발견. 서울: 시공사.

Lapsley, D. K., & Narvaez, D. (2006). Character Education. In Vol. 4(A Renninger & I. Slegel, volume eds.). Handbook of Child Psychology(W. Damon & R. Lerner, Series Eds.),

New York: Wiley, 248-296.

Latzke, J. (2003). Study suggests character education boosts academics, too. The Associated Press State & Local Wire.

Lickona, T. (1991a). Educating for Character: How Our Schools Can Teach Respect and Responsibility. New York: Bantam Books, 43-46.

Lickona, T. (1991b). Education for character: Does character education make a difference?

Lickona, T., Schaps, E., & Lewis, C. (2002). Eleven Principles of Effective Character Education. Washington, D. C.: Character Education Partnership.

Markus, H. R., & Kitayama, S. (1991). Culture and the Self: Implication for cognition and emotion and motivation. Psychological Review, 98(2), 224-253.

McAdams, D. P., & Logan, R. L. (2004). What is generativity? In E. de St. Aubin, D. P. McAdams, & T-C Kim (Eds.), The generative society: Caring for future generations. Washington, D. C.: American Psychological Association.

McClellan, B. E. (1992). Schools and the Shaping of Character: Moral Education in America, 1607-Present. Bloomington, IN: ERIC Clearinghouse for Social Studies/Social Science Education.

Nettleship. R. L. (1969). The Theory of Education in Ploto's Republic. 김안중 역. 플라톤의 교육론. 서울: 서광사.

Orwoll, L., & Perlmutter, M. (1990). The study of wise persons: Integrating a personality perspective. In R. J. Sternberg (Ed.), Wisdom: Its nature, origins, and development. New York: Cambridge University Press.

Palmer, P. J. (1993). To Know As We Are Known. 이종태 역. 가르침과 배움의 영성. IVP.

Payne, A. A., Gottfredson, D. C., & Gottfredson, G. D. (2003). Schools as communities : The relationship among communal school organization, student bonding and school disorder. Criminology, 41(3), 749-778.

Peterson. C. (2010). 긍정심리학 프라이머. 문용린 · 김인자 · 백수현 역. 서울: 물푸레.

Richard J. Edlin. (1998). (The) cause of christian education. 기독교학문연구회 교육학분과 역. 기독교교육의 기초. 서울: 그리심.

Robert D. Knudsen. (1988). Christian Philosophy. 박삼영 역. 기독교 세계관. 서울: 라브리.

Rousas John Rushdoony. (2007). (The) philosophy of the Christian curriculum. 정선희 역. 기독교 교육. 무엇이 다른가. 디씨티와이 꿈을 이루는 사람들.

Scotter, R. D., John, D. H., Richard, J. K., & James, C. S. (1991). Social Foundations of Education(3rd). NJ: Prentice Hall.

Seligman. M. (2009). 마틴 셀리그만의 긍정심리학. 김인자 역. 서울: 물푸레.

Sheppard, R. R. (2002). The Utility of A School-Intilated Character Education Program. The Doctoral Dissertation. The Graduate School of the University of Maryland.

Shriver, T. P., & Weissberg, R. P. (2005). No emotion left behind. New York Times OP-ED. A15.

Sternberg, R. J. (1985). Implicit theories of intelligence, creativity, and wisdom. Journal of Personality and Social Psychology, 49, 607-627.

Stevens, J. R., Hallinan, E. V., & Hauser, M. D. (2005). The ecology and evolution of patience in two new world monkeys. Biol Lett. 1(2), 223-226.

Taylor, C. (1992). The Ethics of Authenticity. 송영배 역. 불안한 현대사회. 서울: 이학사.

The national assembly republic of korea. (2014). Global Educational Leadership Conference.

Urmson, J. O. (1988). Aristotle's Ethics. 장영란 역. 아리스토텔레스의 윤리학. 서울: 서광사.

Vaillant G. E. (1977). Adaptation to Life. 이덕남 역. 행복의 조건. 서울: 프런티어.

Vincent, P. F. (1991). The Teaching of Ethics as a Means to Facilitate Moral Development in Gifted Adolescents. Ed. D. dissertation, North Carolina State University, Raleigh, N. C.

Vincent, P. F. (1999). Developing Character In STUDENTS. Character Development Group Inc.

William Van Til. (1974), Education: a beginning. Boston: Houghton Mifflin School.

Winton, S. (2008). The appeals of character education in threatening times: caring and critical democratic responses. Comparative Education, 44(3), 305-316.

Wynne, E., & Ryan, K. (1993) Reclaiming Our School: A Handbook on Teaching Character, Academics, and Discipline. New York: Merrill Press.

Zastrow, C., & Kirst-Ashman, K. K. (2001). Understanding human behavior & the social environment (5th ed.). 김규수 역. 인간행동과 사회환경. 서울: 나눔의 집.

Zohar, D. & Marshall, I. N. (2000). SQ: Spiritual Intelligence, the Ultimate Intelligence. 조혜정 역. 서울: 룩스.

Zohar, D. & Marshall, I. N. (2001). SQ: Connecting With Our Spiritual Intelligence. New York: Bloomsbury Publishing.

강준만. (2007). 선샤인 논술사전 긍정심리학. 인물과 사상_(2013. 9. 23)
	http://terms.naver.com/entry.nhn?docId=1838280&cid=1137&categoryId=1137 에서 검색
고영복. (2000). 사회학사전; 인본주의 심리학. 사회문화연구소_(2013. 9. 24)
	http://terms.naver.com/entry.nhn?docId=1521146&cid=1137&categoryId=1137 에서 검색

제4회 한국성품학회 학술대회 및 성품예술제 주제강연

—

한국형 12성품교육으로 본 긍정심리학

_글 : 이영숙(한국성품학회장, (사)한국성품협회 좋은나무성품학교 대표, 건양대학교 교수)

1. 들어가는 글

  모든 사람은 누구나 행복해지기를 바란다. 사람들은 행복해지기를 소망하고 갈망하지만 정작 행복이 무엇인지, 어떻게 하면 행복해질 수 있는지에 대해서는 분명히 알지 못한다. 사전적인 의미에서 행복은 '생활에서 충분한 만족과 기쁨을 느끼어 흐뭇함, 또는 그러한 상태'를 말한다(표준국어대사전, 2013). 교육학 사전에서는 행복을 '심리적 혹은 신체적으로, 또는 심신의 양면에 걸쳐 욕구가 충족된 상태'로 정의한다(교육학용어사전, 1995). 즉 행복이란 사람의 심리적, 신체적 욕구가 충족되어 만족과 기쁨을 느끼는 상태라고 할 수 있다.

  우리가 사는 사회는 행복을 원하는 사람들의 심리적, 신체적 욕구를 충족하기 위해 문명발달과 산업발달이 이루어졌다고 해도 과언이 아니다. 행복을 추구하고자 하는 욕구는 인류의 발전을 가져왔고 이로 인해 인간의 삶의 여건은 나아졌다.

  하지만 그럼에도 불구하고 다수의 사람들은 행복하지 않다고 느낀다. 마틴 셀리그만(Martin Seligman)은 "왜 모든 문화권에서 구매력이 늘어나고 전쟁에 의한 사망률이 줄어듦에도 불구하고 행복지수는 더 이상 늘어나지 않는 것일까?"라고 의문을 가졌다(강준만, 2007). 이런 학자들의 질문은 행복학이라는 새로운 학문을 만드는 원동력이 되었고, 긍정심리학이라는 새로운 심리학으로 발전시켰다.

기존의 심리학은 인간의 약점과 장애에 대한 연구 비중이 높았지만, 심리학은 인간의 강점과 덕성에 관한 학문이기도 하다는 주장 아래, 진정한 치료는 손상된 것을 고치는 것이 아니라 우리 안에 있는 최선의 가능성을 이끌어 내는 것이어야 한다는 주장이 일어났다. 이로 인해 심리학의 과제는 일빙(illbeing)에서 웰빙(well-being)으로 옮겨졌다. 이러한 긍정심리학자들의 연구 덕택에 이제는 행복이 무엇인지, 행복한 사람들의 특성은 무엇인지, 행복의 요소는 무엇인지, 행복감을 높이기 위한 방법은 무엇인지, 행복감을 오랫동안 유지하는 방법은 무엇인지 등에 대한 객관적인 탐구가 시작되었다.

　　긍정심리학자들은 친절, 호기심, 팀원으로서의 능력과 같은 긍정적인 특질과 성향뿐만 아니라 가치, 흥미, 재주, 능력 등을 연구한다. 또한 우정, 결혼, 가족, 교육, 종교 등과 같은 좋은 삶을 살도록 도움을 주는 사회제도도 함께 연구한다(Christopher Peterson, 2010). 그리고 그들은 행복하다는 것의 의미는 무엇인가, 행복해지기로 결심하자마자 행복해질 수 있는가, 좋은 삶이란 무엇인가 등에 대한 주제를 연구한다.

　　긍정심리학은 매우 새로운 분야임에도 불구하고 급속도로 확산되어 현재 학계와 대중의 뜨거운 호응을 받고 있다(권석만, 2008). 긍정심리학이 이렇게 사람들의 호응을 받는 것은 그만큼 사람들의 욕구 중에 행복을 추구하고, 행복한 삶을 살고자 하는 욕구가 내포되어 있기 때문이라고 사료된다.

　　한편 한국형 12성품교육은 좋은 성품을 갖는 것이 바로 행복을 만드는 비결이라고 주장하는 것에서 긍정심리학과 같은 맥락을 찾을 수 있다. 좋은 성품은 한 개인이 처한 구체적인 상황에서 배우고 훈련함으로써 얻을 수 있고(이영숙, 2011), 성품교육의 목표는 사람의 생각, 감정, 행동을 좋은 성품의 태도로 변화시켜 그를 행복하게 하는 것(이영숙, 2011)으로 삼는다. 즉 성품을 교육하는 것은 행복하게 살기 위한 것이다.

현대를 살아가는 사람들은 첨단 과학의 발전 속에 편안하고 물질적인 풍요를 누리는 삶을 산다. 과거에 비하면 그들이 사는 환경의 조건과 그들이 누릴 수 있는 문화의 조건은 행복감을 준다. 하지만 정작 그들은 행복을 느끼지 못하고 점점 늘어나는 자살률과 우울증, 고독 등의 현상은 행복한 삶에 대한 갈망을 더욱더 증대시키고, 행복을 찾게 한다.

따라서 본 연구의 목적은 행복을 추구하는 시대 속에서 진정한 행복은 무엇인지, 각 학문에서 추구하고자 하는 행복은 무엇인지에 대해 살펴봄으로써 한국형 12성품교육으로 본 긍정심리학의 의미에 대해 논하는 것이다.

용어 정의 및 핵심 키워드

한국형 12성품교육

'한국형 12성품교육'은 이영숙 박사가 2005년에 고안한 인성교육으로, '성품'이
라는 단어를 최초로 교육에 접목시키고, 한국 문화와 한국인의 정신적·심리
적·행동적인 특성을 고려하여 한국인에 맞게 태아부터 노인에 이르기까지 평
생교육과정으로 고안한 인성교육 프로그램을 말한다(이영숙, 2010).

긍정심리학

긍정심리학은 인간의 부정적 감정보다 개인의 강점과 미덕 등 긍정적인 심리
에 초점을 맞추자는 심리학의 새로운 연구 동향으로 미국 펜실베이니아대 심
리학부 교수인 마틴 셀리그만(Martin Seligman)에 의해 창시되었다. 기존 심리학
이 정신질환 치료와 같이 삶을 불행하게 하는 심리 상태를 완화하는 데에만 치
중하여 오히려 삶의 긍정적인 가치를 돌아보지 못했다는 반성에서 시작된 것
이다(강준만, 2007).

가치명료화

가치명료화(values clarification)는 개인이 자기가 가진 가치를 말하면서 명료하
게 가치를 확인하는 것을 강조하는 도덕교육 방법론으로서, 교사가 아이들에
게 특정 가치나 덕목을 가르쳐서는 안 되며 교사의 역할은 학생들이 자유롭게
스스로 가치를 발견하도록 도와야 한다는 것이 핵심이다(이영숙, 2013).

인지적 도덕발달론

인지적 도덕발달론은 로렌스 콜버그(Lawrence Kohlberg)가 주창한 이론으로 도
덕성 계발에 일련의 단계가 있다고 보고, 단계별로 수준이 다른 도덕적 추론
능력을 발휘하므로 단계가 높을수록 도덕적 상황 앞에서 더 좋은 행동을 하게
될 것이라고 주장하는 이론이다(Pill Vincent, 1999).

2. 한국형 12성품교육 소개

'한국형 12성품교육'은 필자가 2005년에 고안한 인성교육으로, '성품'이라는 단어를 최초로 교육에 접목시키고, 한국 문화와 한국인의 정신적·심리적·행동적인 특성을 고려하여 한국인에 맞게 태아부터 노인에 이르기까지 평생교육과정으로 고안한 인성교육 프로그램이다.

오늘날 현대인들은 절대적이고 보편적인 기준을 획일적인 기준으로 평가절하하고 개인의 선호와 유익을 추구하는 가치의 소용돌이 속에 살고 있다. 가치명료화(values clarification)란 개인이 자기가 가진 가치를 말하면서 명료하게 가치를 확인하는 것을 강조하는 도덕교육 방법론으로(이영숙, 2013), 필 빈센트(Pill Vincent)는 이러한 가치명료화가 선악을 구분하는 기준보다 개인의 선호와 유익에 따른 가치를 강조하기 때문에, 옳지 못한 가치를 옳다고 생각하게 만드는 함정이 있다고 말했다(Pill Vincent, 1999).

또한 가치명료화와 함께 도덕교육에 널리 활용된 콜버그(Lawrence Kohlberg)의 인지적 도덕발달론은 도덕성 계발에 일련의 단계가 있다고 봄으로써 도덕적 추론 능력의 단계가 높을수록 도덕적 상황 앞에서 더 좋은 행동을 하게 될 것이라고 주장하는 이론이다(Pill Vincent, 1999). 필 빈센트(Pill Vincent)는 이러한 인지적 도덕발달론에 대해 지적인 풍요로움과 도덕적 주장에 노출되더라도 반드시 선한 사람이 되는 것은 아니라며 반박했다(Pill Vincent, 1999). 필자도 인지가 발달하면서 도덕성이 계발된다는 전제하에 인성교육을 전개하는 인지적 도덕발달론이, 인성보다는 인지를 발달시키는 것에 더 치중하게 만든다고 보았다.

필자가 고안한 한국형 12성품교육은 이러한 가치명료화나 인지적 도덕발달론의 한계를 뛰어넘어, 인류에게 지대한 영향력을 끼쳐온 성경과 탈무드에서 강조하는 변하지 않는 진리를 바탕으로 옳고 그름에 대한 원칙을 분명히 하는 교육을 전개한다. 선의 기준이 모호해지고 개인주의 성향이 팽배한 현대사회의 혼란을 진단하고, 개인의 유익에 따라 선택되는 이기적인 선이 아니라 인간이 마땅히 지켜야 할 보편적이고 절대적인 선을 강조한다. 한국형 12성품교육은 절대 가치에 기반한 2개의 기본 덕목과 12가지 주제성품으로 삶의 원칙과 기준을 가르치며, 진리를 상정하는 교육으로 가장 영향을 끼친 성경과 탈무드의 진리를 상정하는 정초주의를 택했다(이영숙, 2011).

1) 한국형 12성품교육의 목적

한국형 12성품교육의 목적은 사람의 생각, 감정, 행동을 변화시켜 그를 행복하게 하는 것이다(이영숙, 2011). 인생을 살다보면 삶의 위기는 누구에게나 생기지만, 삶의 위기를 대처하는 방법은 사람마다 다르다. 어떤 사람은 위기가 닥치면 좌절하고 절망하여 위기를 극복하지 못해 불행한 삶을 살게 되고, 어떤 사람은 삶의 위기를 기회로 만들어 행복한 삶을 산다. 사람마다 위기의 순간에서, 삶의 순간에서 다른 선택을 하는 것은 바로 생각의 차이이고, 감정의 차이, 행동의 차이이다. 이것이 곧 성품의 차이이다. 성품은 한 사람의 생각, 감정, 행동의 표현이다(이영숙, 2005).

성품은 위기를 긍정의 생각으로 뽑아낼 수 있는 능력을 말하고, 삶 속에서 더 좋은 가치로 나의 생각과 감정과 행동을 선택할 수 있는 능력이다(이영숙, 2010). 따라서 성품교육은 교육을 통해 생각의 영역과 감정의 영역, 행동의 영역에 각각 의미 있는 영향을 주어 바람직한 변화를 도모하는 과정이다(이영숙, 2011).

2) 한국형 12성품교육의 9가지 특색

성품은 각 나라의 문화에 영향을 받는다. 문화는 개인의 행동을 이루는 기본적인 구성단위인 인지, 정서에 영향을 미치기 때문에(장성숙, 2009), 문화에 따라 생각하는 방식, 행동하는 방식이 달라진다. 따라서 올바른 성품교육을 위해서는 학습자가 속해 있는 문화에 대해 알고, 그 문화에 맞는 성품교육이 필요하다. 한국형 12성품교육은 한국인의 특성을 반영하여 고안된 성품교육으로 다음과 같은 특성을 갖는다.

① 한국 문화와 한국인의 정신적·심리적·행동적 특성에 맞게 고안된 성품교육

한국형 12성품교육은 한국 문화와 한국인의 정신적·심리적·행동적인 요소들을 반영한다. 한국형 12성품교육은 한국 문화와 한국인의 성품 특징에 맞게 성품교육의 내용과 방법들을 제시했다. 관계주의 문화와 유교문화를 바탕으로 발달한 심정논리와 샤머니즘의 영향 및 정(情)과 한(恨)의 정서적 측면을 모두 포괄하여 한국인에게 성품을 실제적으로 가르칠 수 있도록 구체적이고 실천적인 요소들을 교육내용으로 담는다.

특히 유교문화의 영향으로 일상적 관계에서 올바르고 명확한 감정표현이 권장되지 않았던 한국 사회의 문제점을 해결하기 위한 대안으로, 한국형 12성품교육의 기본 덕목 중 하나인 공감인지능력을 기르도록 교육내용을 제공하고, 심정논리를 기반으로 한 정(情)에 치우쳐 올바른 이성적 판단을 방해하는 부정적 기능을 해결하기 위해 한국형 12성품교육의 기본 덕목 중 하나인 분별력을 함양하도록 교육내용을 제공한다. 한국형 12성품교육은 샤머니즘의 영향으로 외부의 영향과 개입에 의존하여 문제를 해결하던 방식을 지양하고, 다양한 인성 체험활동을 통해 근본적으로 자신을 성찰하

그림 1. 이영숙 박사의 한국형 12성품교육 – 9가지 특색
(출처 : 인성을 가르치는 학교 만들기, 2013)

고 자발적으로 문제해결을 도모하는 좋은 성품을 계발해 나가도록 한국형 맞춤 인성교육을 전개한다.

② 성경과 탈무드를 기초로 한 절대 가치를 추구하는 성품교육

한국형 12성품교육은 가치명료화나 인지적 도덕발달론의 한계를 뛰어 넘어, 성경과 탈무드를 기초로 한 절대 가치를 추구한다. 자신에게 유익하

고 의미 있는 것을 가치로 여기는 시대적 흐름과 그에 따라 개인주의 성향이 만연한 현대 사회의 혼란을 진단하고, 각자의 유익에 의해 선택되는 이기적인 선이 아니라 인간이 마땅히 지켜야 할 보편적이고 절대적인 선을 강조한다. 한국형 12성품교육은 인류에게 지대한 영향력을 끼쳐온 성경과 탈무드에서 강조하는 변하지 않는 진리를 바탕으로 옳고 그름에 대한 원칙을 분명히 하고, 판단의 기준을 명확하게 제시함으로써 절대 가치에 따른 삶의 원칙과 기준을 가르친다.

③ 태아부터 노인에 이르기까지의 평생교육과정으로 진행되는 성품교육

한국형 12성품교육은 태아, 영유아, 유아, 초등, 청소년, 청년, 부모, 직장인, 노인에 이르기까지 평생교육과정으로 전개된다. 연령에 따라 정신적·

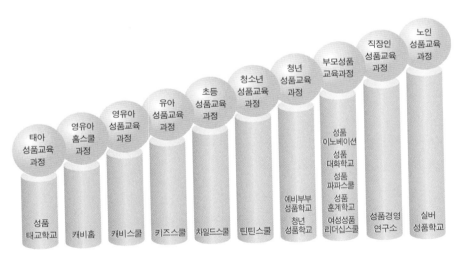

그림 2. 한국형 12성품교육의 평생교육 구조도(출처 : 성품저널 제2권, 2012)

심리적 · 행동적 특성이 다름에서 오는 교육적 과업들을 중시하고, 대상에 따라 교육에 적합한 방법들이 다른 점을 고려하여, 동일한 주제성품을 각각의 연령별 특성에 맞게 제공한다.

④ 인성교육을 통한 좋은 생각, 감정, 행동의 습관화

좋은 생각은 좋은 행동으로 표현되고, 그 행동을 반복할 때 좋은 습관이 되며, 그 습관이 바로 좋은 성품을 만든다. 한국형 12성품교육은 좋은 생각, 좋은 감정, 좋은 행동의 습관화를 통해 균형 잡힌 좋은 성품을 소유하게 한다.

"사람의 우수성은 일회성에서 나오는 것이 아니다. 그것은 오랜 세월 동안의 반복적인 습관에서 나온다."고 강조한 아리스토텔레스(Aristoteles, 384~322 BCE)의 말처럼, 한국형 12성품교육은 갈등과 위기상황에서 더 좋은 생각, 더 좋은 감정, 더 좋은 행동을 선택하도록 배우고 훈련함으로써 좋은 성품의 태도를 몸에 배게 한다.

⑤ 주제성품 정의(definition)를 One point lessen으로 실천하여 부모교육 · 교사교육 강화

추상적인 성품의 영역에 대해 분명한 정의를 만들고, 주제성품의 특색을 밝혀 주제성품마다 교육목표를 명확히 제시하고 교육을 실천함으로써 분명한 평가가 이루어지도록 한 것이 한국형 12성품교육의 특징이다.

지난 9년 동안 한국형 12성품교육의 효과가 극대화될 수 있었던 것은, 학생들에게 가르치는 성품의 정의를 부모와 교사들에게도 동일하게 주제성품 정의(definition)를 통해 성품교육을 선행했기 때문이었다. 학생, 교사, 부모에게 똑같이 흘러내려가는 한국형 12성품교육의 'One Point Lesson'은

더욱 효과적인 성품교육이 될 수 있도록 결정적인 역할을 해주었다.

⑥ 인간관계를 회복하고 풍성하게 하는 '관계맺기의 비밀-TAPE 요법' 적용

한국형 12성품교육은 좋은 성품으로 친밀한 인간관계를 회복하고, 관계의 막힌 담을 헐어내어 풍성한 관계를 만드는 성품교육을 목표로 고안되었다. 필자가 만든 '관계맺기의 비밀—TAPE 요법'은 자신의 감정과 욕구를 바르게 전달하여 건강하고 행복한 관계를 형성하고 유지할 수 있도록 돕는다. 감사하기(Thank you), 용서 구하기(Apologize), 요청하기(Please), 내 마음 표현하기(Express)를 순서대로 체험할 때 성공적인 인간관계를 경험하게 된다. 한국형 12성품교육의 TAPE 요법으로 관계의 단절을 경험했거나 깨진 관계를 회복하고자 하는 부모, 교사, 학생들에게 좋은 성품으로 관계를 풀어내게 하는 해답을 제공한다.

그림 3. 이영숙 박사의 '관계맺기의 비밀—TAPE 요법'모형
(출처 : 한국형 12성품교육론, 2011)

⑦ 재미있고 흥미 있는 교육방법으로 긍정적인 정서와 논리적이고 풍성한 사고력을 발달시키는 성품교육

'올바른' 기준에 근거한 '올바른' 성품이라는 다소 경직된 내용을 주제로 하기 때문에, 한국형 12성품교육은 긍정적인 정서를 기반으로 한 즐겁고 흥미로운 교육이 되도록 내용을 구성하였다. 앞서 설명한 인지적, 정서적, 행동적 측면에 변화를 도모하는 한국형 12성품교육은 인지적 능력을 향상시키는 긍정적인 정서(이지은 외, 2008)를 바탕으로, 교육의 방법적 측면뿐만 아니라 내용적 측면에서의 흥미를 고려하였다. 한국형 12성품교육은 전 연령이 흥미롭게 배울 수 있도록 주교재, 워크북, 노래집, 뮤지컬, 애니메이션 등의 다양한 자료와 미디어를 활용한다.

⑧ 기본생활습관과 일상생활에 적용할 수 있는 경험과 체험 중심의 성품교육

한국형 12성품교육은 한국 인성교육의 역사에서 한계로 지적된, 지식위주의 주지주의 인성교육의 한계(박균섭, 2008)를 극복하고, 교육해야 할 성품을 전인격적으로 접하고 경험할 수 있도록 구성하였다. 특별히 한국형 12성품교육은 직접적 배움이 일어나는 교실 현장뿐만 아니라 가정, 사회와의 연계를 통한 생활에서의 경험을 통해 성품교육이 가능하도록 한다는 데 의의가 있다.

⑨ 분명한 목표를 가지고 평가가 가능하도록 고안된 성품교육

교육은 계획, 실천, 평가의 과정을 거쳐 지속적으로 수정하고 보완해 나가야 한다. 한국형 12성품교육은 그동안 인성교육의 한계로 지적된 성품 개념의 추상성을 극복하기 위해, 성품을 "한 사람의 생각, 감정, 행동의 표

현" 즉 생각, 감정, 행동의 총체적 표현으로 정의하고(이영숙, 2005), 가시적인 행동으로 드러나는 표현이므로 성품의 변화를 측정할 수 있도록 성품 진단 평가지를 개발하였다(이영숙, 2011). 박갑숙(2009), 이영숙(2011)은 한국형 12 성품교육에서 개발한 성품 진단평가지를 사용하여 성품연구논문을 발표한 바 있다.

3. 긍정심리학이란?

긍정심리학이란 용어가 공식적으로 사용되기 시작한 것은 1998년 미국의 심리학 연설 중 마틴 셀리그만(Martin Seligman)이 심리학에 대한 새로운 방향과 입장을 제시하면서부터이다. 그는 "심리학은 인간의 약점과 장애에 대한 학문만이 아니라 인간의 강점과 덕성에 대한 학문이기도 해야 한다. 진정한 치료는 손상된 것을 고치는 것만이 아니라 우리 안에 있는 가능성을 이끌어내는 것이어야 한다."라고 주장하였고(권석만, 2008) 이러한 주장을 통해 심리학은 긍정심리학이라는 새로운 심리학으로 발전하게 되었다.

1) 긍정심리학의 목적

마틴 셀리그만(Martin Seligman)이 심리학에 대해 이러한 방향을 제시하게 된 것은 세계 2차 대전 이후 심리학이라는 학문이 인간의 정신 건강보다 인간의 정신질환 치료, 즉 인간이 가진 문제와 그 치료에만 중점을 두고 있다는 것을 발견했기 때문이다. 심리학자들이 질환의 치료에만 관심을 두다보니 대부분의 과학적 심리학은 인간에게 올바른 것이 무엇인지에 대한 연구를 간과했고, 좋은 삶에 대한 언급은 통속 심리학자, 웅변가, 정치인이 하는 정도의 수준에서 벗어나지 못했다. 더욱이 심리학에서 강조하는 가설은 질병모델을 표방하는 쪽으로 움직여 인간을 연약하고 혹독한 환경이나 나쁜 유전자 때문에 깨어지기 쉬운 존재로 보았으며, 기껏해야 이처럼 나쁜 상황에서 회복된 상태로 여길 뿐이었다. 이러한 세계관이 미국의 일반 문화에도 스며들면서 스스로를 희생자로 규정하는 셈이 되었고, 영웅은 단지 생존자에 불과한 것으로 여겨졌다(Christopher Peterson, 2010).

　　과거의 심리학은 삶을 불행하게 하는 여러 심리 상태를 완화하는 데 치중했고, 그것으로 인해 삶의 긍정적인 가치를 부각시키는 노력은 상대적으로 소원해질 수밖에 없었다(Martin Seligman, 2009). 이에 마틴 셀리그만(Martin Seligman)은 심리학의 이런 현상을 심리학 분야의 학문적 불균형으로 보고, 균형을 잡기 위해 심리학의 긍정적인 측면을 연구하게 되었다.

2) 긍정심리학의 특색

　　일반적으로 심리학은 인간의 의식과 행동에 대한 과학적 연구를 통해 세 가지의 실천적 사명을 지닌다. 그 첫째는 정신장애를 치료하는 일이고, 둘째는 탁월한 재능과 천재성을 발견하여 육성하는 일, 셋째는 모든 사람들이 좀 더 행복한 삶을 살도록 돕는 일이다. 과거의 심리학은 첫 번째의 사명에 집중된 연구가 이루어졌고, 1998년 긍정심리학의 등장으로 그동안 망각되었던 심리학의 두 번째, 세 번째 사명에 관한 연구가 시작되었다.

　　Sheldon과 King(2001)은 긍정심리학을 "보통 사람들이 지니는 강점과 덕성에 대한 과학적인 연구"라고 설명한다. 또한 "긍정심리학은 평범한 사람들에게 있어서 그들이 잘 기능하고, 올바르게 행동하며, 그들의 삶을 향상시키도록 만드는 것이 무엇인지를 찾아내려는 것"이라고 소개하며, "긍정심리학은 심리학자들로 하여금 인간이 지니는 잠재력, 동기 그리고 능력을 좀 더 열린 마음으로 높이 평가하는 관점을 취하도록 촉구하는 노력"이라고 설명한다.

크리스토퍼 피터슨(Christopher Peterson, 2010)은 긍정심리학을 "탄생에서 죽음까지 그 사이에 일어나는 모든 사건과 경험에 있어서 좋은 삶이 무엇인지에 대해 연구하는 과학적 학문이다. 이것은 심리학의 영역에 속하면서도, 새로운 관점으로 삶을 최고로 가치 있게 만드는 것들을 하나의 연구문제로 진지하게 연구하는 학문이다. … 즉 인생을 허무하게 보내지 않기 위해서 우리가 무엇을 해야 하는지 연구하는 학문이다."라고 정의한다.

권석만(2009)은 긍정심리학을 "인간의 긍정적인 심리적 측면을 과학적으로 연구하고 인간의 행복과 성장을 지원하는 학문"으로 정의한다.

긍정심리학이 '긍정'이라는 용어를 사용하고, 그동안의 심리학과 인간의 다른 측면을 연구한다고 하여 다른 심리학자들이 하고 있는 일을 자칫 '부정'심리학으로 간주하거나 심리학 분야의 패러다임 전환으로 이해하는 경우가 있다. 하지만 긍정심리학은 인간의 긍정적인 측면과 부정적인 측면이 서로를 연결되는 연속선상에서 다양한 활동을 하고 있다고 보고, 부정적 측면의 제거보다는 긍정적인 측면의 향상에 더 많은 관심을 지닌다(권석만, 2009). 또한 긍정심리학은 심리학의 분야 중 인간의 긍정적인 측면을 연구주제로 집중하는 것이며, 기존의 심리학적 연구방법을 그대로 이어가면서, 이 연구방법을 통해 삶을 가치 있게 만드는 새로운 주제를 창의적으로 연구하는 것이다(Christopher Peterson, 2010). 즉 심리학자들이 지금까지 어렵사리 쌓아온 심리적 고통과 정신 장애에 관한 기존 지식에 개인의 강점과 미덕은 물론 긍정적인 감정에 대한 광범위한 지식을 보강하는 것이다(Martin Seligman, 2009).

긍정심리학에서는 인간의 긍정적인 측면을 연구하기 위해 크게 세 가지 연구주제에 초점을 맞추고 있다. 이것을 마틴 셀리그만(Martin Seligman)은 긍정심리학을 떠받치고 있는 세 개의 기둥이라고 표현한다.

첫째, 긍정적인 정서에 대한 연구이다. 인간이 주관적으로 경험하는 다양한 긍정적인 심리상태, 즉 행복감, 안락감, 만족감, 사랑, 친밀감 등과 같은 긍정 정서와 자신과 미래에 대한 낙관적 생각, 희망, 열정, 활기, 확신 등을 포함한다. 이러한 긍정적인 정서의 구성요소, 유발요인, 삶에 미치는 효과, 증진방법 등에 대해 연구한다.

둘째, 긍정적인 특성에 대한 연구이다. 이것은 개인의 긍정적인 성격특성과 강점을 말하며, 긍정 특질이란 일시적인 심리상태가 아니라 개인이 지속적으로 나타내는 긍정적인 행동양식이나 탁월한 성품과 덕목을 의미한다. 긍정심리학자들이 관심을 지니는 긍정 특질로는 창의성, 지혜, 끈기, 진실성, 겸손, 용기, 열정, 리더십, 낙관성, 유머, 영성 등이 있다.

셋째, 긍정적인 제도에 대한 연구이다. 미덕을 장려하고 그것이 다시 긍정적인 정서의 밑거름이 되게 하는 것은 민주주의 사회, 유대감 깊은 가족, 자유로운 연구이다. 자신감, 희망, 신뢰감 등과 같은 긍정적인 정서는 삶이 편안할 때가 아니라 시련이 닥칠 때 큰 힘을 발휘한다. 삶이 힘들 때 민주주의, 유대감 깊은 가족, 자유로운 언론과 같은 긍정적인 제도를 이해하고 구축해 나가는 것은 매우 중요하다. 또한 용기, 미래에 대한 기대감, 지조, 공정성, 충실성 등과 같은 강점과 미덕을 이해하고 강화시키는 것은 평안하게 살 때보다 삶이 어려울 때 그 필요를 더 절감할 것이다(권석만, 2009:

Martin Seligman, 2009).

이처럼 긍정심리학은 긍정적인 정서, 긍정적인 특성, 긍정적인 제도의 세 가지 주제에 대한 연구를 통해 좋은 삶을 이해하고, 그런 삶이 무엇인지 머릿속으로 그려볼 수 있는 전체적인 도식을 찾을 수 있다고 말한다 (Christopher Peterson, 2010). 그 이유는, 긍정심리학은 학술적 연구뿐만 아니라 실천적 개입을 중시하기 때문이다. 행복에 영향을 미치는 요인에 대한 연구뿐만 아니라 행복을 증진시킬 수 있는 방법과 그 실행에도 관심을 지닌다(권석만, 2009). 또한 긍정심리학은 배운 것을 자기 것으로 만들기 위해서는 경험이 필요하다는 철학적 토대를 가지고 있으며, 아리스토텔레스부터 현재까지 좋은 습관을 기르고자 노력해 온 철학자들은 좋은 습관의 양성에는 이론과 실제가 모두 필요하다는 사실에 동의한다. 따라서 긍정심리학에 대해 얻은 학술적 연구를 삶에 실천적으로 적용해 보는 경험을 연결하여 평범한 사람들이 삶 속에서 행복을 증진하는 것을 추구한다.

긍정심리학에서는 행복을 핵심적인 연구대상으로 삼는다. 그 이유는 행복이 사람들의 주된 관심사이기 때문이다(King & Napa, 1998; Christopher Peterson, 2010에서 재인용). 미국의 독립선언서에도 '모든 사람은 행복을 추구하고'라고 명시되어 있으며, 한국의 헌법 제10조에도 '모든 국민은 인간으로서의 존엄과 가치를 가지며, 행복을 추구할 권리가 있다.'라고 명시되어 있다. 이처럼 사람은 누구나 행복을 추구한다.

그렇다면 과연 행복이란 무엇인가? 몇 천 년 동안 철학자들은 행복의 의미를 신중하게 고찰하였고, 일시적 감정 이상의 매우 폭넓은 개념으로 생각했다(Guignon, 1999; Russell, 1930, 1945). 철학자들이 생각한 행복에 대한 개념은 크게 두 가지 입장으로 구분된다. 첫째는 즐거움을 극대화하고 고통

을 최소화하고자 한 쾌락주의와, 둘째는 자아의 진정성을 의미하는 자아실
현주의이다.

쾌락주의는 즉각적인 감각적 만족을 옹호했던 아리스티푸스(Aristippus, 435~366 BCE)가 수 천 년 전에 만든 것이며, 에피쿠로스(Epicurus, 342~270 BCE)는 우리의 기본적인 도덕적 의무가 즐거운 경험을 극대화시키는 것이라고 제안하여 쾌락주의를 윤리적 쾌락주의로 세분화했다. 쾌락주의와 반대 입장인 자아실현주의에서 아리스토텔레스(Aristoteles, 384~322 BCE)의 자아실현적 행복은 유다이모니아의 개념을 잇는 유서 깊은 전통이다. 이러한 관점에 따르면, 진정한 행복은 자신의 미덕을 확인하고, 그것을 계발하고, 그러한 미덕에 맞게 살아가는 것을 의미한다(Aristoteles, 2000). 자아실현적 행복을 강조하는 관점은 사람들이 자신의 가장 뛰어난 점을 계발해야 하며, 이러한 기술과 재능을 특히 타인이나 인류의 복지를 포함한 보다 광범위한 선을 위해 사용해야 한다는 것을 전제하며, 현대 사회에서 의미 있는 삶을 추구하는 것은 만족에 이르는 하나의 방법으로 폭넓게 받아들여지고 있다 (Christopher Peterson, 2010).

긍정심리학은 이러한 철학자들의 입장을 바탕으로 행복을 과학적으로 탐구한다. 긍정심리학자들은 행복을 추상적인 개념으로 정의하기보다 실증적인 연구를 할 수 있도록 구체적인 방식으로 정의하고자 노력한다. 따라서 행복을 과학적으로 연구하기 위해 행복을 구체적으로 정의하고 측정하는 작업을 진행한다(권석만, 2008). 이러한 이유로 연구자들 사이에 다음과 같은 용어가 등장했다. 삶의 질은 좋은 삶을 나타내는 정서, 경험, 평가, 기대 및 성취의 모든 것을 포함하는 용어이다. 주관적 안녕감은 흔히 상대적으로 높은 긍정적 정서, 상대적으로 낮은 부정적 정서, 그리고 총체적으로

삶이 좋은 것인지에 대한 인지적 평가로 정의되는 보다 구체적인 개념이다. 여기서 삶에 관한 평가는 종종 삶의 만족도를 이용한다.

따라서 긍정심리학은 행복을 과학적으로 연구하는 학문이기는 하지만 행복에 대한 추상적인 개념을 정의하기보다는 실증적인 연구를 하는 학문이다. 그동안 수많은 철학자들이 추구했던 행복에 대한 정의를 바탕으로 행복을 주관적 안녕과 삶의 만족도, 삶의 질과 같은 용어를 토대로 측정할 수 있는 척도를 개발하고 서로의 관계를 연구함으로써 행복한 삶에 대한 요소와 행복한 삶을 살아가는 방법을 탐구한다.

긍정심리학은 행복을 연구하면서 행복한 삶에 대한 조건을 다음과 같이 세 가지 측면으로 나눈다.

첫째는 즐거운 삶(pleasant life)이다. 이것은 과거, 현재, 미래에 대해서 긍정적인 감정을 느끼며 살아가는 삶을 말한다. 과거의 삶에 대해서는 수용과 감사를 통해 만족감과 흡족함을 느끼고, 현재의 삶 속에서는 '지금 이 순간'의 체험에 대한 적극적 참여와 몰입을 통해서 유쾌함과 즐거움을 경험하며, 미래의 삶에 대해서는 도전의식과 낙관적 기대를 통해 희망감과 기대감을 느끼며 살아가는 삶이다. 즐거운 삶은 긍정 정서를 최대화하고 부정 정서를 최소화하는 삶으로써 행복에 대한 쾌락주의적 입장을 반영하는 것이라고 할 수 있다. 이런 점에서 긍정심리학은 행복을 주관적 안녕, 삶의 만족, 긍정 정서의 증가와 부정 정서의 감소라는 관점에서 정의하고 연구하려는 시도가 이루어지고 있다.

둘째는 적극적인 삶(engaged life)이다. 매일의 삶에서 자신이 추구하는 활동에 열정적으로 참여하고 몰입함으로써 자신의 성격적 강점과 잠재력을 최대한 발휘하며 자기실현을 이루어가는 삶을 말한다. 마틴 셀리그만

(Martin Seligman, 2002)은 사람마다 나름대로의 다양한 강점과 재능을 지니고 있다고 말한다. 그는 이러한 강점들 중에서 개인의 독특성을 가장 잘 보여주는 것들을 대표 강점(signature strengths)이라고 지칭하면서, 진정한 행복(authentic happiness)은 이러한 대표 강점을 찾아내고 계발하여 일, 사랑, 자녀 양육, 여가활동과 같은 일상생활에서 잘 활용하는 가운데 발견되는 것이라고 주장한다. 그러한 대표 강점을 활용할 수 있을 때, 우리는 활기와 열정을 느끼게 되며 '진정한 자기'가 표현되고 있다는 느낌을 갖게 된다는 것이다.

긍정심리학자들은 인간의 긍정적 성품과 강점에 대한 이해를 중시한다. 인간의 강점, 재능, 미덕, 덕목과 같은 긍정적인 특성의 발달에 깊은 관심을 지닌다. 과학으로서의 긍정심리학은 모든 사람이 궁극적 목표로서 반드시 행복을 중시해야 한다거나 특정한 성품을 갖추어야 한다거나 어떤 가치가 최선이라고 주장하지 않는다. 그보다는 특정한 성품과 가치관을 지녔을 때 나타나는 삶의 결과를 탐구한다. 긍정심리학은 인간의 삶을 행복하고 풍요롭게 만드는 긍정적 성품과 강점을 이해하고 함양하는 일에 깊은 관심을 지닌다.

행복의 마지막 세 번째 측면은 의미 있는 삶(meaningful life)이다. 의미 있는 삶(meaningful life)이란, 우리의 삶과 행위로부터 소중한 의미를 발견하고 부여할 수 있는 삶을 말한다. 즐거움 속에서 열정적인 삶을 영위했지만 의미를 발견할 수 없는 경우에는 진정한 행복감을 느끼기 어렵다. 삶의 의미는 자신보다 더 큰 것과의 관계 속에서 발견될 수 있다. 자신만을 위한 이기적인 삶보다는 자신보다 더 커다란 어떤 것을 위해 공헌하고 있다는 인식으로부터 도출될 수 있다. 의미 있는 삶은 가족, 직장, 지역사회, 국가 또는 신을 위해 봉사하고 공헌함으로써 자신의 존재가치를 느낄 수 있을 때 가능하다. 인간은 사회적 맥락 속에서 살아가는 존재이기 때문에 이기적인 행복 추구만으로는 진정한 행복을 얻을 수 없다. 긍정심리학은 개인과 사회의 밀접한 관계를 중시한다. 개인은 타인과 사회를 위해 봉사하고 기여할 때 더 큰 행복을 경험할 수 있을 뿐만 아니라 사회적 환경의 개선을 통해서 자신의 행복이 증진될 수 있음을 강조한다.

4. 한국형 12성품교육으로 본 긍정심리학

1) 한국형 12성품교육과 긍정심리학의 공통점

한국형 12성품교육이 추구하는 이상과 같은 맥락으로 긍정심리학의 궁극적 목표도 인간의 행복을 추구하는 것이다. 긍정심리학은 인간의 긍정적인 측면을 개발하여 모든 사람들이 좀 더 행복한 삶을 살도록 돕는 심리학자들의 사명을 회복하기 위해 시작된 학문이다. 긍정심리학자들은 행복을 과학적으로 연구하기 위해, 행복의 요소와 행복을 유지하는 방법을 학문적 이론과 함께 실험적인 검증 작업으로도 진행하고 있다. 긍정심리학은 어떤 특정한 발달 단계를 대상으로 하지 않고 전 연령을 대상으로 탄생에서 죽음까지 평생에 걸쳐 일어나는 모든 사건과 경험에 있어서 좋은 삶이 무엇인지에 대해 연구하는 과학적 학문이다. 긍정심리학자들은 인간의 긍정적인 측면을 발견하기 위해 인간의 성격 강점과 좋은 성격을 연구하여 성격 강점 분류체계를 개발했다. 현재까지 연구된 성격 강점 분류체계는 6개의 기본 덕목 아래 24개의 성격 강점으로 나눠지고 있다. 이러한 긍정심리학 연구에 대해 크리스토퍼 피터슨(Christopher Peterson, 2010)은 인간의 현상에 대해 가장 객관적인 사실을 전달하고 인간들이 어떤 상황에서 어떤 목표를 수행해야 할지에 대한 정보를 제공하여 결정을 내리게끔 하고, 이러한 정보는 좋은 삶에 대한 또 다른 관점을 제공해 준다고 주장한다.

이러한 긍정심리학의 특성은 한국형 12성품교육과 공통된 부분이 있다. 공통된 부분을 찾아보면 첫째, 두 학문 모두 행복과 관련이 있다. 한국형 12성품교육은 사람의 생각, 감정, 행동을 변화시켜 그를 행복하게 하는 교육학이며(이영숙, 2011), 긍정심리학은 행복을 과학적으로 연구하는 심리학이다. 둘째, 중요시 여기는 덕목과 강점이 있다. 한국형 12성품교육은 공감인지능력과 분별력이라는 2가지 기본 덕목 아래 12가지의 주제성품을 강조하고, 긍정심리학은 6가지의 덕목과 24개의 성격 강점을 강조한다. 셋째, 삶 속에서의 실천을 강조한다. 한국형 12성품교육은 인지적 측면, 감정적 측면, 행동적 측면의 변화를 추구하여 성품에 대한 인지변화와 함께 행동의 변화를 강조한다. 긍정심리학은 연구를 통해 얻어진 결과를 연습활동으로 제공하며 실제로 시도해 보고 바꿔보도록 제안한다. 넷째, 평생에 걸친 프로그램이다. 한국형 12성품교육은 태아, 영유아, 유아, 초등, 청소년, 청년, 부모, 직장인, 노인에 이르기까지 평생교육과정으로 전개된다. 연령에 따라 정신적·심리적·행동적 특성이 다름에서 오는 교육적 과업들을 중시하고, 대상에 따라 교육에 적합한 방법들이 다른 점을 고려하여, 동일한 주제성품을 각각의 연령별 특성에 맞게 제공한다. 긍정심리학은 탄생에서 죽음까지 일어나는 모든 사건과 경험에 있어 좋은 삶이 무엇인지 연구하는 학문으로 인간의 전 생애를 대상으로 연구한다.

앞에서 살펴본 바와 같이 한국형 12성품교육과 긍정심리학은 공통된 모습을 많이 가지고 있다. 한국형 12성품교육은 교육학적인 관점에서 인간이 행복한 삶을 살 수 있도록 방법을 제시하고, 긍정심리학은 심리학적 관점에서 행복한 삶을 살기 위한 요소와 방법을 제시함으로써 일반인들에게 행복한 삶을 살도록 안내한다.

2) 한국형 12성품교육과 긍정심리학의 차이점

위에서 살펴 본 것과 같이 한국형 12성품교육과 긍정심리학은 공통점도 가지고 있지만 아래와 같은 차이점이 있다.

<u>첫째,</u> 행복에 대한 관점이 다르다. 한국형 12성품교육은 "사람의 생각, 감정, 행동을 변화시켜 그를 행복하게 하는 것"(이영숙, 2011)을 교육의 목적으로 삼는다. 하지만 여기서 말하는 행복은 긍정심리학에서 말하는 삶의 만족도, 삶의 질, 주관적인 안녕이 아니라 성경에서 제시된 수직과 수평의 관계 회복을 말한다. 회복은 'recovery' 혹은 'get back'이라는 의미를 담는다. 진정한 행복은 자신의 본질로 'get back'할 때 이루어지며, 이는 근본적인 관계회복을 통한 '참 가치', '참 자기다움'의 발견을 의미한다(이영숙, 2011: 이영숙, 2013). 한국형 12성품교육은 성경에서 제시된 수직 관계의 회복을 기점으로 하여 부모와 자녀와의 관계, 이웃과 이웃과의 관계를 회복하고, 보다 폭넓은 관계들을 통해 행복을 추구하는 것을 목적으로 한다.

그러나 긍정심리학에서는 인간 중심적인 행복을 말한다. 크리스토퍼 피터슨(Christopher Peterson, 2010)은 그의 저서 『긍정심리학 프라이머(A Primer in Positive Psychology)』에서 긍정심리학과 인본주의 심리학, 그리고 실존주의 철학에 대해 비교했다. 긍정심리학은 20세기에 주를 이룬 심리분석이나 행동주의에서 강조한 인간의 본질과는 다르다고 주장하였으나 원론적인 의미에서는 어쩔 수 없이 인본주의 심리학과 친척관계임을 밝힌다(Christopher

Peterson, 2010). 그의 말에 의하면 "한 마디로 긍정심리학과 인본주의 심리학은 가까운 친척관계이다."라고 말하면서 개인의 중요성을 강조하는 것, 인간의 의식적인 경험을 중시하고 개인이 가진 복잡한 체계를 개인 속에 내재된 변화능력으로 해결할 수 있다고 보는 것, 인간 활동의 자기 조절적 속성 등은 인본주의 심리학과 실존주의 철학의 공통된 요소라고 본다(Urban, 1983). 긍정심리학은 철학적 근거 위에 과학을 중시하고 과학적 증명으로 인간의 행복을 추구하려는 노력일 뿐이다.

둘째, 덕목과 강점, 성품을 강조하지만 그 근원은 다르다. 긍정심리학에서 개발한 성격 강점 분류체계는 심리학 뿐 아니라 정신병 치료법, 청소년 발달, 성격교육, 종교, 철학, 조직 연구에서 좋은 성격을 다루는 관련 연구를 바탕으로 개발되었다. 긍정심리학의 탐구 대상은 철저히 인간중심이다. 긍정심리학은 인본주의 심리학과 가까운 친척관계(Christopher Peterson, 2010)임을 인정한다. 인본주의 심리학과 달리 인간에게 좋은 삶과 그렇지 못한 삶이 실제 생활에서 일어날 수 있다는 것을 인정하기는 하지만, 개인의 존엄성과 사적인 자유, 경험과 자기이해의 성장의 중요성, 그리고 인간복지와 타인에 대한 도움에 관한 관심을 강조하는 부분에 있어서는 인본주의 심리학과 흡사하다(고영복, 2000). 또한 긍정심리학에서는 종교를 인정하지만, 종교를 행복의 요소 중 하나로 본다. 이러한 부분은 신이나 자연이 숭배의 대상이 아니라, 오직 인간성만이 존귀하다고 믿는 인본주의 사상(교육학용어사전, 1995)에 뿌리를 두고 있음을 알 수 있다.

반면 한국형 12성품교육의 2가지 기본 덕목과 12가지 주제성품은 정초주의 인식관을 바탕으로 성경에서 제시하는 완전한 성품을 기초로 하여 개발되었다. 한국형 12성품교육은 '옳은 기준'을 상정하고 개인이 이 가치를 내재화하도록 하는 교육을 추구하며, 한국형 12성품교육에서 상정하는 '옳은 기준'은 성경에서 제시하는 완전한 성품인, 사랑과 공의의 조화이다. 먼저 사랑은 공감인지능력을 향상하는 교육을 통해 개인의 성품에 내재화를 추구하고, 공의는 개인의 분별력을 신장하는 교육을 통해 내재화를 추구한다. 그리고 2가지 기본 덕목인 공감인지능력과 분별력이 균형을 이룰 때 진정한 행복을 누릴 수 있다고 본다(이영숙, 2011).

5. 나가는 글

긍정심리학은 의도적인 처치가 행복을 연장시킬 수 있음을 보여주며(Christopher Peterson, 2010), 긍정심리학을 통해 인간이 행복한 삶의 요소와 방법을 선택하여 좋은 삶, 행복한 삶을 영위해 나갈 수 있을 것이라고 말한다. 마틴 셀리그만(Martin Seligman, 2009)은 긍정심리학이 강조하고 있는 특질, 즉 행복, 낙관주의, 웰빙 등을 학교에서 가르칠 수 있다고 주장하며, 이를 Penn 회복력 프로그램(Penn Resiliency Program)을 통해 규명된 결과를 증거로 제시했다(장환영, 2012). 긍정심리학에서는 행복에 대한 연구를 통해 행복을 유지하고, 행복한 삶을 살 수 있는 행복에 관한 연습활동, 즉 행복을 실천하는 활동을 제시하려고 노력한다. 감사편지와 용서편지 쓰기, 하루를 마무리하며 좋았던 일 3가지 기록하기, 좋은 팀원 되기 등의 활동을 소개하면서 이러한 활동이 실제의 삶 속에 적용되었을 때 더 행복해지고 인생에 만족하게 된다는 결과를 과학적으로 증명하려고 한다.

긍정심리학은 행복과 과학의 만남을 통해 행복을 과학적으로 탐구하려고 노력하는 학문이다. 일반적으로 과학은 "인간의 실천적인 사회적 생활 과정에서 생겨나 성장해 온 것으로 자연을 변화시키는 생산활동의 과정 및 사회생활의 과정에서 관찰·실험·조사 등을 실시하고 이것에 의해 얻은 지식을 정리·분석·종합하여 개념과 가설을 만들고, 실천을 통해 이를 검증하여 대상의 일반적·필연적·본연적 연관을 명확히 하는 것"이다(임석진 외, 2009). 그리고 인간은 이러한 과학의 덕택으로 자연과 사회의 법칙을 의식적으로 이용하고 장래에 대한 예견도 가능하게 되었다(임석진 외, 2009). 긍정심리학은 이러한 과학의 특성을 이용하여 행복에 대한 관찰, 실험, 조사를 실시하고, 이를 통해 얻은 지식을 정리, 분석, 종합하여 행복에 대한 정보를 제공하고, 이러한 정보를 통해 일반인들이 좀더 행복한 삶을 살 수 있도록 돕는 역할을 한다. 또한 과학적 결과를 바탕으로 행복에 대한 장래를 예견하기도 한다.

하지만 과학은 불변하는 진리가 아니다. 박기현(2004)은 과학의 역사를 오류 교정의 역사라고 표현한다. 과학의 오류 교정의 노력 덕분에 앞선 과학과 단절된 새로운 과학정신의 탄생이 가능해진다고 한다. 그리고 과학정신이 끊임없는 발전을 추구하는 것이라면 '현재의 과학', '현재의 합리적 정신'도 여전히 오류 교정의 대상, 부정의 대상이라고 한다. 즉 과학의 발전은 끝이 없으며, 더 나아가 합리성 자체도 고정불변의 것이 아니라 끊임없는 수정의 과정에 놓여있다고 한다. 이처럼 과학은 인간의 지식으로 관찰과 실험, 조사의 과정을 거치며, 논리 정연한 듯 하지만 시간과 공간을 초월할 수 없다.

베일런트(George E. Vaillant) 교수는 "삶은 극적인 주파수를 발한다. 과학으로 판단하기에는 너무나 인간적이고, 숫자로 말하기엔 너무나 아름답다."

고 고백하면서 삶의 오묘함을 경배했다(이영숙, 2010). 인간의 삶은 인간의 생각으로 이해하기에 어렵고 과학적으로 증명하기에는 한계가 많다. 특히 눈에 보이지 않는 행복은 더욱 그렇다.

한국형 12성품교육은 행복을 추구하지만, 그 행복의 근원을 인간에게서 찾는 것이 아니라 성경과 탈무드에서 제시하는 변하지 않는 진리에서 찾는다. 성경에서 제시된 완전한 성품을 닮아가고, 수직·수평의 관계를 회복하는 것이 진정한 행복이라고 말한다. 진정한 행복을 찾기 위해서는 시간과 공간에 따라 변질될 수 있는 행복에 대한 과학적 연구보다는 인간의 삶에 대한 본질과 행복에 대한 본질을 찾는 것이 중요하다.

한국형 12성품교육의 주제성품에는 기쁨의 성품이 있다. 기쁨이란 "어떠한 상황이나 형편 속에서도 불평하지 않고 즐거운 마음을 유지하는 태도"(좋은나무성품학교 정의)이다. 이것은 우리의 행복이 상황이나 환경적인 형편에 달려있는 것이 아니라 삶에 대한 우리의 태도에 달려있음을 의미한다. 인간의 근원적 가치로의 회복과, 참된 인생의 목표와 의미를 찾을 때 진정한 행복을 누릴 수 있다.

논문 참고문헌

1. 단행본

권석만. (2009). 긍정심리학. 서울: 학지사.

박갑숙. (2009). 성품교육 프로그램이 유아의 인성에 미치는 영향. 경남대학교 교육대학원. 석사학위 논문.

㈔한국성품협회 좋은나무성품학교. (2009). 비전 포트폴리오. 서울: 좋은나무성품학교.

양영식. (2012). 성품교육에 대한 유아교사의 인식: 좋은나무성품학교 프로그램을 중심으로. 총신대학교 교육대학원. 석사학위논문.

여성가족부. (2013). 2013 청소년 통계. 서울: 여성가족부.

이영숙. (2007). 나를 찾아 떠나는 여행, 성품. 서울: 두란노.

이영숙. (2007). 이제는 성품입니다. 서울: 아름다운 열매.

이영숙. (2009). 성품 좋은 아이로 키우는 부모의 말 한마디. 서울: 위즈덤하우스.

이영숙. (2010). 성품양육 바이블. 경기: 물푸레.

이영숙. (2010). 행복을 만드는 성품. 서울: 두란노.

이영숙. (2011). 한국형 12성품교육론. 서울: 좋은나무성품학교.

이영숙. (2011). 한국형 12성품교육이 유아의 인성개발, 정서지능, 자기통제 및 문제행동에 미치는 효과. 성품저널, 1, 79-106.

이영숙. (2012). 성품, 향기 되어 날다. 서울: 좋은나무성품학교.

이영숙. (2013). 여성성품리더십. 서울: 두란노.

이영숙. (2013). 인성을 가르치는 학교 만들기. 서울: 좋은나무성품학교.

이영숙 · 유수경. (2012). 이영숙 박사의 한국형 12성품교육론을 바탕으로 한 청소년의 자존감에 대한 연구: '기쁨'의 성품을 중심으로. 성품저널, 2, 100-127.

이영숙 · 임유미. (2012). 이영숙 박사의 한국형 12성품교육론이 청소년의 대인관계 및 주관적 행복지수에 미치는 영향. 성품저널, 2, 128-157.

이영숙 · 허계형 (2011). 한국형 12성품교육을 실천한 유아교육기관의 교사 인식 및 인성개발 효능감. 성품저널, 1, 109-141.

장성숙. (2004). 한국문화에서 상담자의 초점: '개인중심' 또는 '역할중심'. 한국심리학회지: 사회 및 성격, 18(3), 15-27.

장환영. (2012). 평생교육을 위한 긍정심리학의 시사점: 행복, 진정성, 심리자본에 대한 탐구. 한국성인교육학회, 15(1), 141-169.

정수미. (2012). 기독교 성품교육 고찰에 의한 초등도덕교육 내용 개선점 모색. 고신대학교 교육대학원. 석사학위논문.

진재현·고혜연. (2013). OECD 국가와 비교한 한국의 인구집단별 자살률 동향과 정책제언. 보건복지포럼, 195, 141-154.

최봉영. (1998). '사회' 개념에 전제된 개체와 전체의 관계와 유형. 사회사상과 문화, 1, 79-104.

최상진·김기범. (1999). 한국인의 심정심리(心情心理) : 심정의 성격, 발생과정, 교류양식 및 형태. 한국심리학회지: 일반, 18(1), 1-16.

홍경완. (2009). 사회적 고난체험으로서의 한. 신학과 철학, 15, 119-145.

Adler, A. (1964). Superiority and social interest: A collection of later writings. Edited by H. L. Ansbacher and R. R. Ansbacher. Evanston, Ill., Northwestern University Press.

Berkowitz, M. W., & Bier, M. C. (2005). What Works in Character Education: A Research-Driven Guide for Educators. Washington, D. C.: Character Education Partnership.

Cawley, M. J., Martin, J. E., & Johnson, J. A. (2000). A virtues approach to personality. Personality and Individual Difference, 28, 997-1013.

Diener, E., & Diener, C. (1996). Most people are happy. Psychological Science, 7(3), 181-185.

Gable, S. L., & Haidt, J. (2005). What (and why) is positive psychology? Review of General Psychology, 9(2), 103-110.

Himmelfarb, Gertrude. (1996). The De-moralization of Society: From Victorian Virtues to Modern Values. New York: Vintage Books.

Keyes, C., Shmotkin, D., & Ryff, C. (2002). Optimizing well-being: The empirical encounter of two traditions. Journal of Personality and Social Psychology, 82(6), 1007-1022.

Lapsley, D. K., & Narvaez, D. (2006). Character Education. In Vol. 4(A Renninger & I. Slegel, volume eds.). Handbook of Child Psychology(W. Damon & R. Lerner, Series Eds.), New York: Wiley, 248-296.

Lickona, T. (1983). Raising good children. 자녀와 학생들을 올바르게 기르기 위한 도덕교육. 정세구 역. (1994). 서울: 교육과학사.

Lickona, T. (1991a). Educating for Character: How Our Schools Can Teach Respect and Responsibility. New York: Bantam Books, 43-46.

Lickona, T. (1991b). Education for character: Does character education make a difference?

Lickona, T., Schaps, E., & Lewis, C. (2002). Eleven Principles of Effective Character Education. Washington, D. C.: Character Education Partnership.

Oliner, Samuel P., & Oliner, Pearl M. (1988). The Altruistic Personality: Rescuers of Jews in Nazi Europe. New York: Free Press.

Oxford Dictionary of English. (2006, 6th edition). London: OUP Oxford.

Payne, A. A., Gottfredson, D. C., & Gottfredson, G. D. (2003). Schools as communities : The relationship among communal school organization, student bonding and school disorder. Criminology, 41(3), 749-778.

Peterson, C. & Park, N. (2003). Positive psychology as the evenhanded positive psychologist views it. Psychological Inquiry, 14, 141-146.

Peterson. C. (2010). 긍정심리학 프라이머. 문용린·김인자·백수현 역. 서울: 물푸레.

Ralph, R. O., & Corrigan, P. W. (2005). Recovery in mental illness: Broadening our understanding of wellness. Washington, D. C.: American Psychological Association.

Rosen, G. M. (1987). Self-help trearment books and the commercializationof psychotherpy. American psychologist, 42(1), 46-51.

Seligman, M. E. P., & Csikezzentmihalyi, M. (2000). Positive psychology. An introduction. American Psychologist, 55(1), 5-14.

Seligman. M. E. P. (2009). 마틴 셀리그만의 긍정심리학. 김인자 역. 서울: 물푸레.

Seligman. M. E. P. (2002). Authentic happiness. New York: Free Press.

Sheldon, K. M., & King, L. (2001). Why positive psychology is necessary. American Psychologist, 56(3), 216-217.

Vaillant G. E. (1977). Adaptation to Life. 이덕남 역. 행복의 조건. 서울: 프런티어.

Vincent, P. F. (1999). Developing Character In STUDENTS. Character Development Group Inc.

2. 인터넷 자료

강준만. (2007). 선샤인 논술사전 긍정심리학. 인물과 사상_(2013. 9. 23)
    http://terms.naver.com/entry.nhn?docId=1838280&cid=1137&categoryId=1137 에서 검색
고영복. (2000). 사회학사전 인본주의 심리학. 사회문화연구소_(2013. 9. 24)
    http://terms.naver.com/entry.nhn?docId=1521146&cid=1137&categoryId=1137 에서 검색
박기현. (2004). 프랑스 문화와 상상력. ㈜살림출판사-살림지식총서 098_(2013. 9. 24)
    http://terms.naver.com/entry.nhn?docId=1394730&cid=3278&categoryId=3282 에서 검색
서울대학교 교육연구소. (1995). 교육학용어사전 행복. 하우동성_(2013. 9. 23)
    http://terms.naver.com/entry.nhn?docId=512675&cid=282&categoryId=282 에서 검색
임석진 외. (2009). 철학사전 과학. 중원문화_(2013. 9. 24)
    http://terms.naver.com/entry.nhn?docId=387476&cid=282&categoryId=282 에서 검색
표준국어대사전 행복_(2013. 9. 23)
    http://stdweb2.korean.go.kr/search/List_dic.jsp 에서 검색

찾아보기

마음을 같이하여 같은 뜻, 같은 사랑, 한마음을 품어…

굿트리브릿지 NGO

굿트리브릿지 NGO는 ⒮한국성품협회 좋은나무성품학교가 1995년부터 좋은성품문화 확산과 통일교육을 꿈꾸며 준비한 NGO(Non-Governmental Organization)입니다.

굿트리브릿지 NGO는 유아부터 어린이, 청소년, 성인을 대상으로 한 국내 외 성품세미나 개최 및 교사를 위한 성품세미나 개최, 새터민 성품교육 프로그램 후원, 다문화가정을 위한 성품교육 지원, 통일한국을 위한 후원 등 좋은 성품의 문화를 확장 · 보급하고 통일한국의 교육을 준비합니다.

● VISION

Generation
Family
Society
Korea

좋은 성품의 문화운동을 통해
세대 간의 하나됨
가정의 하나됨
사회의 하나됨
더 나아가 남북한의 하나됨을 꿈꿉니다.

All For One

● MISSION

세대 간의 하나됨, 가정의 하나됨, 사회의 하나됨, 그리고 남북한의 하나됨을 위해 다음과 같은 미션을 수행합니다.

1. 통일한국을 위한 '한 마음 품기' 통일교육 연구개발 및 교육지원
2. 좋은성품문화운동 전개
3. 결혼이주여성, 다문화가정 및 소외계층 성품교육 지원 및 후원

● ACTIVITY

1. 통일한국을 위한 '한 마음 품기' 통일교육 연구개발

   _ 기쁨, 배려, 감사, 책임감의 성품으로 통일한국을 위한 '한 마음 품기' 통일
   교육 교재 연구개발

2. 통일한국을 위한 '한 마음 품기' 통일교육 지원

   _ 통일한국을 준비하는 성품세미나 및 포럼 개최

   _ 새터민 어린이, 청소년을 위한 성품캠프 개최

   _ 새터민 정착을 위한 성품교육 후원

3. 결혼이주여성, 다문화가정 및 소외계층 성품교육 지원 및 후원

   _ 성품교육을 통한 일자리 창출 지원

   _ 다문화 가정 및 소외계층 성품교재 및 교육 정기후원

4. 좋은성품문화운동 전개

   _ CCDay! '배려' 캠페인 전개

   _ 좋은성품 매거진 정기간행물 발행

● 후원 안내

좋은성품문화 확산과 통일교육을 바라보는 굿트리브릿지 NGO와 동행해 주세요.

계좌번호 : 신한은행 140-010-799748   예금주 : ㈜한국성품협회

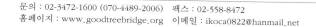
문의 : 02-3472-1600 (070-4489-2006)   팩스 : 02-558-8472
홈페이지 : www.goodtreebridge.org   이메일 : ikoca0822@hanmail.net

굿트리브릿지 NGO
Goodtree Bridge N G O

이영숙 박사의
한국형 12성품교육론